Modern Russian Civilisation

Learn Russian with Russian Celebrities

Russian Classics in Russian and English

LEARN RUSSIAN WITH PUSHKIN
ISBN: 978-0-9573462-5-3

LEARN RUSSIAN WITH CHEKHOV
ISBN: 978-0-9573462-4-6

LEARN RUSSIAN WITH DOSTOEVSKY
ISBN: 978-0-9573462-3-9

MODERN RUSSIAN CIVILISATION:
LEARN RUSSIAN WITH RUSSIAN CELEBRITIES
ISBN: 978-0-9573462-6-0

Find us online:

Russian Novels in Russian and English page
on Facebook

Alexander Vassiliev's page
on Amazon.com and Amazon.co.uk

Russian Classics in Russian and English

CRIME AND PUNISHMENT
by Fyodor Dostoevsky — ISBN: 978-0-9567749-2-7

NOTES FROM UNDERGROUND
by Fyodor Dostoevsky — ISBN: 978-0-9564010-8-3

ANNA KARENINA (volume 1)
by Leo Tolstoy — ISBN: 978-0-9567749-3-4

ANNA KARENINA (volume 2)
by Leo Tolstoy — ISBN: 978-0-9567749-4-1

THE KREUTZER SONATA & THE DEATH OF IVAN ILYICH
by Leo Tolstoy — ISBN: 978-0-9564010-6-9

DEAD SOULS
by Nikolai Gogol — ISBN: 978-0-9567749-1-0

THE LADY WITH THE DOG & OTHER STORIES
by Anton Chekhov — ISBN: 978-0-9564010-7-6

PLAYS
by Anton Chekhov — ISBN: 978-0-9564010-3-8

A HERO OF OUR TIME
by Mikhail Lermontov — ISBN: 978-0-9564010-4-5

THE TORRENTS OF SPRING
by Ivan Turgenev — ISBN: 978-0-9564010-9-0

FIRST LOVE & ASYA
by Ivan Turgenev — ISBN: 978-0-9567749-0-3

Find us online:

French Classics in French and English page
on Facebook

Alexander Vassiliev's page
on Amazon.com and Amazon.co.uk

French Classics in French and English

THREE TALES
by Gustave Flaubert — ISBN: 978-0-9573462-2-2

THE TEMPTATION OF SAINT ANTHONY
by Gustave Flaubert — ISBN: 978-0-9573462-1-5

MADAME BOVARY
by Gustave Flaubert — ISBN: 978-0-9564010-5-2

THE LADY OF THE CAMELLIAS
by Alexandre Dumas fils — ISBN: 978-0-9573462-0-8

THE SHAGREEN SKIN
by Honoré de Balzac — ISBN: 978-0-9567749-9-6

PIERRE AND JEAN
by Guy de Maupassant — ISBN: 978-0-9567749-8-9

BEL-AMI
by Guy de Maupassant — ISBN: 978-0-9567749-5-8

SWANN'S WAY
by Marcel Proust — ISBN: 978-0-9567749-7-2

THE RED AND THE BLACK
by Stendhal — ISBN: 978-0-9567749-6-5

Contents

Vladimir Putin	8
Alexey Navalny	82
Xenia Sobchak	100
Pussy Riot	126
Dmitri Bykov	176
Irina Prokhorova	198
Eduard Limonov	214
Valeria Novodvorskaya	236
Evgeny Royzman	254
Vocabulary	280

Президент Российской Федерации Владимир Путин

Пресс-конференция 20 декабря 2012 года, Москва

Д. Песков: Владимир Владимирович, если позволите, вначале вопросы и ответы.

В. Путин: Дмитрий Сергеевич нам поможет разогреться для начала, сориентируется в зале, а потом мы уже перейдём к прямому общению.

Д. Песков: Я кого-то знаю по именам, кого-то не знаю, поэтому попрошу представляться, называть город и своё СМИ.

Прошу Вас.

Вопрос: Ксения Соколова, журнал "Сноб".

В ответ на принятие американцами "закона Магнитского" Госдума приняла запретительные меры в отношении американских граждан, которые хотят усыновлять российских детей-сирот. Считаете ли Вы такой ответ действительно адекватным? И не смущает ли Вас, что дети, причём самые обездоленные и беспомощные из них, становятся инструментом в политической борьбе? Спасибо.

В. Путин: Во-первых, Вы сейчас сказали о том, что это ответ на так называемый закон Магнитского. Я два слова скажу, как к этому отношусь. Я уже говорил, но всё-таки позволю себе сформулировать в общих чертах своё отношение к этому делу.

Это, безусловно, недружественный в отношении Российской Федерации акт. И дело не в чиновниках, которым запрещают иметь какие-то счета или ставить под контроль недвижимость. Я недавно в Послании сам об этом сказал. Мы сами считаем, что наши чиновники, особенно высокого ранга, люди, занимающиеся политикой, должны иметь счета в российских банках. У нас, кстати говоря, в Российской

Стенограмма пресс-конференции и фотографии – с сайта Президента России www.kremlin.ru.

News conference, 20 December 2012, Moscow
(official translation)

Presidential Press Secretary D. Peskov: Vladimir Vladimirovich, we could start with questions and answers, if you don't mind.

V. Putin: Dmitry Sergueyevich will help us to warm up at the start. To find our bearings, and then we will move on to direct communication.

D. Peskov: I know some of you by name, but not all of you, so please introduce yourselves, state your city and media outlet.

Go ahead, please.

Question: Ksenia Sokolova, Snob magazine.

In response to US Congress passing the Magnitsky Act, the State Duma adopted restrictive measures against US nationals who want to adopt Russian orphans. Do you think this is an adequate response? Does it not bother you that the most destitute and helpless children become a tool in a political conflict? Thank you.

V. Putin: First of all, you have just said that this is a response to the so-called Magnitsky Act. Let me tell you briefly what I think about it. I have already spoken about it, but let me just outline my attitude to this case.

This is undoubtedly an unfriendly act towards the Russian Federation. What is at issue here is not just officials who are not allowed to open bank accounts or own real estate. I mentioned this in my Address to the Federal Assembly recently. We also believe that Russian state officials, especially high-ranking politicians should keep their money in Russian banks. Incidentally, there are many banks in Russia with one hundred percent foreign

Федерации много банков со стопроцентным иностранным капиталом. И их дееспособность, надёжность не вызывает сомнений. Если этот банк работает в России либо в Вене, либо где-то в другой столице, это уже не имеет значения, важно, что это международный финансовый институт. Пожалуйста, здесь держите.

Что касается недвижимости, я тоже сказал об этом. Если нам наши коллеги за границей помогут выявить тех, кто нарушает, мы будем им благодарны и даже готовы премию за это выписать. Но дело ведь совершенно не в чиновниках. Дело в том, что они один антисоветский, антироссийский закон заменили другим. Не могут без этого никак обойтись. Всё пытаются остаться в прошлом. Это очень плохо. Это, конечно, само по себе отравляет наши отношения.

Что касается непосредственно темы, которую Вы сейчас затронули, – усыновления наших детей иностранцами. Насколько я знаю опросы общественного мнения, подавляющее число граждан Российской Федерации вообще негативно относится к тому, что иностранцы усыновляют наших детей. Нам нужно самим этим заниматься. Нам нужно самим стимулировать передачу в семьи наших детей, оставшихся без попечения родителей либо сирот.

В этой связи, я думаю, вчерашнее предложение Дмитрия Анатольевича Медведева является абсолютно правильным. Нужно развивать внутри страны это направление деятельности, снимать бюрократические барьеры, поддерживать ещё больше семьи, которые берут детей.

Теперь что касается американской стороны. Дело не в конкретных людях, американских гражданах, которые усыновляют наших детей. Там и трагедии случаются, и мы об этом знаем, но подавляющее большинство людей, которые усыновляют наших детей, ведут себя очень адекватно, это добрые порядочные люди. Реакция депутатов Государственной Думы не на эту деятельность, а на позицию американских властей. В чём заключается эта позиция? А в том, что, когда преступления в отношении усыновлённых российских детей совершаются, чаще всего американская Фемида вообще не реагирует и освобождает от уголовной ответственности людей, которые явно совершили уголовное деяние в отношении ребёнка. Но и это ещё не всё. Российских представителей фактически не допускают, даже в качестве наблюдателей, на эти процессы.

Мы заключили сейчас, недавно заключили, между госдепом и МИД-ом соглашение по поводу того, как и что могут делать представители

capital, and there can be no doubt as to their efficiency and reliability. If such a bank has an office in Russia or in Vienna, or in some other capital makes no difference; what is important is that it is an international financial institution. Hold it here, please.

As for real estate, I have also spoken about this. If our colleagues abroad can help us identify those who violate laws, we will be grateful to them and can even give them a prize for their efforts. However, the issue here has nothing to do with officials. It's a matter of one anti-Soviet, anti-Russian law being replaced with another. They can't seem to do without it. They keep trying to stay in the past. This is very bad, and has a negative impact on our relations.

As for the issue you have mentioned, the adoption of Russian children by foreigners, as far as I know, public opinion polls show that the overwhelming majority of Russians do not support the adoption of Russian children by foreign nationals. We must do it ourselves. We must support the adoption of abandoned children or orphans.

In this regard, I fully support Dmitry Anatolievich Medvedev's proposal. We should promote this work in our country, remove bureaucratic barriers and give even more support to the families that adopt children.

Now for the American side. It's not about specific people, US citizens who have adopted our children. We know that tragedies happen but the vast majority of people who adopt Russian children take good care of them and are good, decent people. The State Duma's response was not to that but to the US authorities' position. What is their position? It is a fact that when a crime is committed against an adopted Russian child, the American justice system often does not react at all and releases the people who have clearly committed a criminal offense against a child, of any criminal responsibility. But that's not all. Russian representatives are denied any access, even as observers, in these legal processes.

We recently signed an agreement between the US State Department and the Russian Foreign Ministry on the actions Russian representatives can

России в ходе возникновения этих кризисных или конфликтных ситуаций. Что на практике получилось? На практике оказалось, что эта сфера деятельности отнесена американским законодательством на уровень штата. И когда наши представители приходят, для того чтобы исполнить свои обязанности в рамках этого соглашения, им говорят: "А это дело не федеральных властей, а штатов, на штатном уровне у вас никаких соглашений нет. Идите в госдеп. С кем вы там заключали соглашение, с тем и разбирайтесь". А в федеральных органах власти Соединённых Штатов отсылают на уровень штатов. И зачем такое соглашение? "Дурочку включили" просто, и всё. Даже не пускают в качестве наблюдателей, не только участников процесса.

О чём пекутся наши партнёры в Штатах и американские законодатели? О правах человека в наших тюрьмах, в местах лишения свободы. Хорошее дело, но у них у самих там полно проблем. Я уже говорил об этом: Абу-Грейб, Гуантанамо — годами держат людей в тюрьме без предъявления обвинения. Это вообще уму непостижимо. Причём не просто держат в тюрьме без предъявления обвинения, там в кандалах ходят люди, как в средние века. Внутри собственной страны легализовали пытки.

Вы представляете, что если бы у нас хоть что-нибудь такое было? С потрохами бы сожрали уже давно! Такую бы развернули по всему миру вакханалию! А там всё тихо, тишина. Ведь сколько раз было обещано, что Гуантанамо будет закрыта, а воз и ныне там. Где это? Тюрьма работает. Мы не знаем, может быть, и пытки продолжаются. Эти так называемые секретные тюрьмы ЦРУ. Кто наказан? И нам ещё указывают на то, что у нас какие-то проблемы есть. Ну да, спасибо, мы знаем. Но принимать на этой основе какие-то антироссийские акты — это запредельная вещь, не спровоцированная ничем с нашей стороны.

Я понимаю, что это эмоциональный ответ Государственной Думы, но считаю, что адекватный.

Вопрос: Господин Президент! Александр Колесниченко, "Аргументы и факты".

Я сам усыновитель, и вне зависимости от внешнего политического контекста считаю поправки, которые вчера приняла Госдума, и запредельными, и неадекватными, и, извините, людоедскими. Принявшие этот закон люди говорят, что у нас уже достаточно средств для того, чтобы ухаживать за своими сиротами, достаточно желающих усыновлять десятки тысяч оставленных детей. Это не совсем так или совсем

take in such crises or conflicts. What happens in practice? In practice, it turns out that according to US legislation, states have jurisdiction over such cases. And when our representatives try to fulfil their obligations under the agreement, they say, 'This is not a federal case, it's a state case, and you do not have any agreements with the individual states. Go to the State Department and sort it out with them because you signed an agreement with them'. But the federal government refers them to the states. So what is the point of this agreement? Russian representatives are not even granted access as observers, much less as participants in the case.

What concerns do our partners in the United States and their lawmakers voice? They talk about human rights in Russian prisons and places of detention. That is all well and good, but they also have plenty of problems in that area. I have already talked about this: Abu Ghraib, Guantanamo, where people are kept jailed for years without being charged. It is incomprehensible. Not only are those prisoners detained without charge, they walk around shackled, like in the Middle Ages. They legalised torture in their own country.

Can you imagine if we had anything like this here? They would have eaten us alive a long time ago. It would have been a worldwide scandal. But in their country everything is quiet. They have promised many times that they would close down Guantanamo, but it's still there. The prison is open to this day. We don't know, maybe they are still using torture there. These so-called secret CIA prisons. Who has been punished for that? And they still point out our problems. Well, thank you, we are aware of them. But it is outrageous to use this as a pretext to adopt anti-Russian laws, when our side has done nothing to warrant such a response.

I understand that the State Duma's response is emotional but I think it is adequate.

Question: Mr President, I am Alexander Kolesnichenko from Argumenty i Fakty.

I am an adoptive parent myself, and regardless of the foreign policy context I considered the amendment passed by the State Duma yesterday to be outrageous, inadequate and, sorry, cannibalistic. The people who have passed this law say that we have enough money to take care of our orphans and enough families willing to adopt tens of thousands of abandoned children. This is not true, or not completely true. Moreover, I think they are

не так. Более того, я скажу, мне кажется, что они нас и Вас обманывают, как, кстати, нас и Вас обманывают сейчас, например, региональные власти, которые отчитываются о росте средних зарплат в бюджетной сфере.

У нас большая газета, мы получаем много откликов из регионов о том, что учителя, когда заглядывают в свои зарплатные ведомости, очень удивляются, сравнивая свои зарплаты с этими якобы средними. Извините, это уже, наверное, другой вопрос. Я надеюсь, что кто-то из коллег остановится на этом подробнее.

Во вчерашней новости…

В. Путин: Я на это тоже отвечу.

Пожалуйста.

А. Колесниченко: Вчера, на мой взгляд, было только две хорошие новости.

Первая – чуть больше людей лучше узнало, что из себя представляет Государственная Дума.

Вторая – премьер-министр, господин Медведев, сказал, что действительно нужны новые шаги, новые программы.

Не могли бы Вы чуть подробнее сказать, какие это будут шаги, какие это будут программы? Если Вам интересен мой личный опыт трёхгодичной давности, то мне кажется, что для всей этой нашей сиротской системы усыновители, с одной стороны, – это угроза, с другой стороны – обуза. Лично для меня шоком был как раз последний шаг, когда мы пришли в суд и на пустом месте столкнулись и с нарушением закона, и с унижениями.

Извините, наверное, это уже третий вопрос. Про судебную систему, я думаю, кто-то из коллег тоже спросит. Спасибо большое.

В. Путин: Что касается вчерашнего решения, я свою позицию уже определил. Я с Вами не согласен категорически.

Во-первых, ещё раз повторяю, речь идёт не о конкретных людях, а об отношении американских властей к проблемам в случае возникновения неординарных ситуаций, связанных с нарушением прав ребёнка и совершением уголовных преступлений. Они хорошо известны, хорошо известна и реакция американских властей.

Я ещё раз говорю, они просто не допускают российских представителей к этим проблемам, даже в суд не пускают в качестве наблюдателей. Я считаю, что это неприемлемо. Вы считаете, это нормально? Что же здесь нормального, если вас унижают? Вам это нравится? Вы садомазохист, что ли? Страну не надо унижать. То, что нам нужно

deceiving us, just as the regional authorities deceive us when they report on the growth of average wages in the public sector.

We have a national newspaper, and we get a lot of letters from the regions saying that teachers get a real shock when they compare their salaries to the so-called average wages. Sorry, this is probably another question. I hope that some of my colleagues will devote more attention to it.

In yesterday's news...
V. Putin: I will answer that question too.
Go on.
A. Kolesnichenko: I think there were only two good news items yesterday.
First, more people got a better idea of what the State Duma stands for.

And second, Prime Minister Medvedev said that there is a real need for new steps, new programmes.
Could you tell us in a little more detail what steps and programmes these will be? My personal three-year experience shows that our system treats adoptive parents as a threat on the one hand and a burden on the other. It was a great shock for me when we got to the final step in the process, came to court and had to face legal violations and humiliation out of nowhere.

Sorry, this is probably the third question. I am sure some of my colleagues will also ask about the judicial system. Thank you very much.
V. Putin: I have already voiced my position regarding yesterday's decision. I disagree with you totally.
First of all, I repeat, this is not about specific people but about the attitude of the American authorities to the problems that arise in extraordinary situations when children's rights are violated and criminal offences are committed. They are well known, as is the reaction of the US authorities.

I will say again that they do not allow Russian representatives access to these cases, even as court observers. I believe that is unacceptable. Do you think this is normal? How can it be normal when you are humiliated? Do you like it? Are you a sadomasochist? They shouldn't humiliate our country. It is true that we must work to enhance our system. Moreover, we have

совершенствовать свою систему, – это правда. И кроме всего прочего, ведь мы не запрещаем в принципе усыновление иностранцами. Кроме Соединённых Штатов существуют и другие страны.

Они, вы знаете, не пускают во многих штатах наблюдателей из международных организаций на выборы, вы же знаете об этом. Вам что, это нравится? Там этой организации с несколько странной для русского уха аббревиатурой БДИПЧ [Бюро по демократическим институтам и правам человека ОБСЕ] просто сказали: "Подойдут на 300 метров к участку, их арестуют". И тишина, и всем нравится. Эта БДИПЧ написала, что всё хорошо и демократично было на выборах. Вам это нравится, что ли? Думаю, что нет.

Зачем тогда формулировать таким образом: людоедские или нелюдоедские? То, что Вы усыновили ребёнка, честь Вам и хвала. Я надеюсь, что Вашему примеру последуют многие и многие люди. Вы действительно душевный и порядочный человек, если так сделали, это правда, я понимаю, что я говорю.

Что касается нашей судебной системы, которая избыточно, может быть, пристально относится к этим вопросам. Вы знаете, это ведь в значительной степени зависит от личности судьи, который решает эти вопросы. Разные люди есть, в том числе и в судебной системе. Я помню, как мой хороший друг и коллега в прошлом Герхард Шрёдер усыновлял, они усыновили двух российских детей. И когда, я уже, по-моему, об этом рассказывал, в суд приехали в Петербурге, пришли, судья прямо спросила: "А как относится к этому старшая дочь, которая уже в семье есть?" Когда девочка сказала: "А я здесь при чём, меня никто не спрашивает", – она, судья, говорит: "Я Вас спрашиваю. Если Вы против, я не разрешу".

Вы знаете, в этом есть огромный смысл, потому что каждый член семьи должен принять для себя собственное решение. И в целом судебная система выстроена именно на это. Это было жёстко, но справедливо. Ведь есть и другая проблема – отказ от детей, которых люди берут в семьи, и количество отказников, оно большое. И здесь простое упрощенчество неуместно.

Нужно, чтобы общество понимало, в состоянии ли тот или иной человек воспитывать ребёнка, содержать его, достаточно ли будет той государственной помощи, которую семья получает, для того чтобы ребёнка поставить на ноги. Это всё вещи чрезвычайно важные. А если семья берёт только для того, чтобы какие-то льготы получить, то, наверное, это неприемлемо.

not banned adoptions by all foreigners. There are other countries besides the United States.

As you may know, many US states do not allow observers from international organizations to be present during elections. Do you like that? The OSCE Office for Democratic Institutions and Human Rights was told outright that they must keep a 300-metre distance or they will be arrested. And all is quiet, everyone likes it. This ODIHR wrote that the election was fine and democratic. Do you like it? I don't think so.

Why then do you call the law cannibalistic? The fact that you have adopted a child is highly commendable. I hope that many others will follow your example. You are a sincere and decent man if you did what you did, it is true, I know what I'm saying.

As for our judicial system, which perhaps is unnecessarily meticulous in such cases. You know, this largely depends on the personality of the judge who decides the case. People are different, including in the judicial system. I remember when my good friend and colleague Gerhard Schroeder adopted two Russian children, they came to the court in St Petersburg and the judge asked, 'How does your eldest daughter feel about the adoption?' She said, 'What does that have to do with me? Nobody has asked me'. And the judge said: 'I'm asking you. If you are against it, I will not allow it'.

You know, this makes sense because each member of the family has to make this decision for themselves. And that is what the whole judicial system is aimed at. It would have been a tough decision but a fair one. After all, there is another problem: people reject the children they adopt and the number of such cases is growing. Therefore, it would not be right to simplify procedures here.

Society must have a clear understanding whether a given family is capable of bringing up a child, whether they have the means to support him and whether the state aid that the family receives will be sufficient to raise the child. All these things are extremely important, and if a family is just looking to get some benefits, then perhaps they should be rejected.

Во всём этом нужно разобраться. И если Вы хотите меня спросить, вот что нужно конкретно сейчас написать, я ещё подумаю. Это нужно со специалистами, с экспертами посоветоваться, с такими людьми, как Вы, надо посоветоваться. Говорю совершенно без всякой рисовки, без всякой ерунды. Это не пустые слова. Надо поговорить с теми людьми, которые воспитывают детей, принятых в семьи. Там существует много нюансов.

Но что совершенно точно нужно сделать – я уже говорил, согласен полностью с Дмитрием Анатольевичем, мы с ним обсуждали эту тему предварительно даже, – нужно расширять возможности для наших семей брать наших детей в семьи: и усыновлять, и попечение осуществлять, и так далее. И здесь целый набор мер должен быть предложен и материального, и морального характера…

Д. Песков: Продолжаем. Через центр идём. Life News. В микрофон, пожалуйста.

Вопрос: Здравствуйте! Владимир Владимирович, про Вас на самом деле столько анекдотов ходит – наверное, помощники рассказывали?

В. Путин: Нет, они боятся рассказывать. (Смех.)

Вопрос: Последний касается конца света – например: "Путин столько всего обещает, что точно знает, когда он наступит". Или, например: "Президент специально назначил пресс-конференцию за день до конца света, потому что хочет подвести итоги развития всего человечества".

В. Путин: Секундочку. Во-первых, я знаю, когда наступит конец света.

Вопрос: Когда?

В. Путин: Через 4,5 миллиарда лет примерно. Потому что, насколько я помню, цикл функционирования нашего светила, Солнца, – 7 или 14 миллиардов. Мы сейчас в самом центре. Могу ошибиться, по-моему, всего где-то 7 миллиардов; где-то 4,5 уже прошло, так что через 4,5 всё закончится, просто реактор погаснет. Вот это будет конец света. Но до этого ещё произойдут другие события с Солнцем: оно превратится в белого малого карлика, то есть жизнь уже к этому времени закончится. Если Вы в этом смысле рассматриваете проблему конца света, она закончится ещё раньше.

Вопрос: Значит, Вы его не боитесь?

В. Путин: Чего бояться, если это неизбежно?

Вопрос: Вот французы, говорят, боятся и даже некоторые бегут в Россию. Например, Депардье заявил, что уже паспорт чуть ли не

It is important to understand all these things. If you want to ask me what exactly is to be done, I will have to think about it. This should be considered by specialists, experts and people like you. I say this completely sincerely. These are not just words. These are not empty words. We must talk with the people who bring up adopted children. There are many aspects to that.

But as I said, I completely agree with Dmitry Anatolievich and we had even discussed this issue previously, that we must expand the opportunities for Russian families to adopt children, to become adoptive and foster parents, and so on. We must establish a whole range of support measures, both financial and moral...

D. Peskov: Let's continue: Life News please.

Question: Good afternoon Vladimir Vladimirovich, there are many jokes going around about you, no doubt your aides have told them to you?
V. Putin: No, they are afraid to tell me. (Laughter.)
Question: The latest one concerns the end of the world, for example: 'Putin promises so much that he knows exactly when it will come'. Or for example: 'The President decided to hold his news conference the day before the end of the world, because he wanted to pass final judgment on all of humanity'.
V. Putin: Just a second. First of all, I do know when the world will end.

Question: When?
V. Putin: In approximately 4.5 billion years. As far as I remember, this is because of the life cycle of our sun, which is 7 or 14 billion years. We are now in the middle of the cycle. I may be wrong and it may only be around 7 billion years, but around 4.5 billion have passed, and after another 4.5 billion years everything will end, the reactor will simply go out. That will be the end of the world. But before that point something else will happen to the sun: it will become a white dwarf and life will already stop at that time. If you look at the question of the end of the world from this perspective, it will end earlier.
Question: So you are not afraid of this?
V. Putin: Why be afraid if it's inevitable?
Question: People are saying that the French are scared and some are even fleeing to Russia. For example, [Gerard] Depardieu said that he received a

от Вас получил. Потом Дмитрий Сергеевич [Песков] сказал, что это шутка. Так шутка или получил? И каковы итоги? Спасибо.

В. Путин: Вы знаете, у нас очень хорошие отношения с Францией, и мы очень дорожим этими отношениями. Они хорошие традиционно.

Среди наших зарубежных партнёров Франция занимает особое место. У нас очень близкие духовные связи на протяжении веков, несмотря на трагические события в нашей общей истории. Всё-таки с Францией сложились особые отношения и в экономике, и в социальной сфере, и в политической сфере.

Хотя Франция является страной НАТО, мы чаще, чем, может быть, с другими, находим понимание с французским руководством и с французским народом. Это первое, что я хочу сказать. Поэтому никакие решения в этой сфере, надеюсь, не повлияют на российско-французские отношения.

Второе. Я уверен, что высшие должностные лица не хотели обидеть Жерара Депардье. Но, как любые чиновники высокого и среднего ранга, мы всегда защищаем свою политику, принимаемые нами решения. Если это было сделано как-то не очень аккуратно, это досадное происшествие, не более того.

Но актёры, музыканты, художники – люди особой душевной организации, тонкой, и, как у нас говорят, художника легко обидеть, поэтому я понимаю чувства господина Депардье. Но должен сказать, что он хоть и заявил, я читал его заявление, что он считает себя европейцем, человеком мира, но я знаю точно – у меня с ним сложились очень добрые личные отношения, дружеские, хоть мы не часто виделись, – но я знаю, что он считает себя французом. Он очень любит свою страну, её историю, её культуру, он живёт этим, и я уверен, что сейчас он переживает нелёгкие времена. И я надеюсь, что они закончатся в конце концов.

А что касается гуманитарной стороны дела, если Жерар действительно хочет иметь или вид на жительство в России, либо российский паспорт, то будем считать, что этот вопрос решён, и решён уже положительно…

Д. Песков: …Магадан, пожалуйста.
Вопрос: Антонина Лукина, Магадан, "Магаданская правда".
Уважаемый Владимир Владимирович! Вот перед конференцией, когда я выезжала, я, конечно, готовила вопрос региональный. А вот

passport from you but then Dmitry Sergueyevich [Peskov] said that he was joking. So is it a joke or is it true? And what are the results of this? Thank you.

V. Putin: You know, we have very good relations with France, we very much value our relations. They are traditionally very good.

Among our foreign partners France stands out. We have had very close spiritual ties for centuries now, despite tragic events in our common history. Nevertheless we have special economic, social and political relations with France.

Although France is a NATO member, we are met with understanding by its leaders and citizens, perhaps more so than in other countries. This is the first thing I want to say. So I hope that no decisions in this field will affect Russian-French relations.

Second: I am sure that high-ranking officials did not want to offend Gerard Depardieu. But any high- or medium-ranking officials will always defend their policy of decision-making. If this was not done very delicately, it is an unfortunate occurrence, nothing more.

But actors, musicians, and artists are people with a special, delicate psychological makeup and, as we say in Russia, the artist is easily offended. So I understand Mr Depardieu's feelings. But I must say that even though he said – and I read his statement – that he considers himself a European, a citizen of the world, I know for a fact that he considers himself a Frenchman. I know this since we have very friendly, personal relations, even though we have not met many times. He loves his country, its history, its culture; that's his life. And I am sure that he is going through difficult times and I hope that they will eventually end.

As for the humanitarian aspect of things, if Gerard really wants to have a residency permit for Russia, or a Russian passport, we can consider that this issue is resolved and will have a positive outcome...

D. Peskov: ...Magadan, please, go ahead.
Question: Antonina Lukina, Magadan, Magadanskaya Pravda.
Dear Vladimir Vladimirovich, before this news conference, as I was about to leave, I was, of course, preparing to ask a regional question. But

сейча́с буква́льно не́которое вре́мя наза́д посмотре́ла в интерне́т и сно́ва уви́дела информа́цию таку́ю дово́льно специфи́ческую: о здоро́вье Президе́нта.

В. Пу́тин: Вы ме́ньше туда́ смотри́те, они́ вас там нехоро́шему нау́чат.

А. Луки́на: Иногда́ прихо́дится. А сейча́с смотрю́ на экра́н (Вы далеко́ от меня́), а на экра́не Вы тако́й энерги́чный, краси́вый мужчи́на. Вот моя́ колле́га из Примо́рья – она́ всегда́ Вам признаётся в любви́, и, наве́рное, есть основа́ние сего́дня э́то сде́лать.

В. Пу́тин: Спаси́бо.

А. Луки́на: Так вот мой вопро́с: скажи́те, пожа́луйста, отку́да возника́ет э́та информа́ция и кому́ она́ вы́годна? Спаси́бо.

В. Пу́тин: Вы́годна полити́ческим оппоне́нтам, кото́рые стара́ются поста́вить под сомне́ние то легити́мность, то дееспосо́бность вла́сти. На вопро́с о здоро́вье могу́ отве́тить традицио́нно: не дождётесь. (Смех.)

Д. Песко́в: Пожа́луйста, Серге́й Брилёв.

Вопро́с: Серге́й Брилёв, Москва́, телекана́л "Росси́я".

Влади́мир Влади́мирович, Вы в нача́ле говори́ли мно́го о стаби́льности.

В. Пу́тин: Ра́зве? Ни сло́ва не сказа́л.

С. Брилёв: Бы́ло-бы́ло.

К концу́ ва́шего ны́нешнего президе́нтского сро́ка Вы бу́дете у вла́сти уже́ сто́лько лет, что совершенноле́тия дости́гнут те, кто роди́лся в год, когда́ Вы к вла́сти пришли́. Фина́нсовая стаби́льность – прекра́сно. Но вот э́ти 18 лет – всё-таки в росси́йской исто́рии э́то осо́бая ци́фра: не опаса́етесь ли Вы, что ино́й раз стаби́льность мо́жет переходи́ть в засто́й?

И оди́н вопро́с на права́х выпускника́ МГИМО́ (нас междунаро́дному пра́ву учи́ли). Я не собира́юсь защища́ть теха́сского судью́, кото́рый не пуска́л наблюда́телей к избира́тельному уча́стку, не собира́юсь защища́ть америка́нских роди́телей, уби́вших [ребёнка], но да́же е́сли ка́ждый из депута́тов Госуда́рственной Ду́мы возьмёт двух дете́й, 450 умно́жить на два – э́то 900, а не 956 [дете́й], сто́лько америка́нцы взя́ли в про́шлом году́. Дай бы Бог россия́нам, коне́чно, принима́ть [дете́й в се́мьи], но бу́дете ли Вы МИ́Ду дава́ть поруче́ние тогда́ на апгре́йдность – пересмотре́ть росси́йско-америка́нское соглаше́ние, потому́ что пробле́ма есть.

now, just a short while ago, I looked online and once again saw some fairly specific information concerning the President's health.

V. Putin: You should spend less time reading things online, they'll teach you bad things.

A. Lukina: Sometimes I have to. And now I'm looking up at the screen (since I am sitting far away from you), and up there, you seem like such an energetic, handsome man. My colleague from Primorye always gushes about how much she loves you, and today it is easy to see why.

V. Putin: Thank you.

A. Lukina: So my question is, could you please tell us where that information is coming from, and whom it serves?

V. Putin: It serves political opponents who try to cast doubt on the authorities' legitimacy and ability to perform. But I can answer the question about my health in the traditional way, In your dreams. (Laughter.)

D. Peskov: Sergei Brilyov, please go ahead.

Question: Sergei Brilyov, Moscow, Rossiya TV channel.

Vladimir Vladimirovich, at the beginning of the news conference, you spoke about stability.

V. Putin: Did I? I hadn't said a word about it.

S. Brilyov: You did.

At the end of your current term as president, you will have been in power so long that children who were born in your first year as President will become adults. Financial stability is a wonderful thing. But these 18 years – this is a special figure in Russian history; aren't you concerned that stability could turn into stagnation?

And a legal question from a MGIMO University graduate (we studied international law there). I am not going to defend the Texas judge who did not allow observers into voting stations, I am not going to defend the American parents who killed a child, but even if every State Duma deputy takes in two children, the 450 deputies multiplied by two would make 900, and not the 956 children that Americans adopted last year. It would be wonderful if Russians were to take orphaned children into their families, but will you give the Foreign Ministry instructions to upgrade, to re-examine the Russian-American agreement? Because we do have a problem.

В. Путин: Давайте с последнего начнём. Я уже говорил, ситуация, при которой мы заключаем соглашение с федеральными властями, а эта сфера деятельности регулируется законодательством штатов – и нас туда просто не допускают: она нерабочая, просто нерабочая. Мы же знаем, у меня информация есть из посольств, сотрудники посольства в соответствии с соглашением пытаются прийти в суд в качестве наблюдателей – их просто не допускают. Какой смысл тогда в этом соглашении? Чушь какая-то. Поэтому, естественно, нужно посмотреть, что там есть.

Кстати говоря, коллега Ваша из "Эха Москвы" спрашивала по поводу этой проблемы. В этом соглашении предусмотрено, что если одна из сторон хочет его денонсировать, то нужно сделать это, предупредить за год. Поэтому там не всё так просто.

А по поводу моего отношения к тому, что депутаты делают: если Президент США так легко соглашается со своими законодателями, почему Вы считаете, что Президент России должен поставить под сомнение то, что делают законодатели Российской Федерации?

Что касается усыновления [детей] депутатами: это хорошо, и некоторые из них, я уверен, если мы посмотрим, усыновляют детей, берут на попечение. Но ведь задача их не в этом – их задача в том, чтобы формулировать правила поведения, регулировать с помощью законов определённые сферы общественной жизни.

У нас в своё время в Ленинграде были сильные морозы – ещё в советское время, в 80-х годах; первым секретарём был Романов. Кстати, о нём много небылиц всяких рассказывали по поводу использования посуды из Эрмитажа, чушь это всё на самом деле, но можно по-разному относиться к прежним временам. Но, вот когда замёрзло всё и когда начали размораживаться жилые дома, он выгнал на улицу почти весь обком, говорит: "Не можете руководить – берите лом, идите работать на улицу". Хорошо или плохо? Но – руководить надо: с ломом идти – не самое важное дело для руководителя такого уровня.

Так же как возьмём пример из Великой Отечественной войны тоже хорошо известный: Ворошилов приехал командовать Ленинградским фронтом и сам ходил в атаку. Правильно или нет? То, что он мужественный человек, порядочный, бесстрашный, сомнений нет, но руководить нужно было по-другому. Так же и здесь, ведь то, что каждый депутат возьмёт на воспитание ребёнка, конечно, это неплохо, но это проблемы в стране не решит – законы надо принимать

V. Putin: Let's start with the last point. I have already said that this situation simply isn't working: we have signed an agreement with the federal authorities, but this is an area of law that falls under state legislation, and we simply are not allowed in there. After all, we know, I have information from the consulates, consulate employees are trying to access the court as observers in accordance with the agreement – they are simply not being let in. What then is the point of this agreement? It is nonsense. So naturally, we need to look at what is in it.

Incidentally, your colleague from Ekho Moskvy asked about this problem. This agreement stipulates that if one of the parties wants to renounce it, then they must give a year's notice. So it's not all that simple.

As for my view on what the deputies are doing: if the President of the United States agrees so easily with his legislators, then why do you think the President of Russia should cast doubt on what Russian legislators are doing?

As for the adoption of children by lawmakers, that's great, and I'm sure that if we were to look into the matter, some of them adopt or take in foster children. But that is not their purpose; their purpose is to create rules of conduct, to regulate certain areas of public life with the help of legislation.

One year, we had some severe frosts in Leningrad – this was back in Soviet times, in the 1980s; Romanov was the first secretary of the regional party committee. Incidentally, there were many tall tales about him using dishes from the Hermitage, which is all really nonsense, but there are different ways of looking at the past. And when everything froze and residential buildings began to freeze, he kicked nearly the entire regional committee out to the street, saying "If you can't govern, then go work in the streets." This may be looked at as good or as bad, but ultimately, you need governance, and working outside in the streets is not the best use of time for an administrator at that level.

Or, we can take a well-known example from the Great Patriotic War: Voroshilov arrived to command the Leningrad Front and went into battle himself. Is that good or bad? There is no doubt that he was a courageous man, a decent, fearless man, but he should have used a different management approach. So the same is true here. After all, it would certainly be nice if every deputy takes in a foster child, but that will not resolve the problems in our nation; corresponding laws need to be passed. We have already spo-

соответствующие. Мы уже говорили об этом сегодня, коллега Ваш спрашивал. Я думаю, что нужно совершенствовать законодательство – и в этом роль парламента страны.

Стабильный застой – Вы знаете, это всегда такое сопоставление очень эффектное, но оно не имеет под собой серьёзных оснований. Почему? Потому что обязательное, я хочу это подчеркнуть, я хочу, чтобы это все услышали, непременное условие развития – это стабильность. Ну о каком развитии может идти речь, если всё трещит по швам в стране в политическом смысле, кто же будет вкладывать сюда деньги?

Как бы там ни ругали политическую систему в Китае, а деньги туда идут и прежде всего, потому что там стабильно, потому что инвесторы знают, что они могут рассчитывать, что в ближайшие 5–10–15 лет их деньги не растворятся в результате каких-то политических потрясений, это важнейшее условие стабильности. Это не значит, что мы должны сделать такую же систему, как в Китае, но стабильность мы должны обеспечить, как обязательное условие развития, я об этом много раз уже говорил…

Д. Песков: Давайте Александр Гамов, пожалуйста.

Вопрос: Александр Гамов. Радио, телевидение и газета "Комсомольская правда".

В. Путин: И радио, и телевидение, и газета.

А. Гамов: Да, мы империя.

В. Путин: Как Мёрдок всё равно.

А. Гамов: Почти что: он позади.

В. Путин: Повнимательнее. (Смех.)

А. Гамов: Владимир Владимирович, Вы помните, Борис Николаевич в своё время сказал: "Я – Президент России № 1". Так вот по этому расчёту, Вы – Президент России № 2 и Президент России № 4, то есть дважды Президент. Здесь много уже говорилось и ещё будет сказано о том, как меняется наша страна, как меняются россияне. А как изменился за эти годы Владимир Путин? Чем Президент России Владимир Путин № 4 отличается от Президента России Владимира Путина № 2? Чего от Вас ждать – Вы опять будете, как раб на галерах? Ваши основные шаги в ближайшие, может быть, годы, месяцы, дни? Спасибо.

В. Путин: Что касается рабства на галерах, то, ну смотрите, мы вчера начали работать в 10 часов утра, закончили – ровно в 22 часа: у меня последняя встреча с господином Саргсяном закончилась без пяти минут десять часов вечера. Примерно так, примерно так складывается практически вся неделя. В общем, я к этому привык.

ken about this today, your colleague asked about it. I think that we need to improve legislation, and that is the role of our nation's parliament.

Stable stagnation – you know, that is always a very dramatic juxtaposition, but it does not have a serious foundation. Why? Because stability is a necessary, essential condition for development; I want to stress this and I want everybody to hear it. What kind of development can we have if everything in our nation is ripping at the seams in the political sense? Who will invest money in our country?

Regardless of how people may criticise the political system in China, money is flowing into that nation, first and foremost because it is stable, because investors know they can expect that their money will not disappear in five, ten or fifteen years as a result of some kind of political shock, and this is the most important precondition for stability. This does not mean that we must create the same system that China has, but we must ensure stability as a necessary condition for development, as I have already said many times...

D. Peskov: Alexander Gamov, please go ahead.

Question: Alexander Gamov. Radio, television and the newspaper Komsomolskaya Pravda.

V. Putin: Radio, television and newspaper.

A. Gamov: Yes, we are an empire.

V. Putin: Like Murdoch.

A. Gamov: Almost: he's fallen behind.

V. Putin: Be careful. (Laughter.)

A. Gamov: Vladimir Vladimirovich, you remember that Boris Nikolayevich [Yeltsin] once said "I am the first President of Russia." So by this measure you are both the second and fourth president of Russia, and you have been president twice. A lot has already been said and will be said about how our country and our people are changing. And how has Vladimir Putin changed over the years? How does Vladimir Putin, the fourth Russian president, differ from Vladimir Putin the second Russian president? What should we expect from you, will you work once again like a galley slave? What major steps will you take in the coming years, months, and days?

V. Putin: As for slavery, we started working yesterday at 10:00 am and we finished at about 10:00 pm. My last meeting with Mr Sargsyan [President of Armenia] was over at five minutes to ten. And the whole week was very similar. In general I'm used to this.

По поводу изменений – знаете замечательную известную поговорку: всё течёт – всё меняется. Поэтому и люди меняются, ситуация меняется. Знаете, сейчас я начну Вам говорить, как я изменился – изменился, конечно, к лучшему: я же не могу сказать, что я к худшему изменился. Мне кажется, что это не очень корректно будет с моей стороны, но изменения, конечно, есть, и они связаны с увеличением и жизненного опыта, и профессионального.

На меня, я в этом уверен, очень позитивно подействовала работа в качестве Председателя Правительства в течение четырёх лет, причём в очень ответственный для страны период жёсткого острого кризиса, когда напрямую приходилось брать на себя ответственность. И от неё никуда нельзя было – то есть можно было, конечно, но я считал, что это абсолютно неправильно – увильнуть. Я не знаю, вы обратили на это внимание или нет, но я-то это знаю: когда нужно было в конце 2008 – начале 2009 года встать и публично сказать: "У нас то возможно, это возможно, у нас там проблемы, здесь проблемы, но я одно точно могу сказать – не допущу ситуации 1998 года, обещаю", – вы представляете, какая это ответственность?

Сейчас только говорили про то, что оппозиция не дремлет, она и это смотрит, и это смотрит, но представляете, если бы это всё обернулось крахом? Ну, всё, точка! А ведь сказать наверняка при огромном количестве факторов неопределённости, на которые мы повлиять не могли, – это весьма сложная вещь. И так было не один раз за эти четыре года. А для того чтобы так говорить, нужно было влезать в детали, просто в детали влезать. Это серьёзным образом повышает уровень профессиональной подготовленности, уверенности в том, что делает и ваш покорный слуга, и те люди, которые со мной работают, вся наша команда. Это положительный, конечно, фактор…

Д. Песков: Давайте "Известия".

В. Путин: Дмитрий Сергеевич всех знает в лицо. Удивительно.

Д. Песков: У меня просто написано на бумажке.

Реплика: Хорошо, когда пресс-секретарь умеет читать.

В. Путин: Он ещё и слушать умеет.

Вопрос: Вы не смейтесь, может, не понравится вопрос. Владимир Владимирович, здесь много журналистов, и у нас очень много вопросов к власти. И власть мы ассоциируем прежде всего с Вами, так уж получилось.

About changes, you know the wonderful well-known saying: everything flows, everything changes. Therefore, people change, things change. You know, I will tell you how I've changed, and of course I've changed for the better; I cannot say that I've changed for the worse. I think that would not be very reasonable from my part, but of course changes have occurred and they are a result of both life and professional experiences.

I am convinced that working as Prime Minister for four years had a very positive impact on me, as did being forced to take direct responsibility in a very difficult and acute crisis for the country. And it was impossible to hide from this; of course it would have been possible but I consider that dodging this responsibility would have been absolutely wrong. I don't know if you followed this or not, but I know that in late 2008, early 2009 it was necessary to stand up and say publicly: "We have problems here and there, but I want to say one thing only, and that is I will not let another 1998 happen, I promise." Can you imagine this kind of responsibility?

I just talked about the fact that the opposition does not sleep, it looks at this and at that, but just imagine if everything came crashing down? Well, that would be the end! But it is very difficult to say anything with authority because of a huge number of unidentified factors we couldn't influence. And this was the case more than once in those four years. I had to go into the details to be able to speak with confidence. This significantly increased the level of my professional training, confidence in what I do, what the people who work with me do, our entire team. Of course this is a positive thing...

D. Peskov: Izvestiya newspaper.
V. Putin: Dmitry Sergueyevich knows everyone by sight, it's surprising.
D. Peskov: I just have it written on a piece of paper.
Remark: It's good that a press secretary knows how to read.
V. Putin: He can also listen.
Question: Please, don't laugh, you might not like the question.
Vladimir Vladimirovich, there are many journalists here, and we have a lot of questions for the authorities. And as it happens, we mainly associate state power with you.

За 12 лет Вы построили довольно жёсткий, где-то даже авторитарный режим личной власти. На Ваш взгляд, эта система жизнеспособна в новом веке? И не считаете ли Вы, что она мешает развитию России?

В. Путин: Я считаю, что мы обеспечили ту самую стабильность, о которой спросил Сергей Брилёв, и исключительно как обязательное условие для развития. И это, я уже сказал об этом, считаю чрезвычайно важным.

Но назвать эту систему авторитарной не могу, с этим тезисом не могу согласиться. И самым ярким примером того, что это не так, является моё решение уйти на вторые позиции после двух сроков президентства. Если бы я считал, что тоталитарная или авторитарная система является для нас наиболее предпочтительной, то я бы просто изменил Конституцию, как Вы понимаете, это было легко сделать.

Это же не требует даже какого-то всенародного голосования, достаточно было провести это решение в парламенте, где у нас было больше 300 голосов. Я сознательно ушёл на вторую позицию, сознательно, для того чтобы обеспечить и преемственность власти, и проявить уважение к Конституции страны и к нашим законам.

Как Вы понимаете, я тогда не мог ставить перед собой цель, что через четыре года обязательно вернусь. Это было бы просто нелепо, тем более кризис начался, неизвестно, что было бы. Мы все прошли через тяжёлые испытания. Поэтому назвать эту систему авторитарной – нет. Если кто-то считает, что демократия и исполнение законов – это разные вещи, то этот человек глубоко заблуждается.

Демократия – это прежде всего исполнение законов. У нас почему-то складывается впечатление, что демократия – это троцкизм, это анархия. Это не так! Бакунин был замечательным человеком и очень умным. Но анархия нам не нужна, так же как и троцкизм.

Вы знаете, что анархия 90-х годов привела к дискредитации и рыночного хозяйства, и демократии как таковой. Люди стали этого бояться. Но это разные вещи. Я считаю, что порядок, дисциплина, следование букве закона не противоречат демократическим формам правления…

Д. Песков: Телеканал "НТВ".

Вопрос: Роман Соболев, телекомпания "НТВ".

Я опять о детях. Но не о приёмных, а о родных.

Владимир Владимирович, Вы этот вопрос, по-моему, не очень любите, но тем не менее интересно, как живут Ваши дочери, где они, что

In 12 years you have built quite a harsh, in some cases even authoritarian personal rule regime. Do you think this system is viable in the twenty-first century? And don't you think it hinders Russia's development?

V. Putin: I think that we have ensured the stability that Sergei Brilyov asked about, and solely as a prerequisite for development. And as I have already said, I think this is extremely important.

But I cannot call this system authoritarian, I disagree with your thesis. And the most striking example that disproves it is my decision to step down as President after two terms. If I considered a totalitarian or authoritarian system preferable, I would simply have changed the Constitution, it would have been easy enough to do.

This doesn't even require any sort of national vote, it would have been enough to take this decision in Parliament, where we had more than 300 votes. I deliberately took up the second position, both to ensure the continuity of government and to show respect for the Constitution and our laws.

As you know, at that time I couldn't set myself the goal of inevitably returning after four years. That would have been ridiculous, especially since the crisis began and no one knew what would happen. We have all been through hard times. So, you can't call this system authoritarian. If someone believes that democracy and compliance with laws are two different things, then that person is deeply mistaken.

Democracy is first and foremost about compliance with laws. Some are under the strange impression that democracy, like Trotskyism, is anarchy. It is not! [Mikhail] Bakunin was a wonderful person and very intelligent. But we do not need anarchy, or Trotskyism either.

You know that the anarchy of the 1990s served to discredit both the market economy and democracy itself. People feared it. But these are different things. I believe that order, discipline, and adherence to the letter of the law are not in conflict with democratic forms of government...

D. Peskov: NTV television channel.
Question: Roman Sobolev, NTV.

I also have a question about children, not adopted but biological children.

Vladimir Vladimirovich, I don't think you particularly like this question, but I just wonder how your daughters are doing and where they are, what

с ни́ми. Мо́жет быть, Вы уже́ де́душкой ста́ли. И́ли два́жды де́душкой. А мы и не зна́ем. Вот тако́й вопро́с. Спаси́бо.

В. Пу́тин: А Вам ну́жно э́то знать?
Р. Со́болев: Любопы́тно о́чень.
В. Пу́тин: Любопы́тно? Вы зна́ете, всё в поря́дке с мои́ми детьми́. Они́ в Москве́. Они́ у́чатся, отча́сти рабо́тают. У них всё хорошо́ и в ли́чной жи́зни, и с то́чки зре́ния их профессиона́льного ро́ста. Я и́ми горжу́сь.
Д. Песко́в: Идём да́льше по телекана́лам. Телекана́л "Дождь".
Вопро́с: Влади́мир Влади́мирович, здра́вствуйте! Анто́н Желно́в, телекана́л "Дождь".

Одно́ уточне́ние и оди́н вопро́с. Уточне́ние. Вот всё-таки по "зако́ну Ди́мы Я́ковлева". Вы говори́ли про о́бщество. Но Вы зна́ете, что значи́тельная часть о́бщества, меньшинство́, но тем не ме́нее интеллиге́нция, ре́зко про́тив э́тих попра́вок. И наверняка́ бу́дут спровоци́рованы пике́ты у Госду́мы. Лю́ди вы́йдут. Ва́жно ли для Вас мне́ние акти́вной ча́сти о́бщества – интеллиге́нции в да́нном конте́ксте?

Второ́й вопро́с пото́м.

В. Пу́тин: Мне ва́жно мне́ние ка́ждого росси́йского челове́ка, а тем бо́лее е́сли э́то значи́тельная его́ часть, хоть и не большинство́, тем не ме́нее.

Но я хочу́ обрати́ть внима́ние э́тих люде́й на то, что сказа́л. Речь идёт не о пробле́мах с конкре́тными гра́жданами Соединённых Шта́тов, они́ усыновля́ют на́ших дете́й в подавля́ющем большинстве́ слу́чаев, а мо́жет быть, всегда́, руково́дствуясь са́мыми до́брыми соображе́ниями. Большо́е им за э́то спаси́бо. Вопро́с в отноше́нии америка́нских власте́й к пробле́мам, когда́ они́ возника́ют.

Мы счита́ем, что э́то отноше́ние, не соотве́тствующее ни ду́ху, ни бу́кве тех соглаше́ний, кото́рые мы с Соединёнными Шта́тами подпи́сываем. Э́то да́же тако́е пренебрежи́тельное, я бы сказа́л, отноше́ние. И́менно на э́то и напра́влено приня́тие соотве́тствующих реше́ний.

Я уже́ говори́л, чего́ же повторя́ть-то в тре́тий раз? Е́сли на́ших представи́телей да́же в суды́ не допуска́ют, куда́ э́то годи́тся?

Вы зна́ете, в каки́х-то стра́нах, мо́жет быть, э́то и норма́льно, когда́ там в други́х регио́нах ми́ра дете́й усыновля́ют и пото́м посыла́ют представи́телей э́тих стран пода́льше, ли́бо они́ не интересу́ются

is going on in their lives. Maybe you have already become a grandfather, even twice grandfather, and we know nothing about it. That is my question. Thank you.

V. Putin: Do you need to know this?

R. Sobolev: I'd like to very much.

V. Putin: So you're curious? My kids are doing all right. They are in Moscow, studying and working part time. Everything is fine in their personal lives and in their careers. I'm proud of them.

D. Peskov: Let's continue with TV channels. Dozhd TV channel, please.

Question: Good afternoon, Vladimir Vladimirovich. Anton Zhelnov, Dozhd TV channel.

I would like to ask for one clarification and one question. The clarification has to do with the Dima Yakovlev law. You have talked about the society, but I am sure you are aware that a large part of society, a minority but nevertheless these people are intellectuals, is strongly opposed to these amendments. There are bound to be rallies outside the State Duma, people will come. How important is the opinion of intellectuals, of the active part of society for you?

I will ask my second question later.

V. Putin: For me, the opinion of every Russian is important, and even more so if it is a significant part of society, even if it is not the majority.

However, I want to draw the attention of those people to what I said. The problem is not with the individual US citizens, who adopt Russian children guided by the kindest considerations in most cases, and perhaps even always. Big thanks to them for that. The issue is with the US authorities' attitude to problems when they arise.

We believe that this attitude does not correspond to the spirit or the letter of the agreements that we have with the United States. I would go so far as to say that it is a dismissive attitude, and the decisions adopted by us are a response to that.

I have already talked about it, should I really repeat it for the third time? If our representatives are not even allowed in the courts, what should we do then?

You know, it may be normal for some countries in other parts of the world that when children are adopted and then the representatives of these countries are told to mind their own business, perhaps these countries are

судьбо́й э́тих дете́й. Но мы интересу́емся, я счита́ю, что пра́вильно де́лаем, что интересу́емся.

Тот же Шрёдер, о кото́ром я говори́л. Я э́того не знал, он мне э́то сам расска́зывал, говори́л: прие́хал представи́тель посо́льства. К ним в семью́ прие́хал. Они́ дете́й с ним познако́мили, сказа́ли, что э́то представи́тель посо́льства страны́, из кото́рой вы прие́хали. Он посмотре́л, как де́ти живу́т, в каки́х усло́виях, поговори́л с приёмными роди́телями.

А там что тако́е? Пошли́ вон – и весь разгово́р. Так нельзя́ с Росси́ей поступа́ть, и так нельзя́ поступа́ть с детьми́, кото́рые усыновля́ются. Вот о чём речь – речь о поли́тике америка́нских власте́й.

А. Желно́в: И ещё оди́н вопро́с. Когда́ бы́ли ми́тинги…

Д. Песко́в: Лу́чше по одному́.

А. Желно́в: Коро́ткий, Дми́трий Серге́евич.

В. Пу́тин: Дава́йте.

А. Желно́в: Когда́ бы́ли ми́тинги, со стороны́ власте́й мы всё вре́мя слы́шали аргуме́нт: е́сли не Пу́тин, то кто, – когда́ лю́ди выходи́ли на Боло́тную. Вы как отвеча́ете для себя́ на э́тот вопро́с, заду́мываясь о бу́дущем прее́мнике, о том, кому́ бы Вы дове́рили страну́? Есть ли с Ва́шей то́чки зре́ния но́вые ли́деры, кото́рые появля́ются сейча́с извне́, те, кото́рые выходи́ли на те же ми́тинги? К кому́-то из них Вы серьёзно, как к конкуре́нту, мо́жет быть, как к сопе́рнику отно́ситесь? Спаси́бо.

В. Пу́тин: Зна́ете, на вопро́с так, как Вы его́ сформули́ровали, мне сло́жно на него́ отвеча́ть – есть ли челове́к, кото́рому я мог бы дове́рить страну́? Ведь не я доверя́ю страну́ – гра́ждане доверя́ют страну́ в хо́де голосова́ния. И в результа́те голосова́ния, когда́ лю́ди прихо́дят к избира́тельным уча́сткам, они́ говоря́т своё сло́во, кому́ они́ доверя́ют и хотя́т дове́рить страну́.

Что каса́ется ва́шего поко́рного слуги́ – меня́, то ра́но и́ли по́здно, разуме́ется, я оста́влю э́тот пост, так же как оста́вил его́ 4,5 го́да тому́ наза́д. Разуме́ется, мне небезразли́чно, кто бу́дет возглавля́ть страну́.

Вы зна́ете, мо́жно ведь всё что уго́дно говори́ть о том, что и как мы де́лали за преды́дущие 10 лет, возьму́ вот э́тот срок – 10 лет. Но ведь э́то факт, что мы почти́ в два ра́за увели́чили объём ВВП страны́. Мы в 2008 году́ подошли́ к 85 проце́нтам увеличе́ния, е́сли бы не кри́зис, бы́ло бы двукра́тное увеличе́ние. Но мы дойдём до э́той ци́фры, э́то очеви́дный факт. Но э́то само́ по себе́ огро́мное достиже́ние. Мы в ра́зы увели́чили реа́льные дохо́ды населе́ния. Вы то́лько вду́майтесь,

not interested in the fate of their children. But we are interested, and I think rightly so.

Look at Schroeder's example, which I mentioned earlier. I did not know about it, he told me this himself: a Russian embassy representative came to visit them at home. They introduced him to the children and explained that this is a representative of the Embassy of the country from which you came. He made sure the children were well taken care of and talked with the adoptive parents.

And what do we see over there? Get out – that's the entire conversation. You can't treat Russia like that and you can't treat adopted children like that. That's what this is about – the policy of the American authorities.

A. Zhelnov: One more question. When the rallies were held...

D. Peskov: One question per journalist.

A. Zhelnov: Just a short one, Dmitry Sergueyevich.

V. Putin: Go ahead.

A. Zhelnov: When were the rallies, where people came out on Bolotnaya Square, we kept hearing an argument from the authorities: if not Putin, then who? How do you respond to that question for yourself, thinking about a future successor to whom you would entrust the country? Are there any new leaders in your opinion who are emerging now, who took part in the rallies? Do you perceive any of them as a serious competitor, perhaps, as an opponent? Thank you.

V. Putin: You know, I find it difficult to answer the question the way you have worded it: is there a person to whom you would entrust the country? After all, it is not me who is going to entrust the country but the voters during an election, when people come to the polls, they state their choice and name the person they trust and to whom they want to entrust the country.

As for yours truly, of course, I will leave this post sooner or later, just as I left it four and a half years ago. Naturally, I care about who will lead the country.

You know, you can say anything you like about what and how we did for the past 10 years. Let's take this period – 10 years. It is a fact that we have nearly doubled the country's GDP. We came close to an 85% increase in 2008, and if it weren't for the crisis, it would have been a two-fold increase. And we will get there in time, that is absolutely clear. This in itself is a huge achievement. We have increased the real incomes of the population by sev-

сколько было в 2000 году, реальная заработная плата сколько была, реальная, если вычесть всю инфляцию, и сколько сейчас – разница в разы.

Мы только в этом году в 2–3 раза подняли денежные доходы военнослужащих, по сути, возрождаем Вооружённые Силы. В 1,6 раза подняли пенсии военным пенсионерам, 48 тысяч квартир или 45 тысяч квартир дали только в этом году военнослужащим. Да, проблем с распределением много, потому что часть квартир пустыми стоят, с распределением – да. Но таких средств на решение жилищных проблем ветеранов и военнослужащих никогда Россия не выделяла, никогда.

У нас макроэкономика находится в абсолютно здоровом состоянии, таких показателей у нас тоже давно не было. Ну и, наконец, то, о чём я говорил и говорю с гордостью, это демографические процессы. Рождаемость самая лучшая за 20 лет. Мы проводим необходимые изменения, недостаточные пока, но всё-таки движение есть, в области здравоохранения, образования и так далее.

Вы знаете, я сейчас без всякой иронии скажу. Я хочу, чтобы будущие руководители страны, в том числе и будущий Президент, были ещё более успешными. Но я считаю, что, если сравнить с другими периодами развития России, вот этот период был далеко не самым худшим, а может быть, одним из лучших. Но я хочу, чтобы будущие руководители страны были ещё более успешными, ещё более удачливыми, потому что я люблю Россию.

Д. Песков: Продолжаем. Ставрополь...

Вопрос: Добрый день, Владимир Владимирович! Вопрос такой. Последние несколько недель на ведущем федеральном телеканале муссируется новость о том, что люди убегают с Кавказа в прямом смысле этого слова, что, вкратце, в регионе засилье кавказцев, которые ведут себя как хотят, которые ведут себя как дома и в прямом смысле насильно выдавливают русских. Прослеживается такой явно заказной характер этих сюжетов.

На Ваш взгляд, кто расшатывает ситуацию конкретно в Ставрополье? Потому что недавно поднимался вопрос в том числе и с хиджабами. Кому это интересно и как всё-таки успокоить жителей в том числе Ставрополья и тех, кто живёт вне? Потому что те, кто не знаком с ситуацией, которая действительно происходит на Ставрополье, их охватывает паника, и возникает вопрос. Нас конкретная паника охватывает. Вот как Вы считаете?

eral fold. Just think back what the wages were like in 2000, if you subtract the inflation, and what they are now – the difference is several fold.

Just this year we raised the incomes of servicemen by two to three times; in fact, we are reviving the Armed Forces. We have raised veterans' pensions by 1.6 times, and allocated 48,000 or 45,000 flats to servicemen only this year. Yes, there are problems with the allocation, so some of the flats are still empty. But Russia has never allocated such funds to address veterans' and servicemen's housing problems – never.

The macroeconomics is in good health, it has been a long time since we had such good indicators. Finally, the demographic processes, which I talked about with such pride. The birth rate is the best in 20 years. We are taking the necessary steps, it is not enough so far, but progress is evident in healthcare, education and so on.

You know, let me tell you something without any irony. I want the future leaders of the country, including the future President, to be even more successful. But I believe that if you compare this period with other ages in Russia's history, you will see that it was not the worst, and maybe one of the best. But I want the future leaders of the country to be even more successful and more fortunate, because I love Russia.

D. Peskov: Let's move on – Stavropol…

Question: Good afternoon, Vladimir Vladimirovich. Here is my question. Over the past few weeks, a leading federal TV channel has been being showing a news feature about people escaping from the Caucasus in the truest sense of the word, that the region is dominated by ethnic Caucasians who feel right at home there and are literally forcing Russians out. It looks very much like the story was paid for.

In your opinion, who is trying to shake up the situation in Stavropol Territory? The issue was recently raised, including with the hijabs. Who is interested in this and how can we reassure the residents of Stavropol Territory and those who live outside? Because those who are not familiar with the real situation in the Stavropol Territory are panic-stricken. We are panicking. What do you think?

В. Путин: Я считаю, что успокоить жителей Ставрополья можно не тем, что мы сейчас кого-то будем шельмовать и говорить, что он распространяет гнилые и опасные слухи, хотя это всегда плохо, а успокоить жителей Ставрополья нужно более взвешенной, целенаправленной и эффективной миграционной политикой.

Там действительно есть проблемы, о которых Вы сказали. Например, очень много учащихся, псевдоучащихся псевдофилиалов крупных российских учебных заведений. Люди приезжают, в том числе из кавказских республик, и не учатся на самом деле, а просто используют это формальное пребывание в филиалах московских вузов, для того чтобы легализовать своё там проживание.

Но и это ещё не всё, нужно ещё посмотреть на политику местных властей, связанную с распределением имущества и земли, и я не уверен, что там всё в порядке, это ещё надо как следует проверить. Нужно наводить порядок в миграционном законодательстве и в миграционном режиме. Это первое. Люди не случайно озабочены, я понимаю эту озабоченность.

Второе. Нужно, конечно, работать со всеми гражданами Российской Федерации, откуда бы и куда бы они ни приезжали. Они должны уважать обычаи и культуру тех мест и того народа, куда они приехали на постоянное жительство. Для этого нам нужно проводить активную воспитательную работу, прежде всего в тех регионах, которые являются донорами миграционных потоков, откуда люди уезжают, прежде всего по экономическим соображениям. Нужно опираться на местное духовенство, нужно опираться на местных моральных авторитетов и с помощью родителей, с помощью общественных организаций заниматься воспитанием молодых людей, откуда бы и куда бы они ни переселялись.

Если мы будем действовать сразу по этим всем направлениям: нужно усиливать работу правоохранительных органов и улучшать её деятельность, бороться с коррупцией в органах власти и управления, в том числе в правоохранительных органах, – если мы всё это будем делать настойчиво и последовательно, не злоупотребляя никаким из этих инструментов, то мы добьёмся положительного результата. А на Ставрополье нужно обратить особое внимание, там действительно много вопросов и проблем, о которых Вы сказали.

Что касается хиджабов: Вы знаете, ведь в нашей культуре (когда я говорю – нашей, я имею в виду традиционный ислам) никаких хиджабов нет. Я уже говорил об этом как-то публично, могу повто-

V. Putin: I think the way to reassure the residents of Stavropol Territory is not by saying that we're now going to point fingers and accuse someone of spreading rotten and dangerous rumours, although that is always bad, but by implementing a more balanced, targeted and efficient migration policy.

The problems you have mentioned really do exist. For example, the issue of many students, or so-called students of so-called branches of leading Russian universities. People come there, including from the Caucasus republics; they don't really study but just use this formal enrolment at the branches of Moscow universities to legalise their residence status there.

More so, that's not all, we also have to look at the policies of the local authorities on the distribution of property and land, and I'm not sure that everything is in order in that area, and it must be checked out. It is necessary to restore order in migration law and in migration regulations. This is the first point. People have grounds to feel concerned, I understand that.

Second. We must also work with all Russian citizens, wherever they come from and wherever they move to. They must respect the customs and culture of the places where they came to settle. This requires education initiatives, especially in regions that people leave mainly for economic reasons. We should rely on the local clergy, on the local moral leaders and we must teach young people with the help of parents and NGOs, wherever they come from and wherever they move to.

If we act immediately along all these directions and boost the efforts of law enforcement agencies against corruption in government bodies, including the police – if we will do it consistently and persistently, without abusing any of these tools, then we will achieve a positive result. And we must devote attention to the Stavropol Territory, which does have many of the unresolved issues that you mentioned.

As for the hijabs, you know that in our culture (by 'our' I mean the traditional Islam) the hijab is not worn. I've already talked about it once during a public appearance, but I can repeat once more. I once attended a major

рить ещё раз и вспомню сейчас: я как-то присутствовал на одном крупном мусульманском мероприятии – Международной исламской конференции. Мы являемся наблюдателями в этой организации – по моей инициативе, кстати сказать, мы туда вступили в качестве наблюдателей. Это большое собрание практически всех авторитетных людей исламского мира.

Один из признанных авторитетов ислама в своём публичном выступлении неожиданно для меня вдруг сказал: "Что мы делаем? Мы запрещаем нашим девочкам и женщинам учиться, мы одеваем их в паранджу, мы сами создаём условия для того, чтобы мы отставали в своём развитии. Это ошибка, так нельзя делать". Дальше, правда, он продолжил: "Мы вынуждены даже в связи с этим закупать оружие у наших врагов (но я ему потом сказал: "Покупайте у друзей", – что было очень кстати). Но он же искренне говорил и публично. Значит, в самом исламском мире авторитеты ислама говорят, что этого не надо делать.

А мы у себя будем внедрять чуждые нам традиции – зачем? И конечно, мы все должны на это обращать внимание, и прямо об этом говорить, и опираться в данном случае, конечно, на представителей традиционного ислама. Как вы знаете, это бесстрашные люди, которые ценой своей жизни часто защищают идеалы, которые передаются из поколения в поколение представителями мусульманских народов Российской Федерации…

Д. Песков: Давайте Первый канал, ещё не давали мы слова.

Вопрос: Спасибо. Меня зовут Павел Пчёлкин, Первый канал.

У меня вопрос про суды и про коррупцию, про борьбу с коррупцией в высших эшелонах власти.

Как известно, собственно, для этой борьбы эффективна не столько жестокость наказания, сколько его неотвратимость. В Китае, например, за это расстреливают. И воруют всё равно. В России, собственно, размах коррупции такой, что, в общем, можно сделать вывод, что и в России достаточно людей, которые не верят в неотвратимость наказания, в том числе среди высоких чиновников. Есть такое ощущение, что это связано с тем, что в России отсутствует полностью независимая судебная система. Согласитесь ли Вы с этим? И как нам сделать суды независимыми?

В. Путин: Вы знаете, я, во-первых, не согласен с тезисом о том, что у нас отсутствует полностью независимая судебная система. Она у нас как раз имеет место быть.

Muslim event, the International Islamic Conference. Russia is an observer in this organisation, and we gained this status on my initiative. It is a major gathering of almost all authority figures in the Islamic world.

To my surprise, one of the recognised Muslim authorities said in his speech, 'What are we doing? We have forbidden our girls and women to study, we force them to wear a hijab, we are creating the conditions for us to lag behind in development. This is a mistake, we must not do it.' However, then he continued: 'We are forced to buy weapons from our enemies.' (Later I told him, 'Buy from your friends.') But he also spoke frankly and publicly. So, in the Islamic world, Muslim authority figures say that they mustn't do these things.

So why should we introduce foreign traditions at home? We should all pay attention to this, and talk about it, and refer to the views held by representatives of traditional Islam. As you know, they are fearless men who often give their lives to defend the ideals that are passed by the Muslim peoples of the Russian Federation from generation to generation...

D. Peskov: Channel One still hasn't spoken.
Question: Thank you. My name is Pavel Pchelkin, Channel One.
I have a question about the courts and corruption, the fight against corruption in Russia's top echelon of power.
We know that in fighting corruption, the most effective element is not the severity of the punishment, but rather, its inevitability. For example, there's death penalty for corruption in China, but people still do it. In Russia, corruption is so widespread that we can conclude many people simply do not believe that punishment is inevitable. One gets the sense that an independent judicial system is completely lacking in Russia. Do you agree? And how can we make our courts independent?

V. Putin: First of all, I do not agree with the statement that we completely lack an independent court system. That is something we do have.

Мы уж сто́лько при́няли реше́ний, что на како́м-то эта́пе мно́гие экспе́рты на́чали задава́ться вопро́сом о том, не перегну́ли ли мы па́лку, а и́менно: рабо́тники суде́бных о́рганов вообще́ оказа́лись как бы вне контро́ля со стороны́ госуда́рства и о́бщества. Э́то не моя́ пози́ция. Но вы не могли́ э́того не слы́шать – пра́вильно? – когда́ по ним нельзя́ проводи́ть каки́х-то предвари́тельных рассле́дований, операти́вную де́ятельность осуществля́ть и так да́лее, и что мы созда́ли абсолю́тно неподконтро́льную о́бществу систе́му.

Я с э́тим то́же не согла́сен. Мно́гие ве́щи, да практи́чески основны́е ве́щи, свя́занные с наложе́нием взыска́ния, отстране́нием от до́лжности, перенесены́ на у́ровень самого́ суде́йского соо́бщества и соотве́тствующих о́рганов самоуправле́ния э́той систе́мы.

Ну что ещё мо́жно и ну́жно сде́лать дополни́тельно? Е́сли что-то ну́жно, всё мо́жно сде́лать. Нет никаки́х табу́, на́до то́лько, что́бы э́то бы́ли реше́ния взве́шенные. И мы гото́вы проводи́ть таку́ю широ́кую диску́ссию с обще́ственностью. Еди́нственное, с чем я не согла́сен, э́то с огу́льным обвине́нием всей на́шей суде́бной систе́мы и ка́ждых конкре́тных суде́й в подку́пности, в непрофессионали́зме. Э́то ерунда́ и чушь по́лная. У нас стаби́льная суде́бная систе́ма, она́ развива́ется. У нас хоро́шие тради́ции юриди́ческого образова́ния и суде́бной де́ятельности.

Поэ́тому уж так себя́ пе́плом посыпа́ть и вери́гами бить, наве́рное, ни к чему́. Хотя́, разуме́ется, ну́жно всегда́ ду́мать о том, что и как мо́жно сде́лать лу́чше. Дава́йте вме́сте поду́маем.

Что каса́ется борьбы́ с корру́пцией. Разуме́ется, и я уже́ об э́том говори́л, э́то одна́ из пробле́м на́ших. Но она́ така́я традицио́нная. Я уже́ приводи́л э́тот диало́г ме́жду Петро́м I и генера́л-прокуро́ром, прокуро́ром генера́льным, как сейча́с. Когда́ тот привёл приме́ры воровства́, Пётр предложи́л да́же за ма́ленькие, небольши́е преступле́ния ссыла́ть в Сиби́рь и казни́ть. На что генера́л-прокуро́р ему́ отве́тил: "С кем оста́нешься, госуда́рь? Мы же все вору́ем".

Э́то, зна́ете, вро́де как тради́ция. Но в то же вре́мя я могу́ сказа́ть, и я то́же об э́том говори́л, вопро́сы, свя́занные с корру́пцией, пре́жде всего́ напряму́ю стыку́ются с разви́тием эконо́мики и ры́нка. По су́ти говоря́, посмотри́те, все стра́ны с развива́ющимися ры́нками так и́ли ина́че поражены́ э́тим социа́льным неду́гом. Э́то о чём говори́т? Не о том, что мы должны́ плю́нуть и сказа́ть: ну э́то тради́ция, и Бог с ним, так бы́ло, и так бу́дет всегда́. Нет, боро́ться с э́тим на́до, после́довательно и насто́йчиво. Ну́жно и са́нкции повыша́ть, и доби́ться того́, о чём вы

We have made so many decisions already that at a certain point, many experts began asking questions as to whether we went too far. They questioned whether people in the legal system have ended up almost beyond control by the government and society, with no preliminary investigations possible against them, no operation activities and such, and that we have created a system that is entirely beyond society's control. That is not my position, but I imagine you must have heard this point of view.

I do not agree with it either. Many things, basically the main things pertaining to awarding a punishment or removal from office, have been transferred to the judicial community itself and the corresponding self-governing bodies within that system.

But what else can and should be done in addition? If something has to be done, it can all be done. There are no taboos, we only need to ensure that these decisions are balanced. And we are ready to hold those broad public discussions. The only thing I do not agree with is indiscriminately accusing our entire judicial system and particular judges of corrupt practices and unprofessionalism. This is utter nonsense. We have a stable judicial system and it is developing. We have good traditions of judicial education and judicial activity.

So I think there's no need to beat ourselves up. Although certainly, we always need to think about what can be improved and how. Let's think about it together.

As for the fight against corruption, as I have already said, this is one of our problem areas. But it has a long history. I already mentioned the dialogue between Peter the Great and his General Prosecutor (now the Prosecutor General). When he brought up cases of theft, Peter the Great suggested that people be sent to Siberia or executed for even those minor crimes. But the General Prosecutor said to him, "Who will be left, Sire? We all steal."

You know, it's like a tradition. But at the same time, issues related to corruption are directly related to economic and market development. Basically, all nations with developing markets are affected to some degree by this social ailment. What does this mean? It does not mean we should simply give up and say, this is a tradition, oh well, that's how it has been and that's how it will always be. No, we need to fight this consistently and persistently.

сказа́ли, что́бы наказа́ние за любо́е правонаруше́ние в э́той сфе́ре бы́ло неотврати́мым.

Но, с друго́й стороны́, могу́ сказа́ть, что рабо́та-то идёт. Когда́ говоря́т, что у нас не де́лается в э́той сфе́ре ничего́, э́то не соотве́тствует действи́тельности. То́лько в про́шлом году́, е́сли мне па́мять не изменя́ет, к отве́тственности привлечено́ приме́рно 800 ты́сяч челове́к по коррупцио́нным дела́м. Значи́тельная часть из них – э́то лю́ди, облада́ющие осо́бым ста́тусом: э́то ли́бо чино́вники высо́кого региона́льного, ли́бо федера́льного у́ровня, ли́бо депута́ты, ли́бо сотру́дники правоохрани́тельных о́рганов... Не 800 ты́сяч, а 800 челове́к с осо́бым ста́тусом...

Пожа́луйста.

Вопро́с: Влади́мир Влади́мирович, я из Владивосто́ка. Меня́ зову́т Мари́я Соловьѐнко, газе́та "Наро́дное ве́че".

Я хочу́ Вас пора́довать, хоть что́-то до́брое сказа́ть, хотя́ я Вас критику́ю о́чень жёстко в свое́й газе́те, Вы э́то зна́ете, наве́рное, да? (Смех.)

Зна́ете, спаси́бо.

В. Пу́тин: Зна́ю, все меня́ критику́ют.

М. Соловьѐнко: Вот Вы сейча́с сказа́ли, что Вы дади́те поруче́ние, что́бы ещё деше́вле бы́ли биле́ты:... А Вы ра́зве не зна́ете, что сего́дня из Владивосто́ка до Москвы́ и обра́тно мо́жно перелете́ть за 6 ты́сяч рубле́й? Так куда́ уже́ ни́же? Наш "Аэрофло́т" вообще́...

В. Пу́тин: Нет-нет, спаси́бо Вам большо́е за...

М. Соловьѐнко: Но э́то разми́нка.

В. Пу́тин: А, вот оно́ как!

М. Соловьѐнко: Коне́чно!

В. Пу́тин: Спаси́бо вам за то, что вы вспо́мнили про субсиди́рование перево́зок с Да́льнего Восто́ка в Москву́, в Петербу́рг, в Со́чи, и не то́лько с Да́льнего Восто́ка. Э́то у нас из Сиби́ри из не́которых то́чек есть, из Нори́льска. Мы бу́дем продолжа́ть э́то субсиди́рование. В э́том году́ на це́ли субсиди́рования вы́делено, по-мо́ему, 12 миллиа́рдов рубле́й. Но э́то каса́ется ведь не всех гра́ждан, э́то каса́ется то́лько определённых возрастны́х групп: молоды́х и люде́й пенсио́нного во́зраста. Э́то пе́рвое.

Второ́е. На таки́е да́льние маршру́ты у нас ещё есть инструме́нты влия́ния. Но осо́бенно сло́жно у нас с ме́стными перево́зками, где подча́с лю́ди, для того́ что́бы добра́ться из одного́ населённого пу́нкта

We need to introduce harsher punishments and, as you said, ensure that the punishment for any infraction in this area is inevitable.

But on the other hand, I can tell you that work is underway. When people say nothing is being done in this domain that does not reflect the actual situation. Just last year, if I remember correctly, approximately 800 thousand people were prosecuted on corruption charges. A significant number of them were people with special status – either high-ranking regional or federal civil servants or deputies, or law enforcement officers... Not 800 thousand, but 800 people with special status...

Go ahead, please.

Question: Vladimir Vladimirovich, I am from Vladivostok. My name is Maria Solovyenko, Narodnoye Veche newspaper.

I just wanted to tell you something nice, even though I criticise you very harshly in the newspaper, as you probably know, don't you? (Laughter.)

You do know, thank you.

V. Putin: I know, everyone criticises me.

M. Solovyenko: You just said that you will issue an order to make the tickets even cheaper... Perhaps you are not aware that you can fly from Vladivostok to Moscow and back for 6,000 rubles? How can you cut the prices even more? Our Aeroflot...

V. Putin: No, thank you for the...

M. Solovyenko: This was just for a warm-up.

V. Putin: Oh, I see!

M. Solovyenko: That's right!

V. Putin: Thank you for mentioning the subsidy scheme for flights from the Far East to Moscow, St Petersburg, and Sochi, as well as flights from other parts of the country, including Norilsk and some areas in Siberia. We will continue these subsidies. This year, 12 billion rubles were allocated for the subsidies, if I remember right. They don't apply to all passengers but only to certain age groups: young people and the elderly. This is the first point.

Second. We have some ways to regulate prices on such long routes but the situation is particularly difficult with local flights: sometimes, in order to

субъе́кта Федера́ции в друго́й, должны́ лета́ть че́рез Москву́. Вот что пло́хо, вот я о чём говорю́.

М. Соловье́нко: Но сейча́с, Влади́мир Влади́мирович, собери́тесь и отве́тьте на о́чень серьёзный вопро́с. (Смех.)

В. Пу́тин: Попро́бую.

М. Соловье́нко: У нас, на Да́льнем Восто́ке, и трубопрово́ды стро́ятся, и замеча́тельные мосты́ постро́или, и всё остально́е. Но для кого́ мы э́то стро́им?

В. Пу́тин: А АТЭС понра́вился вам, само́ проведе́ние? Как вообще́ жи́тели восприня́ли э́то крупне́йшее междунаро́дное мероприя́тие, кото́рое мы провели́ во Владивосто́ке? Мы, кста́ти, вполне́ могли́ провести́ и в Петербу́рге, где инфраструкту́ра гото́ва, и́ли в Москве́.

М. Соловье́нко: Влади́мир Влади́мирович, меня́, как всегда́, не пусти́ли на э́тот АТЭС и пять лет не пуска́ли на Ва́ши конфере́нции. Но я не го́рдая, я сижу́ и пишу́, поэ́тому и не пуска́ют.

В. Пу́тин: Но сюда́ пусти́ли, зна́чит, прогре́сс есть.

М. Соловье́нко: Прогре́сс есть, да, э́то так. Шу́тка!

По АТЭ́Су: действи́тельно, мосты́ хоро́шие. Доро́ги, хоть и ва́лятся, хоро́шие. (Смех.) Жить ста́ло лу́чше, да – вверху́. А внизу́ пло́хо живётся всё равно́. Ну там мэр, и всё, мы не бу́дем о корру́пции сего́дня.

Я вообще́ не хоте́ла о плохо́м, но придётся. Вот грани́цы на́ши, Вы зна́ете, не о́чень они́ защищены́. Для кого́ мы стро́им? И вот э́тот бы́вший Мини́стр оборо́ны – э́то така́я боль. И мне ка́жется, Вы его́ назнача́ли и да́же в после́днее вре́мя по телеви́дению уже́ опра́вдывали.

Я бы хоте́ла сказа́ть, спроси́ть, верне́е, что Вы мо́жете сказа́ть по по́воду вот э́того руководи́теля и как верну́ть э́ти де́ньги, кото́рые они́ уворова́ли, "Славя́нка" э́та и про́чие. Что нам де́лать с оборо́ной Росси́йской Федера́ции?

В. Пу́тин: Что они́ уворова́ли там?

М. Соловье́нко: Уворова́ли. Миллиа́рды. Вы не зна́ете?

В. Пу́тин: Нет. (Смех.) Нет, не зна́ю. Я сейча́с скажу́ почему́.

М. Соловье́нко: Отве́тьте, пожа́луйста.

В. Пу́тин: Как Вас зову́т?

М. Соловье́нко: Мари́я меня́ зову́т.

В. Пу́тин: Ма́ша, сади́сь, пожа́луйста. Сейча́с я отве́чу.

М. Соловье́нко: Спаси́бо, Во́ва.

get from one town to another, people have to fly via Moscow. That's terrible and that's what I'm talking about.

M. Solovyenko: Right, Vladimir Vladimirovich, now please get ready to answer a very serious question. (Laughter.)

V. Putin: I'll do my best.

M. Solovyenko: We have new pipelines being built in the Far East, and great new bridges, and all the rest. But who are we building them for?

V. Putin: How did you like the APEC summit, the way it was organised? What did the locals think of this major international event in Vladivostok? Incidentally, we could have held it in St Petersburg, which has all the infrastructure, or in Moscow.

M. Solovyenko: Vladimir Vladimirovich, they didn't let me attend the APEC Summit, as usual, just as they didn't let me cover your news conferences for five years. But I swallow my pride, sit down and write, and that's why they don't let me attend.

V. Putin: But they've let you come here today, so there is some progress.

M. Solovyenko: Yes, there is some progress. I'm just joking.

As for APEC, those bridges are really good. The roads are good too, though they're crumbling already. (Laughter.) Life is better, yes – at the top. At the bottom, life is as bad as it ever was: the mayor and all that, but we won't talk about corruption today.

I didn't want to talk about any sore issues, but I think I'm going to have to. The border, for example, it's not very secure, you know. Who did we build it for? And that former Defence Minister – it's such a pain. And I think you have appointed him, and even defended him on television recently.

I would like to ask, what can you say about that official and how can we get back the money they stole – I mean Slavyanka and all that. What shall we do with the defence of the Russian Federation?

V. Putin: What did they steal?

M. Solovyenko: They stole billions. Haven't you heard?

V. Putin: No, I haven't. (Laughter.) I'll tell you why.

M. Solovyenko: Please give me an answer.

V. Putin: What is your name?

M. Solovyenko: My name is Maria.

V. Putin: Masha, sit down, please. I'll answer your question.

M. Solovyenko: Thank you, Vova.

Д. Песко́в: Ма́ша, бу́дьте любе́зны, микрофо́н, пожа́луйста.
М. Соловье́нко: Ещё ма́ленький вопро́с.
Д. Песко́в: Нет, дава́йте уважа́ть колле́г.
В. Пу́тин: Она́ уже́ не отда́ст, нет.

По по́воду того́, что уворова́ли и́ли не уворова́ли. Я уже́ поясня́л свою́ пози́цию: я никого́ не опра́вдывал. Я действи́тельно назнача́л Сердюко́ва в своё вре́мя. И он в це́лом, что каса́ется реформи́рования Вооружённых Сил, дви́гался в це́лом в пра́вильном направле́нии. Вопро́с во вне́шних фо́рмах проявле́ния отноше́ния к лю́дям. Э́то отде́льный вопро́с. Челове́к в пого́нах заслу́живает к себе́ уваже́ния. Ча́сто, зна́ете, больши́е руководи́тели уже́… Вообще́ любо́й челове́к заслу́живает уваже́ния со стороны́ нача́льника, а лю́ди в пого́нах – э́то осо́бая ка́ста, и к ним ну́жно с осо́бым уваже́нием относи́ться.

Вот что каса́ется сти́ля руково́дства, там действи́тельно бы́ли вопро́сы. Но я его́ уво́лил не за э́то. А уво́лил за то, что у о́рганов сле́дствия возни́кли обосно́ванные сомне́ния в том, что пра́вильно выстра́ивалась рабо́та, свя́занная с реализа́цией иму́щества, и по не́которым други́м вопро́сам. Но я всё-таки хочу́, зна́ете, что́бы мы всё-таки остава́лись… Я вот говори́л про зако́нность. И э́то бы́ло примени́тельно к на́шей радика́льной оппози́ции, но и примени́тельно к властя́м э́то то же са́мое, то же и власте́й каса́ется. Да, есть сомне́ния в корре́ктности поведе́ния и принима́емых реше́ний мини́стра оборо́ны, поэ́тому он отстранён.

Но уворова́ли и́ли не уворова́ли, как Вы сказа́ли, мо́жет реши́ть то́лько суд. И вот в чём я могу́ вас заве́рить – в том, что и сле́дствие, и суде́бное разбира́тельство бу́дут преде́льно объекти́вными. Нет жела́ния никако́го кого́-то выгора́живать. Никто́ не бу́дет выгора́живаться, и никто́ не бу́дет э́тим занима́ться – вот э́то сто проце́нтов, и э́то вы мо́жете быть уве́рены на сто проце́нтов. Но то́лько суд мо́жет определи́ть, вино́вен кто́-то и́ли не вино́вен, уворова́ли и́ли не уворова́ли, и что с э́тим де́лать.

В том числе́ в не́которых слу́чаях на́до предъявля́ть и гражда́нские и́ски. Я ду́маю, что де́йствующий мини́стр оборо́ны Серге́й Кужуге́тович Шойгу́, он в состоя́нии э́тим заня́ться, он челове́к о́пытный. Кста́ти, на мой взгляд, по мое́й информа́ции, ве́домство уже́ гото́вит не́которые и́ски в гражда́нско-правово́м поря́дке. Всё бу́дем восстана́вливать и доведём э́то всё до конца́ не то́лько по Министе́рству оборо́ны, но и по други́м направле́ниям.

D. Peskov: Masha, if you could let us have the microphone back, please.

M. Solovyenko: Just one more quick question.

D. Peskov: No, let's show some respect for your colleagues.

V. Putin: That's it, she'll never give it back.

Now, about what they stole or didn't steal. I have already explained my position and I did not defend anyone. It is true that I appointed Serdyukov at the time. On the whole, he made good progress as regards the reform of the Armed Forces. It is a question of expressing your attitude towards other people in public. This is a separate issue. A man in a military uniform deserves certain respect. In general, any person deserves the respect of his superior, but people in uniform are a special caste and they should be treated with the utmost respect.

As for the style of leadership, we had some problems with that. But that is not why I dismissed him. I dismissed him because the investigating authorities had reason to question the organisation of the work related to the sale of property and some other issues. However, I would like us to keep within the bounds of the law, if you don't mind. I've talked about legality with regard to our radical opposition, and the same applies to the authorities. Yes, there are doubts as to the correctness of the Defence Minister's behaviour and decisions, and that is why he was dismissed.

However, only the court of law can determine whether they stole something or not. I can only assure you that the investigation and the trial will be absolutely objective. Nobody is going to shield anyone, I can guarantee that one hundred percent, so you can rest assured. But only a court can determine if someone is guilty or not guilty, if he stole or didn't steal, and what shall be done with him.

In some cases, it is also necessary to instigate civil proceedings. I think that the current Defence Minister, Sergei Shoigu, will be able to do it, he is an experienced man. By the way, as far as I know, the ministry is already preparing for civil proceedings. Everything will be restored and we will take it to the end, not only in the Defence Ministry case but in all such cases.

Вот Вы вспомнили про Сердюкова. Но развивать систему ГЛОНАСС в своё время – это, знаете, это моё было решение. У нас ведь как принималось решение по развитию ГЛОНАСС? Я посмотрел в своё время планы развития ГЛОНАСС, мы бы тогда предложенными планами Правительства никогда эту систему не создали. Потому что у нас спутники не 15 лет, как там западные, эксплуатировались.

Сейчас уже мы к этому переходим, а там пять, шесть лет, семь. И система финансирования по ГЛОНАСС была выстроена таким образом, что, пока мы запускали бы следующие спутники, уже часть с орбиты должны были бы снимать. И тогда мы никогда бы не добились нужной нам группировки в 28–29 спутников.

Тогда я принял решение изменить систему финансирования, увеличить её, с тем чтобы решить проблему создания необходимой спутниковой группировки и, соответственно, сделать следующий шаг по развитию наземной инфраструктуры, что для нас достаточно сложно, имея в виду отсутствие национальной компонентной базы в области электроники. У нас сейчас отдельная программа есть по развитию электроники. Мы привлекли и частный бизнес, и государственные ресурсы увеличили.

Знаете, как мне было неприятно услышать, что там тоже есть подозрения в воровстве, в коррупции. Мы сосредоточили такие деньги туда, опережающим порядком направили в высокотехнологичную сферу, я смотрел, как этот проект развивался. Мы, кстати, сделали это быстрее, чем наши европейские коллеги, я уже тоже говорил об этом, я предлагал им когда-то совместно эту работу осуществлять. Это одна из высокотехнологичных областей, где мы опередили наших конкурентов и партнёров.

А у них ещё там, на орбите, по-моему, десяти спутников нет, а у нас целая группировка работающая. И я с такой гордостью смотрел на этих людей, которые это всё делали, и думал про себя: как здорово, что у нас есть такие ребята умные, эффективные, честные. Оказалось, что и там есть проблемы. И мы и это доведём до конца, так же как и в других отраслях…

Вопрос: "Ассошиэйтед пресс", Владимир Исаченков.

Вопрос мой касается ситуации в Сирии. Как известно, западные страны, Лига арабских государств, Турция – все выступают за то, чтобы Башар Асад ушёл со своего поста, и говорят, что мир в Сирии невозможен без этого. Несогласие России с этой позицией не может ли, на Ваш взгляд, привести к тому, что Россия окажется в изоляции в

You have remembered Serdyukov. But, you know, the decision to develop the GLONASS system was my decision. Do you know how we made the decision? I looked at development plans: we would never have got this system off the ground with the plan proposed by the Government because our satellites did not have a lifespan of 15 years, like Western ones.

Now we are changing to that but it took five, six or seven years. And the financing for GLONASS was organised in such a way that as we launched the new satellites, some of the old ones had to be taken down. And we would never have reached the goal of 28-29 satellites.

Then I decided to change the financing scheme, to increase funding so that we could get the target number of satellites and, accordingly, to take the next step in the development of ground-based infrastructure, which is difficult for us, bearing in mind the lack of a domestic component base in electronics. We have a separate programme now for the development of electronics, and we have attracted private business and increased state allocations.

You know, I did not like hearing that there were also allegations of theft and corruption. We invested so much money in that area, made the high-tech sector our priority, and I watched as this project was implemented. Incidentally, we did it faster than our European colleagues, I have also talked about this. I had suggested that we should carry out this work together. This is one of the high-tech areas where we have outstripped our competitors and partners.

They don't even have ten satellites yet, whereas we have an entire satellite grouping operating. I was so proud of these people who were involved in the project, and I thought to myself, Isn't it just great that we have such smart, efficient and honest guys. But it turned out that there were problems as well. And we will bring the process to completion, there and in other sectors...

Question: Associated Press, Vladimir Isachenkov.
My question is about the situation in Syria. As you know, western countries, the Arab League, and Turkey are all in favour of Bashar al-Assad stepping down, and say that this is the precondition for peace in Syria. In your opinion, could the fact that Russia disagrees with this premise result

конце́ концо́в, и к тому́, что Росси́я утра́тит своё влия́ние не то́лько в Си́рии, но и в регио́не Бли́жнего Восто́ка в це́лом, е́сли режи́м Баша́ра Аса́да падёт?

В. Пу́тин: Да ла́дно. Слу́шайте, дорого́й мой, а Росси́я не утра́тила свои́х пози́ций в Ли́вии по́сле того́, что там натвори́ли интерве́нты? Чем бы они́ ни объясня́ли свою́ пози́цию, но госуда́рство-то развали́вается. Межэтни́ческие, межкла́новые, межпле́менные конфли́кты продолжа́ются. Бо́лее того́, дошло́ до траге́дии – уби́йства посла́ Соединённых Шта́тов. Э́то результа́т рабо́ты? Вот меня́ спра́шивали об оши́бках, а э́то ли не оши́бка? Вы хоти́те, что́бы мы э́ти оши́бки повторя́ли постоя́нно в други́х стра́нах?

Мы не озабо́чены судьбо́й режи́ма Аса́да. Мы понима́ем, что там происхо́дит и что семья́ нахо́дится 40 лет у вла́сти. Безусло́вно, переме́на востре́бована. Нас друго́е беспоко́ит: что да́льше бу́дет. Мы про́сто не хоти́м, что́бы сего́дняшняя оппози́ция, став вла́стью, начала́ борьбу́ с сего́дняшней вла́стью, кото́рая перейдёт в оппози́цию, и что́бы э́то продолжа́лось ве́чно.

Нас, коне́чно, интересу́ет пози́ция Росси́йской Федера́ции в э́том регио́не ми́ра: он бли́зок к нам. Но нас бо́льше всего́ интересу́ют не на́ши интере́сы, кото́рых на са́мом де́ле не так уж и мно́го, их практи́чески нет. У нас, что осо́бые каки́е-то экономи́ческие отноше́ния? Нет. А что, у нас господи́н Аса́д из Москвы́ не вылеза́л, что ли, в пери́од своего́ президе́нтства? Да он ча́ще быва́л в Пари́же и други́х европе́йских столи́цах, чем у нас. Мы выступа́ем за то, что́бы был на́йден тако́й вариа́нт реше́ния пробле́мы, кото́рый изба́вил бы регио́н и э́ту страну́ от распа́да и непрекраща́ющейся гражда́нской войны́.

В чём заключа́ется на́ше предложе́ние, на́ша пози́ция: не в том, что́бы любо́й цено́й Аса́да и его́ режи́м оставля́ть у вла́сти, а в том, что́бы снача́ла лю́ди договори́лись ме́жду собо́й о том, как они́ бу́дут жить да́льше, как бу́дет обеспе́чена их безопа́сность и уча́стие в управле́нии госуда́рством, а пото́м на́чали бы меня́ть в соотве́тствии с э́тими договорённостями существу́ющий поря́док веще́й, а не наоборо́т, снача́ла всё разогна́ть и уничто́жить, а пото́м пыта́ться договори́ться. Я ду́маю, что договорённости на осно́ве вое́нной побе́ды здесь неуме́стны и эффекти́вными быть не мо́гут. Ну а что там бу́дет, зави́сит пре́жде всего́ от самого́ сири́йского наро́да...

Д. Песко́в: Три часа́, как мы в эфи́ре, Влади́мир Влади́мирович.

В. Пу́тин: Ребя́та, на́до зака́нчивать.

Д. Песко́в: Дава́йте аге́нтство "РИА Но́вости".

in its isolation and a loss of Russian influence, not only in Syria but in the Middle East in general, if Mr al-Assad's regime falls?

V. Putin: Listen my dear man, haven't Russia's positions regarding Libya been lost after the intervention? Whatever is being said now, the country continues to fall apart. Ethnic, clan and tribal conflicts continue. Moreover, the situation has resulted in tragedy, namely the murder of the US ambassador. Is this a result? People have asked me about mistakes; was this not a mistake? Do you want us to repeat these mistakes indefinitely in other countries?

We are not that preoccupied with the fate of al-Assad's regime. We understand what's going on there and that his family has been in power for 40 years now. Without a doubt, change is required. We're worried about something else, about what happens next. We simply don't want today's opposition, having come to power, to start fighting with the current authorities, who then become the opposition, and for this to continue indefinitely.

Of course we are interested in Russia's position in this part of the world: it is close by. But our main preoccupation is not so much our own interests, which are really not that much, practically nothing. Do we have special economic relations? No. Has Mr al-Assad been constantly in Moscow during his presidency? No, he has visited Paris and other European capitals more often than here. We advocate finding a solution to the problem which would spare the region and the country from disintegration and never-ending civil war.

That is our proposal and our position; not that al-Assad and his regime remain in power at any cost, but that people first agree among themselves about how they will live, how their security and participation in government will be assured. Only then should they begin to change the existing order in accordance with these agreements. Rather than the reverse, which would be to first drive out and destroy everything, and then try to negotiate. I think that agreements based on a military victory are irrelevant and can't be effective. And what happens there depends above all on the Syrian people themselves…

D. Peskov: We have been on air for three hours, Vladimir Vladimirovich.
V. Putin: Guys, we have to wind up.
D. Peskov: Let's have RIA Novosti.

Вопро́с: РИА "Но́вости", Еле́на Глушако́ва.

Вы тут уже́ вспомина́ли доста́точно эмоциона́льно про 2008 год, как Вам приходи́лось ли́чно е́здить на заво́ды, на фа́брики, что́бы реша́ть возника́ющие пробле́мы, как госуда́рство выделя́ло субси́дии на́шим предпринима́телям, иногда́ им ру́чки ода́лживало, и други́е подо́бные механи́змы по́мощи. Сейча́с, че́рез четы́ре го́да, не придётся ли, е́сли вдруг насту́пит втора́я волна́ кри́зиса, сно́ва в ручно́м режи́ме управля́ть на́шей эконо́микой? Доста́точно ли она́ диверсифици́рована?

И ещё. Член Ва́шей кома́нды Алексе́й Леони́дович Кудри́н вчера́ сказа́л, что антиза́падная рито́рика, кото́рая в после́днее вре́мя возобла́дала в на́шей стране́, мо́жет негати́вно сказа́ться на эконо́мике Росси́йской Федера́ции. Что каса́ется росси́йско-америка́нских отноше́ний, как Вы счита́ете, не ну́жно ли бу́дет пото́м де́лать "перезагру́зку перезагру́зки"? Спаси́бо.

В. Пу́тин: То есть у Вас, по су́ти, два вопро́са. Хва́тит ли у нас ресу́рсов для того́, что́бы реши́ть пробле́мы, е́сли они́ возни́кнут, так?

Е. Глушако́ва: Да.

В. Пу́тин: И второ́й – как разви́тие ситуа́ции в междунаро́дных дела́х отража́ется на на́ших экономи́ческих пробле́мах, так я по́нял?

Е. Глушако́ва: Скоре́е, э́то про́сто был, наве́рное, перехо́д к росси́йско-америка́нским отноше́ниям, поско́льку кри́зис, опя́ть же для нас нема́лова́жны иностра́нные инвести́ции, а сейча́с с рито́рикой у инве́сторов возника́ют опасе́ния. Соотве́тственно, как Вы оце́ниваете росси́йско-америка́нские отноше́ния, не потре́буется им "перезагру́зка"?

В. Пу́тин: Поня́тно. Дава́йте начнём с росси́йско-америка́нских отноше́ний и с того́, что Алексе́й Леони́дович сказа́л. Алексе́й Леони́дович – я уже́ сказа́л, что я с ним встреча́юсь и прислу́шиваюсь к его́ мне́нию, но сего́дня он не рабо́тает в исполни́тельных о́рганах вла́сти. Он, скоре́е всего́, да́же отно́сит себя́ к тако́й конструкти́вно-либера́льной оппози́ции. А у на́шей оппози́ции, я позво́лю себе́ перефрази́ровать геро́я изве́стного фи́льма, нет конкре́тной рабо́ты. Они́ лю́ди у́мные, но отве́тственности не несу́т за принима́емые реше́ния.

Что каса́ется рито́рики: антиамерика́нской, любо́й друго́й, антиза́падной, и любу́ю другу́ю страну́ могу́ назва́ть, – нам вообще́ не нужна́ а́нти-кака́я-то рито́рика, она́ всегда́ вредна́. Но мы, наве́рное, с ва́ми или я – плохо́й христиани́н: когда́ бьют по одно́й щеке́, на́до бы подста́вить другу́ю; я к э́тому пока́ мора́льно не гото́в. Е́сли нас шлёпнули, на́до отве́тить, ина́че нас всегда́ бу́дут шлёпать. Вот адек-

Question: RIA Novosti, Elena Glushakova.

You have already recalled 2008 quite emotionally, the time when you travelled personally to plants and factories to solve problems there. And how the government introduced subsidies for our entrepreneurs and other similar assistance mechanisms. Now, four years later, if there were to be a second wave of the crisis, would you need to manage our economy again in such a hands-on way? Is it sufficiently diversified?

And another thing. A member of your team, Alexei Leonidovich Kudrin, said yesterday that the anti-western rhetoric which has recently prevailed in Russia could harm our economy. As for Russian-American relations, what do you think? Do we need to "reset the reset"? Thank you.

V. Putin: So in essence you have two questions. Do we have sufficient resources to resolve economic problems should they arise, is that right?
E. Glushakova: Yes.
V. Putin: And the second: how do developments in our international relations affect our economic problems? Have I understood correctly?
E. Glushakova: Rather, it was the transition to Russia-US relations, since the crisis and now anti-western rhetoric has prompted concerns among investors, and foreign investments are not insignificant for us. Accordingly, what is your assessment of Russian-American relations, do they need to be "reset" once again?

V. Putin: I see. Let's start with Russian-American relations and what Alexei Leonidovich said. I've already said that I meet with and listen to Alexei Leonidovich, but he is not currently working in the executive branch of government. Most likely, he considers himself part of the liberal opposition. But our opposition, if you will allow me to paraphrase the hero of a famous film, has no specific work. These people are smart, but they are not liable for their decisions.

As for rhetoric, anti-American, anti-western, or anti-any-other-country I might name, we do not need anti-anybody rhetoric, it is always harmful. But you and I are probably bad Christians: when you are slapped you should turn the other cheek. And I am not yet ready to do so on moral grounds. If we are slapped, we must retaliate, otherwise we will always be taken advantage of. Whether we do so adequately or inadequately is another matter.

ватно, неадекватно – это другой вопрос. Причём они сделали это неспровоцированно. Сами там по уши в одной консистенции находятся, я уже перечислил их проблемы, как лом торчат там в этих проблемах по самую макушку, а на нас переваливают. Это неправильно. Это же не наш выбор. Не мы кого-то провоцируем, а нас провоцируют.

Это адекватный ответ или нет, повторяю, это другой вопрос, это надо посмотреть. Я вашей коллеге отвечал – надо текст посмотреть, который депутаты предлагают. Но мы не заинтересованы в ухудшении каких-либо отношений с кем бы то ни было.

Что касается "перезагрузок", это не наш термин – нам предложили американские партнёры. Я даже не очень понял, а что нам перезагружать: у нас в принципе нормальные хорошие отношения были – они испортились, относительно испортились в связи с тем, что у нас была другая позиция по Ираку, вот отсюда начались проблемы.

Но я хочу обратить ваше внимание на то, что мы даже не инициативно заняли эту позицию – нас к этой позиции в значительной степени подтолкнула политика европейских партнёров Соединённых Штатов: Франции, Германии, которые тоже не поддержали их усилия по иракскому направлению. Кто был прав? Вот говорят – пришёл, увидел, победил. Саддама повесили, но страна-то разваливается. Ведь Курдистан практически уже действует самостоятельно. Сколько там жертв уже произошло? Уже больше, наверное, чем за весь период правления Саддама Хусейна. Были это адекватные средства решения "проблемы Хусейна" или нет, мне трудно сказать. Но я думаю, что они очень спорными являются, такие средства решения проблемы, как минимум.

Вторая проблема, которая возникла у нас тогда и продолжается, – это система противоракетной обороны. Мы уже много раз сказали. Мы видим угрозу, когда наши партнёры создают такие системы. Это ведёт к обнулению (может привести, если мы не будем отвечать) нашего ракетно-ядерного потенциала, что существенным образом нарушит стратегический баланс в мире, который сохраняет всё человечество от крупномасштабных военных конфликтов после Второй мировой войны. Маленьких полно, но вот крупномасштабных, слава Богу, нет. И Карибский кризис мы перешагнули именно в связи с тем, что возник такой баланс, никто не хочет взаимного уничтожения.

Я когда-то разговаривал с человеком, с которым у меня очень добрые личные отношения сложились, я к нему очень хорошо отношусь до сих пор, – это бывший президент Буш. Он сказал: "Ну что вы бес-

Along with this, they acted without provocation. They are up to their ears in a certain substance; I have already listed their problems, they are really drowning it, and they still insist on criticizing us. This is wrong; it is not our choice. We did not provoke anyone, they provoked us.

I would repeat that the question of whether our response is appropriate or not is another matter, and we must analyse it as such. I answered your colleague, you should look at the text that [Duma] deputies suggested. But we are not interested in damaging our relations with anyone.

As for the so-called reset, it is not our term, our American partners suggested it. I do not even really understand exactly what we are resetting: in principle we had normal, good relations which then soured and deteriorated due to the fact that we had different positions on Iraq. And the problems began at that point.

But I want to draw your attention to the fact that we did not articulate this policy proactively, our position was significantly influenced by the policies of the United States' European partners, France and Germany, who did not support their efforts in Iraq either. Who was right? They say: I came, I saw, I conquered. Saddam was hanged, but the country is falling apart. Kurdistan is already practically independent. How many victims have there been? Perhaps more than during the entire period of Saddam Hussein's rule. Whether [the invasion of Iraq] was an adequate means of solving the 'Hussein problem' or not, it's hard to say. But I think that such means of resolving problems are very controversial, to say the least.

The second problem that arose then and continues today relates to missile defence. We have said so many times. We feel threatened when our partners create such systems. This leads to (or can lead to, if we do not respond) the nullification of our nuclear and missile capabilities. It also significantly disturbs the strategic balance which has protected humanity from large-scale military conflict since World War Two. There have been many small conflicts, but thank God there have been no big ones. And we overcame the Caribbean crisis due to the fact that there was such a balance, and no one wants mutually assured destruction.

I once talked to a man with whom I have a very good personal relationship and I still think very highly of him: former President George W. Bush. He said, "What are you worried about? We are not doing this against you."

покоитесь? Мы не против вас это делаем", – я говорю: "Ну тогда мы будем делать то-то, то-то: мы не будем создавать ПРО, это дорого и неизвестно ещё, будет ли эффективно, но мы, чтобы сохранить баланс, тогда будем вынуждены развивать ракетные ударные комплексы". – Он говорит: "Да делайте что хотите. Мы не считаем вас врагами, нас это не касается. Но и вы не считайте нас врагами, и вас тоже не касается".

Хорошо, мы так и делаем. Но возникла тогда проблема, и она продолжается до сих пор. Ведь когда мы говорим: "Ну ладно, хорошо, не против нас" (я сейчас не буду в деталях, их очень много, они интересные, я вам как-нибудь расскажу об этом), но когда мы говорим: "Слушайте, вы не хотите технологически сделать так, чтобы нам не угрожало?" – они предлагали, и мы согласились, а потом – они отказались от технологического решения вопроса.

Хорошо, не хотите, но давайте хотя бы на бумажке напишем обязывающие какие-то вещи юридического характера, что это не против нас, – они даже против этого возражают, от этого отказываются. Мы вынуждены будем принимать какие-то ответные меры. Это ухудшает наши отношения? Да.

Но я всё-таки хочу вернуться к тому тезису, который 42-й президент сформулировал: мы не враги друг другу. И я тоже так считаю. Просто нужно набраться терпения и искать компромиссы. Не думаю, что это уж так отражается на инвестиционном климате, чему-то мешает, развитию экономики. Но мы должны обеспечить национальные интересы в области безопасности для народа Российской Федерации…

Д. Песков: Последний вопрос, наверное, да, Владимир Владимирович?

В. Путин: Сейчас-сейчас.

Д. Песков: "Независимая газета". Будьте любезны, микрофон "Независимой газете".

Вопрос: Александра Самарина, "Независимая газета".

Добрый день! Владимир Владимирович, мой вопрос о политической конкуренции. В 2000-е годы, в годы так называемой суверенной демократии, политические проблемы, проблемы политического развития решались у нас методом политтехнологий. Мы знаем об этих проблемах. Это и людей не допускали на выборы, признавали недействительными подписи. Это только часть проблем, с которыми сталкивался человек, который шёл на выборы и не доходил до политического олимпа.

I said, "Well then, here is what we will do: we will not create a missile defence system, which is expensive and we don't even know if it's going to be effective, but in order to maintain a balance, we will have to develop ballistic attack systems." He said, "You can do what you want. We do not consider you an enemy, so we don't care. But you shouldn't consider us an enemy either, so you shouldn't care."

So that's what we've been doing. But that decision gave rise to a problem that remains to this day. After all, when we conceded, "All right, they are not directed against us," (I won't go into details now, there are a lot of them and they are very interesting, I'll tell you about them some other time) and suggested: "Would you be interested in employing a technology that wouldn't threaten us?" They proposed a solution that we agreed to, but later they abandoned that technological solution.

All right, if you don't want to do it, let's at least write up some binding legal agreements confirming that it is not directed against us – yet they opposed this as well and refused to do it. We will be forced to take some countermeasures. Does this have a negative impact on our relationship? Yes, it does.

However, I would like to go back to the thesis formulated by the 42nd President: we are not enemies. I agree with that. We just need to be patient and look for compromises. I don't think this has had any great effect on the investment climate or curbs Russia's economic development. But it is our duty to ensure the national security of the Russian Federation…

D. Peskov: One last question, Vladimir Vladimirovich?

V. Putin: We'll see.

D. Peskov: Nezavisimaya Gazeta. Please pass the microphone to Nezavisimaya Gazeta.

Question: Alexandra Samarina, Nezavisimaya Gazeta.

Good afternoon. Vladimir Vladimirovich, my question is about political competition. In the 2000s, during the so-called sovereign democracy, political issues, political development issues were addressed with the use of political technologies. We know about these problems. People were not allowed to take part in the elections, signatures were declared invalid. These are only some of the problems faced by the people who went to the polls and did not reach the political Olympus.

Анализируя Ваше Послание и сегодняшнее выступление, газета приходит к выводу о том, что на смену политической технологии приходит политика, что именно Вы и действующая политическая элита уже в большей степени интересуется политикой, о чём говорит и то, что Вы в Послании призываете элиты впрягаться и пахать, то, что Вы упомянули в Вашем Послании, что могут быть введены избирательные блоки на следующих выборах.

В общем, согласны ли Вы с тем, что на смену политтехнологиям приходит политика в действиях нашей политической элиты и это, в общем-то, даст возможность развивать политическую конкуренцию, допускать к участию в политике оппозиционных деятелей? Спасибо.

В. Путин: Я не думаю, что мы полностью избавимся от политтехнологий. Вы знаете, ведь политтехнологии привнесены в нашу политическую жизнь. Они не родились у нас, на нашей почве. Они привнесены более опытными и, можно сказать, ушлыми предпринимателями, которые в этой сфере давно работают в странах развитой демократии и зарабатывают неплохие деньги в ходе этих политических процессов.

Вы знаете, сколько, например, досрочно проголосовало в США на выборах Президента Соединённых Штатов? Огромное количество людей досрочно голосовали. Нас бы скушали уже за такую цифру, понимаете. А это что, не политтехнологии? Конечно, это политтехнологии. Я уже не говорю про специальные, специализирующиеся на предвыборных кампаниях организации, компании и фирмы. Это бизнес на политике, и, конечно, этот бизнес будет развиваться. Нам нужно просто минимизировать негативные стороны этого процесса, но от этого нам никуда не уйти. Как Черчилль говорил: "Не знаю худшей системы управления, чем демократия, но лучшей тоже нет". Это такие негативные стороны этого процесса, может быть, неизбежные.

Что же касается конкуренции, то, конечно, она будет расти. И я с Вами не могу не согласиться, я согласен с вами в том, что нам больше нужно внимания уделять не политтехнологиям, а именно политической борьбе, легальной политической борьбе, которая должна представлять из себя борьбу мнений по решению проблем, перед которыми стоит страна. Не просто "вали такой-то отсюда", "уходи такой-то", "давайте мы всё зачистим до основания, а затем мы свой, мы новый мир построим – кто был ничем, тот станет всем". Мы это уже проходили, в рядах так называемой непримиримой оппозиции в

My newspaper has analysed your Address to the Federal Assembly and your speech today and has come to the conclusion that politics is replacing political technologies, that you and the current political elite are increasingly interested in politics. This is evidenced by the fact that in the Address you urged the elite to keep their heads down and work hard, as well as the fact that you mentioned in the Address the possibility of introducing electoral blocs in the next election.

Would you agree that politics is replacing political technologies in the actions of our political elite, and that this will give rise to the development of political competition and will open the doors to opposition figures to take part in politics? Thank you.

V. Putin: I don't think that we will ever completely get rid of political technologies. As you know, political technologies were introduced into our political life from the outside. They were not born here, on our soil. They were introduced by more experienced streetwise entrepreneurs who worked in this field for a long time in countries with developed democracies and who earn a lot of money in these political processes.

For example, do you know how many people voted early in the presidential elections in the United States? A huge number of people voted early. We would have been eaten alive if we had such a high figure. Isn't that a political technology? Of course, it is. I'm not even talking about the organisations that specialise in election campaigns, organisations, companies and firms. It is a business of politics, and it will continue to grow. We should just minimise the negative aspects of the process, but we cannot escape it. As Churchill said, "Democracy is the worst form of government, except all the others that have been tried." These are the negative aspects of the process and perhaps they are inevitable.

As for competition, I am sure it will grow. And I must agree with you that we must focus more attention on political competition than on spin doctors, on legal political competition that should constitute a battle of opinions on the ways to tackle the challenges faced by the country. Not just "You, get out of here" and "Let's level everything out and then build our own new world from scratch – who was nothing will become everything." We've been through all of that. Most of the people who have joined the ranks of the so-called irreconcilable opposition were in power in the past, and we know

основно́м лю́ди, кото́рые бы́ли уже́ во вла́сти, и что они́ постро́или, мы зна́ем, как они́ рабо́тали в регио́нах Росси́йской Федера́ции, изве́стно, там поразвали́ли всё, и в федера́льных о́рганах вла́сти рабо́тали, мя́гко говоря́, не о́чень эффекти́вно.

Но у них должна́ быть своя́ пове́стка дня, свои́ предложе́ния по реше́нию пробле́м, пе́ред кото́рыми стои́т страна́. И в э́том смы́сле я о́чень рассчи́тываю на то, что по́сле приня́тия реше́ний, ска́жем, по свобо́де регистра́ции полити́ческих па́ртий, вот э́та борьба́ при́мет действи́тельно настоя́щий конкуре́нтный хара́ктер и созда́стся конкуре́нтная полити́ческая среда́ в Росси́и. Но ну́жно, что́бы лю́ди име́ли возмо́жность заяви́ть свою́ пози́цию – я уже́ в Посла́нии об э́том говори́л – непроста́я зада́ча для вла́сти.

Сейча́с уже́ 48 па́ртий, по-мо́ему, зарегистри́рованы, 200 создаю́тся, со́зданы инициати́вные гру́ппы по созда́нию 200 па́ртий. Э́то сло́жная зада́ча – всем предоста́вить ра́вное пра́во, но на́до к э́тому стреми́ться. И я и́скренне говорю́ об э́том. Почему́? Потому́ что, когда́ мы э́то обеспе́чим, бу́дет хорошо́ видна́ дурь ка́ждого из нас. Я и себя́ то́же име́ю в виду́…

Вот там де́вушка с каки́ми-то зверю́шками.

Вопро́с: Здра́вствуйте, Влади́мир Влади́мирович!

В. Пу́тин: Здра́вствуйте! Что там у Вас за зверю́шки?

Ре́плика: Э́то кот. Про́сто не зна́ла, как ещё привле́чь ва́ше внима́ние. Продемонстри́рую!

Д. Песко́в: Так Вы не про зверю́шек?

Ре́плика: Нет. А мо́жно я про дети́шек?

В. Пу́тин: Дава́йте.

Вопро́с: Алекса́ндра Красногоро́дская, "Ру́сская слу́жба новосте́й".

Уж, извини́те, пожа́луйста, я с тем вопро́сом, кото́рый наби́л оско́мину, кото́рый сего́дня неоднокра́тно звуча́л. Е́сли мо́жно – кра́ткий отве́т. У меня́ про́сто есть спи́сок в рука́х тех дете́й, по кото́рым уже́ при́нято реше́ние об усыновле́нии иностра́нными роди́телями. Э́то 9 челове́к, и там всё больны́е синдро́мом Да́уна и с ДЦП. Дети́шкам 5–6 лет. Вот вопро́с, что бу́дет с ни́ми, е́сли Вы всё-таки э́тот зако́н подпи́шете?

И второ́й вопро́с, о́чень ва́жный. Речь идёт о воспита́тельной ро́ли госуда́рства в на́шей стране́. В сове́тское вре́мя, безусло́вно, така́я роль у госуда́рства была́, а сейча́с, мы зна́ем, что идёт акти́вное финанси́рование кинофи́льмов, госуда́рственных кана́лов. Но у меня́ вопро́с, почему́ на э́тих кана́лах, кото́рые части́чно финанси́руются

what they built, we know how they worked in the Russian regions, they destroyed everything and their work in the federal Government was not very effective either, to put it mildly.

They must have their own agenda and proposals on ways to address the problems faced by the country. In that sense, I hope that after the decision, say, on the freedom of political party registration is adopted, this fight will turn into real political competition and will create a competitive political environment in Russia. But people must have the opportunity to state their position, as I said in the Address to the Federal Assembly, and that is a difficult task for the authorities.

At present we have 48 registered political parties, another 200 are in the process – there are initiative groups to create 200 parties. It is difficult to provide equal rights to all of them, but we must aspire to that. I say this sincerely. Why should we do that? Because, when we do, the foolishness in each of us will come to the surface. I mean myself, too…

The young lady with the animals sign.
Question: Good afternoon, Vladimir Vladimirovich.
V. Putin: Good afternoon. What are those animals on your sign?
Reply: It's a cat. I didn't know how else to attract your attention. I'll show you!
D. Peskov: So your question is not about animals?
Reply: No. Can I ask a question about children?
V. Putin: Go ahead.
Question: Alexandra Krasnogorodskaya, Russian News Service.
I want to return to an issue that has been addressed many times today, but if you could provide a brief answer. You see, I have a list of the children for whom a decision has already been issued to allow adoption by foreign parents. These are nine children and they have Down Syndrome and Cerebral Palsy. They are five to six years old. So my question is, what will happen to them if you sign this law?

And another very important question. It's about the educative role of the state in our country. In the USSR, certainly, the state played this role, but today, we know that there is active financing of films and state television channels. But I have a question, why do these channels, which are partially financed by the state or belong to companies with state participation,

государством или принадлежат компаниям с госучастием, работают журналисты, которые позволяют себе порой делать акцент, в первую очередь, на негативном состоянии нашей страны, – там всякие сванидзе, доренко, познеры? Скажите, пожалуйста.

В. Путин: Добрались наконец-то до них.

А. Красногородская: Подождите-подождите. Они ругают Русскую православную церковь, они поднимают вопросы, разжигающие межнациональные конфликты, – почему так происходит?

Спасибо большое. Первый вопрос и второй.

В. Путин: По поводу первого вопроса я уже говорил, и мне добавить нечего, я не видел текста закона. Он во втором чтении принят, да? Нужно посмотреть на него и тогда можно будет сделать вывод о том, что с теми детьми, о которых Вы сказали.

А потом речь ведь идёт о запрете на усыновление не всем иностранцам – речь идёт об американских усыновителях. Но мы с Вами не знаем, какие иностранцы выбрали этих детей для усыновления, и на сам текст надо посмотреть, и договор у нас ещё действует. Надо с этим разобраться, как соотносится. Надо с юристами поговорить, как будет соотноситься принятый закон и международное соглашение, которое было подписано. Поэтому это всё предмет профессионального разбирательства. Сейчас я просто не готов Вам ответить. Это первое.

Второе, насчёт позиции отдельных представителей прессы по тем или иным проблемам нашей жизни, нашего бытия. Я бы не стал так ругаться, потому что федеральные каналы и так достаточно ругают по поводу их позиции. Но, я так понимаю руководство каналов: их позиция заключается в том, чтобы представить на суд общественности разные точки зрения, а дело уже самих журналистов, как эту точку зрения излагать.

Её можно излагать корректно, а можно излагать неприемлемыми способами. Я очень рассчитываю на то, что эти люди нас услышат. Ваш вопрос говорит о том, что Вы и люди, которые занимают Вашу позицию, считают как минимум, что изложение их позиции происходит в неприемлемых формах.

Реплика: Интернету дайте.

В. Путин: Давайте интернету. А где интернет? Пожалуйста.

Реплика: Спасибо большое, что Вы спустя три с половиной часа обратили внимание на интернет.

employ journalists who allow themselves to focus primarily on negative information about our country, people like Svanidze, Dorenko and Pozner [Russian journalists]? What is your view?

V. Putin: So they have finally been brought up.

A. Krasnogorodskaya: Wait, wait. They rail against the Russian Orthodox Church, they bring up issues that kindle interethnic conflicts – why does this happen?

Thank you very much. Those are my questions.

V. Putin: I already answered the first question and I do not have anything to add; I have not seen the wording of the law. It was adopted in its second reading, right? I have to see it before I can come to a conclusion about what will happen to the children you mentioned.

This is not about banning adoption for all foreigners, only American adoptive parents. But we do not know which foreigners have chosen these children for adoption, and we are to look at the text, and the bilateral agreement is still in effect. We should look into the matter, how all of its aspects match up. We have to speak with attorneys, to see how the law that is passed will work with the international agreement that was signed. So all this is a matter to be handled professionally. Right now, I'm simply not prepared to answer you. That's the first issue.

Second, regarding the position of various media representatives concerning particular problems in our lives and our existence. I would not criticise so harshly, because the national channels are already criticised enough regarding their position. But as I see it, the executives of the national channels take the following stance: it is their mission to present various points of view to the public to judge, and it is up to the journalists themselves to decide how to present those points of view.

They can be presented reasonably, or they can be presented in ways that are unacceptable. I very much count on those individuals to hear us. Your question shows that you and people who share your position feel that, at the very least, these journalists present their positions in an unacceptable manner.

Remark: Can the Internet have the floor?

V. Putin: Where is the Internet? Go ahead, please.

Remark: Thank you for taking notice of the Internet after three and a half hours.

В. Путин: Обращаю Ваше внимание на то, что я не вёл пресс-конференцию – это делал мой пресс-секретарь. Но это просто ремарка. Пожалуйста.

Ещё ничего не сказал, а уже напал сразу, не надо быть таким агрессивным.

Вопрос: Хотелось бы вспомнить Ваше Послание, в котором Вы сказали про милосердие и духовные скрепы. Не кажется ли Вам, что пора милосердие и духовные скрепы обратить в сторону заключённых по "Болотному делу"?

Например, Вы знаете, наверное, что есть такой человек Владимир Акименков, который сейчас сидит в СИЗО уже несколько месяцев, и он теряет зрение стремительно. В то время как госпожа Васильева, которая работала в Минобороны и причинила значительно больший урон государству, чем Акименков, находится дома в 13-комнатной квартире и требует уборщицу. Считаете, нормальная эта ситуация? Это первый вопрос.

И, если позволите, второй вопрос. Не кажется ли вам странным, что у государства – и сильного государства, как Россия, которое поднялось с колен, – усилиями СК и господина Бастрыкина из Следственного комитета главным его внешним врагом сейчас стала даже не маленькая Грузия, а мелкий и незначительный политик Гиви Таргамадзе, а главными внутренними врагами даже не Алексей Навальный, а мелкие оппозиционеры Развозжаев и Константин Лебедев, которых судят за соответственно заговор против России? Спасибо.

В. Путин: ...По поводу того, кто стал врагом Следственного комитета: у Следственного комитета нет врагов персональных – Следственный комитет обязан следить за исполнением российского законодательства, а в случае его нарушения производить расследование и предлагать суду принять окончательное решение. Мы должны обратить на это внимание.

А что касается того грузинского политического деятеля, то он совсем не враг Российской Федерации – он человек, который пытался (и, может быть, до сих пор это делает) подстрекать граждан Российской Федерации к совершению противоправных действий, которые могли выражаться в совершении террористических актов, к незаконному захвату власти. Я думаю, что это очень убедительно было показано съёмками, под которые они случайно, должен вам раскрыть государственную тайну, попали в контролируемом помещении.

V. Putin: Please take notice of the fact that I have not been hosting this news conference: it was my press secretary. But this is just a remark. Go ahead.

He hasn't even said anything but has attacked me already. You shouldn't be so aggressive.

Question: In the Address to the Federal Assembly you spoke about compassion and spiritual bonds. Do you think that perhaps it may be time to feel compassion and spiritual bonds for the Bolotnaya Square case prisoners?

For example, you probably know that there is a person called Vladimir Akimenkov, who has been in detention for months, and he is rapidly losing sight. At the same time Ms Vasilyeva, who used to work for the Defence Ministry and who caused much more damage to the state than Akimenkov, is under house arrest in her 13-room apartment and is demanding a housekeeper. Do you think this is fair? This is the first question.

And one more question, if you don't mind. Don't you think it is strange that through the efforts of the Investigative Committee and its Chairman, Mr Bastrykin, the main external enemy of the state – a strong state like Russia, which has risen from its knees – is now not even the small state of Georgia but a minor and insignificant Georgian politician Givi Targamadze, while the biggest domestic enemies are not even Alexei Navalny, but small opposition figures Leonid Razvozzhayev and Konstantin Lebedev, who are on trial for conspiracy against Russia? Thank you.

V. Putin: ...To answer your question about the enemies of the Investigative Committee, I can tell you that the Investigative Committee has no personal enemies: the Investigative Committee monitors compliance with the Russian legislation, and in the event that a law is broken its duty is to investigate the case and submit it to the court for a final ruling. We must bear this in mind.

As for the Georgian politician you mentioned, he is not an enemy of the Russian Federation; he is a man who attempted (and perhaps is continuing his attempts) to incite citizens of the Russian Federation to commit illegal acts which may take form of terrorist attacks, and to try the illegal seizure of power. They were caught on tape when they by accident – this is a state secret I am revealing here - entered the premises that were being monitored, and the video recording we have as a result proves this very convincingly.

Но э́то объекти́вные да́нные, про́тив э́того не попрёшь. Он их инструкти́ровал по по́воду того́, как соверши́ть преступле́ние в Росси́йской Федера́ции, и э́то должно́ име́ть правову́ю оце́нку. И не ну́жно его́ защища́ть. А обсужде́ние, как они́ говоря́т, в шу́тку и́ли не в шу́тку, соверше́ния тера́ктов, в том числе́ и взры́вов на желе́зной доро́ге, – про́тив э́того Бастры́кин не до́лжен проходи́ть, потому́ что таки́е слу́чаи и таки́е траге́дии в на́шей стране́, к сожале́нию, случа́лись.

Как же Бастры́кин мо́жет пройти́ ми́мо того́, что обсужда́ется возмо́жность взры́ва по́езда где́-то в райо́не Ирку́тска? О чём Вы говори́те, Вы же граждани́н Росси́и, Вы са́ми могли́ оказа́ться в э́том по́езде, или де́ти Ва́ши, и́ли знако́мые, и́ли други́е по́льзователи интерне́та, ра́зве мо́жно так? Э́то пе́рвое.

Второ́е, по по́воду того́, кто сиди́т в тюрьме́: я не ду́маю, что за уча́стие в ма́ссовых а́кциях, да́же е́сли они́ бы́ли проведены́ с наруше́нием зако́на, ну́жно сажа́ть в тюрьму́. Вот у меня́ ли́чно как у главы́ госуда́рства и у челове́ка, кото́рый име́ет ба́зовое юриди́ческое образова́ние, така́я пози́ция. Но – и я хочу́ обрати́ть на э́то осо́бое внима́ние – недопусти́мо абсолю́тно рукоприкла́дство в отноше́нии представи́телей о́рганов вла́сти.

Вы наверняка́ отно́ситесь с уваже́нием к правово́й систе́ме Соединённых Шта́тов. Попро́буй там ру́ку в карма́н [засу́нуть] и вы́тащи что́-нибу́дь – сра́зу пу́лю в лоб полу́чите, без разгово́ров. И полице́йского оправда́ют. Там о́чень жёсткие пра́вила в отноше́нии представи́телей правопоря́дка. Почему́ кто́-то счита́ет, что у нас дозво́лено срыва́ть пого́ны, ли́бо бить по лицу́, ли́бо души́ть представи́теля вла́сти? Е́сли мы с ва́ми позво́лим э́то де́лать кому́ бы то ни́ бы́ло, вне зави́симости от полити́ческих взгля́дов э́тих люде́й, мы разва́лим правоохрани́тельную систе́му страны́.

За́втра они́ ска́жут: иди́те са́ми на у́лицу и бори́тесь – допу́стим, с представи́телями кра́йних националисти́ческих движе́ний. Вы одобря́ете их де́ятельность? Ду́маю, что – име́я в виду́ ваш либера́льный подхо́д – вряд ли. Так они́ ска́жут: "Очки́ сними́ и иди́ туда́, и деи́сь с ни́ми сам". Вы понима́ете, мы разва́лим полице́йскую систе́му. Кра́йне аккура́тно ну́жно к э́тому подходи́ть.

Но дета́лей, я говорю́ и́скренне, Вы назва́ли фами́лии, я не зна́ю: по каки́м основа́ниям э́тих люде́й задержа́ли и на пери́од рассле́дования лиши́ли свобо́ды, – но я посмотрю́. Е́сли э́то свя́зано с тем, что я сказа́л, я вме́шиваться не бу́ду. Е́сли свя́зано про́сто с тем, что они́ принима́ли

This is factual evidence that cannot be denied. He instructed them about how to commit a crime in the Russian Federation, and the case must go to trial. You shouldn't defend him. Any discussion (be it, as they say, as a joke or not) of committing terrorist attacks, including explosions on the railway – Mr Bastrykin cannot allow that to go unnoticed because, unfortunately, we have had such cases and such tragedies in our country.

How can Mr Bastrykin ignore a discussion on blowing up a train somewhere near Irkutsk? What are you talking about, you, a Russian citizen, when you could have been on that train, or your children, or friends, or other Internet users, how can you say that? This is the first point.

Second, about the people who are in prison, I do not think that people should be imprisoned for taking part in rallies, even if those rallies were held in violation of the law. That is my personal position as the head of state and a person who has a law degree. But at the same time – and I want to draw your attention to this – it is absolutely unacceptable when representatives of the authorities are assaulted.

I am sure you have great respect for the legal system in the United States. There, just you try to put your hand in the pocket and pull something out – you'll get a bullet in the head and that'll be the end of discussion. And the police officer will be acquitted. They have very strict laws against assault on law enforcement officers. Why do some people think that here it is allowed to tear off officers' shoulder straps, to hit a police officer in the face or try to strangle him? If we allowed this, regardless of the assailants' political views, we would ruin the law enforcement system in our country.

The next day our police officers will say, go out and fight the extreme nationalists, say, yourselves. Do you approve of their activities? I don't think so, bearing in mind your liberal views. What if you were told: "Take off you glasses and go fight them yourself." You must understand that it would destroy the law enforcement system. We must be very careful.

But I have to admit that I really am not familiar with the details and the names you have mentioned, on what grounds were these people detained and put in custody for the period of the investigation, but I'll see. I will not interfere if it is for the reasons I stated. But if they were detained simply

участие в этих акциях, – думаю, что это неправильно, и вообще на будущее, конечно, правоохранительные органы должны будут иметь это в виду.

Пожалуйста.

Вопрос: Екатерина Винокурова, "Газета.ру".

В продолжение вопроса моего коллеги Ильи Азара и Дианы Хачатрян из "Новой газеты" хотелось бы обратить Ваше внимание на следующее. Согласно ноябрьским опросам "Левада-центра" рейтинг доверия жителей России к Вам составляет около 34 процентов. Количество недовольных курсом Правительства и курсом нынешней власти уже 55 и 45 процентов соответственно.

Как Вы считаете, почему падают рейтинги, почему растёт в обществе недоверие к власти, ко всем её институтам? И не связано ли это, например, с разницей в условиях содержания 18-летней обвиняемой по "Болотному делу" Духаниной и бывшей чиновницей Васильевой; с тем, что, с одной стороны, у нас в реактивном порядке принимается ответ на "закон Магнитского", хотя значительная часть общества хочет хотя бы дискуссий по этому поводу, выступает против этого, и, с другой стороны, совершенно не слышат тех людей, кто к власти нелоялен.

Спасибо Вам большое за ответ.

В. Путин: Я постараюсь быть предельно объективным, но не знаю, понравится ли Вам эта объективность. Я думаю, что вопросы, связанные с рейтингами, во-первых, всегда очень приблизительны. Сегодня рейтинг чуть выше, завтра чуть ниже. Не думаю, что это так напрямую коррелируется с теми проблемами, о которых Вы сказали.

Кстати говоря, Вы же всё-таки представляете либеральный спектр нашего общества. Вот Вы сейчас сказали про Васильеву, которая находится под домашним арестом. Совсем недавно я от представителей вашей среды слышал совсем другие речи: "Разве можно за экономические преступления сажать в тюрьму?!" Вы будьте тогда последовательными, пожалуйста, будьте последовательными!

Её подозревают в совершении уголовного, но экономического преступления. Во-первых, процесс доказывания там довольно сложный. И вопрос не в том, что её заперли или не заперли в местах лишения свободы, в следственном изоляторе. Вопрос в том, чтобы она никуда не скрылась от суда и следствия. И вопрос в том, чтобы была обеспечена объективность разбирательства. Следствие и суд приняли такое ре-

because they took part in rallies, I think that is wrong, and in the future the police will have to keep that in mind.

Go ahead, please.

Question: Ekaterina Vinokurova, Gazeta.ru.

In continuation of the question by my colleagues Ilya Azar and Diana Khachatryan of Novaya Gazeta, I would like to draw your attention to the following. According to the November polls conducted by the Levada Centre, your approval rating is about 34%. The number of people dissatisfied with the Government's policy and the performance of the authorities is 55% and 45%, respectively.

Why do you think the figures are falling and why is there increasing distrust in society of the authorities and all state institutions? Do you think this may be connected, for example, with the difference in detention conditions for 18-year-old Alexandra Dukhanina, who was arrested as part of the Bolotnaya Square case, and the former state official Vasilyeva; and with the fact that, on the one hand, we have adopted – within a fraction of a second - a response law to the Magnitsky Act despite the fact that a large part of society was opposed to it and demanded at least to hold a discussion, while on the other hand, the people who are disloyal to the authorities have no voice at all.

Thank you very much for your reply.

V. Putin: I will try to be very objective, but I am not sure you are going to like my objectivity. First of all, I think all these ratings are very approximate. The rating can go a bit up today and down tomorrow. I don't think this is directly related to the issues you mentioned.

You represent the liberal spectrum of our society. Well, you just mentioned Vasilyeva, who is under house arrest. But just recently I heard very different speeches from the people of your circle: "How is it possible to imprison a person for an economic crime?" Try to be more consistent, please.

She is suspected of having committed an economic crime, not a criminal offence. First, the process of proving the case is quite complicated. The issue here is not whether she was or was not locked up. The issue is that she must not be allowed to disappear before the trial. The issue is also to ensure an objective investigation. That was the decision of the investigators and the

шение. И что? Это же не значит, что дело там кто-то сворачивает. Я уже отвечал на этот вопрос: никто ничего сворачивать не будет! Будет всё доведено до конца и по этому делу, и по другому.

Что же касается внимания общества к проблемам, которые Вы называли, Вы назвали фамилии, я не знаком с этими фамилиями, говорю Вам честно и откровенно. Свою позицию по этому вопросу я уже определил, отвечая на вопрос Вашего коллеги, всё хорошо в меру.

Если это связано с правонарушением в ходе каких-то массовых мероприятий в отношении представителей власти, прежде всего правопорядка, то это одно дело. А если это просто что-то другое, мне не очень понятное, то это второе. Если это связано с возможной подготовкой или хотя бы с обсуждением возможного совершения противоправных действий, связанных с незаконным захватом власти в отдельных регионах, совершением террористических актов, как уже упоминали этого грузинского политика, который подталкивал, провоцировал наших деятелей к совершению этих актов, – это третья позиция. Я этого в деталях не знаю. Свою позицию, считаю, я достаточно ясно изложил.

Д. Песков: Владимир Владимирович, три часа пятьдесят минут мы уже работаем.

В. Путин: Давайте "Рейтер".

Вопрос: Владимир Владимирович! Алексей Анищук, агентство "Рейтер".

Недавно по лентам информагентств прошло сообщение о том, что российский суд принял решение сократить срок содержания в тюрьме Михаила Ходорковского. Я думаю, для многих в этой аудитории и по ту сторону телеэкрана, наверное, не секрет, что подобное решение российский суд, будучи независимым, всё равно не может принять без какого-то согласования с Вами.

В. Путин: Почему это?

А. Анищук: Вы несколько лет назад говорили, что вор должен сидеть в тюрьме. Значит ли это, что, может быть, у Вас изменились в некотором роде взгляды? Что Вы считаете, что Ходорковский уже посидел достаточно и может выйти на свободу?

В. Путин: Послушайте, у Вас неправильное представление о функционировании нашей судебной системы. Это первое.

court. So what? This does not mean that someone is trying to undermine the investigation. I have already answered this question: no one is going to undermine anything. The investigation will be brought to its conclusion in this case, as well as in other cases.

As for the public attention to the problems you refereed to, you mentioned some names, but to be absolutely sincere and honest, I am not familiar with those names. I have already stated my position on this matter [of restraint measures] in response to your colleague's question and I think that such measures should be adequate.

If those cases you refer to are connected with offenses against representatives of the authorities committed during mass rallies, especially against law enforcement officers, that is one thing. If it is something else, something I am not familiar with, then it's another matter. If it is related to the possible planning or even discussing the possibility of committing illegal acts connected with the unlawful seizure of power in some regions or committing terrorist attacks, as in the case of the Georgian politician we mentioned earlier, who incited Russian activists to commit such acts – that is another matter yet again. I do not know the details but I think I have outlined my position clearly enough.

D. Peskov: Vladimir Vladimirovich, we have been talking for three hours and fifty minutes.

V. Putin: Let's give the floor to Reuters.

Question: Vladimir Vladimirovich, Alexei Anishchouk, the Reuters news agency.

News agencies reported recently that a Russian court decided to reduce Mikhail Khodorkovsky's prison term. I think, it is probably no secret for many in the audience and on the other side of the TV screen that a Russian court, as an independent entity, is unable to issue such a ruling without coordinating this decision with you.

V. Putin: Why is that?

A. Anishchouk: Several years ago you said that a thief's place is in prison. Does this mean that, perhaps, you have changed your opinion to some degree? Does it mean that you believe Khodorkovsky has served a long enough sentence and should be released?

V. Putin: Listen, you've got the wrong idea about the operation of our judicial system. This is the first point.

Второе. Я четыре года не был главой государства, тем не менее суды оставались при той позиции, которую мы с Вами знаем. Я никак не мог влиять, я хочу, чтобы вы все услышали. Я не влиял на деятельность правоохранительных и судебных органов вообще никак. Я вообще не лез в эту сферу. Я занимался своей конкретной работой, и тем не менее наши суды остались при том мнении, которое нам хорошо известно.

Были приняты определённые поправки в действующий закон. Они, видимо, и дали основание суду принять то решение, о котором Вы сказали, вот и всё. Это всё соответствует действующему российскому законодательству и правоприменительной практике.

Что касается моего тезиса о том, что вор должен сидеть в тюрьме. А кто против? А что, он должен гулять по улице? Вот посадили под домашний арест, так наши либеральные деятели недовольны, они говорят: "В тюрьму надо". Так вы определитесь: кого в тюрьму, кого не в тюрьму. Или у вас какой-то выборочный подход к этому вопросу?

Что касается самого Михаила Борисовича, то здесь нет никакого персонального преследования. Вы понимаете, я очень хорошо помню, как развивался этот процесс. Нет ничего такого, а всё пытаются представить какое-то политическое дело. А что, Михаил Борисович занимался политикой? Он был депутатом? Возглавлял какую-то партию? Да ничего этого не было в помине. Там речь идёт чисто об экономическом преступлении, об экономическом деянии. Суд принял такое решение.

Посмотрите, что в тех же Штатах делается. Там и 99 лет дают за экономические преступления, и сто. Вот замечательный пример – это руководитель одного из фондов. Чем всё закончилось? Трагедией – у него члены семьи покончили жизнь самоубийством и так далее.

Это мировая практика. Нам всё время говорят об избирательности закона. Вы думаете, что в Штатах он единственный человек, который нарушает? Тоже, наверное, не единственный. Просто до него добрались, до других – нет. То же самое и у нас. Не надо политизировать эти вопросы. Я уверен, что когда в соответствии с законом, всё будет нормально, Михаил Борисович выйдет на свободу. Дай Бог ему здоровья…

Вот наш коллега, у него написано: "Лос-Анджелес", – он так рассердился, что ему не дали слово. Давайте не будем его сердить дальше. Пожалуйста.

Вопрос: Уважаемый господин Президент! Сергей Лойко, "Лос-Анджелес таймс".

Second, I was not the head of state for four years, yet the courts upheld their earlier ruling we are all aware of. I could not influence the courts in any way – I want everyone to hear that. I had no influence whatsoever on the activities of law enforcement agencies and the judiciary. I did not interfere in this area. I did my own job and yet our courts upheld the ruling we are all familiar with.

Certain amendments to the existing legislation have been adopted, which gave grounds for the court to make the decision you mentioned. That is all. This is consistent with the existing Russian legislation and law application practice.

As for my thesis that a thief's place is in prison, is there anyone who does not agree with it? Do you think he should walk free? When they placed a suspect under house arrest, our liberal activists were indignant. They said: "Put her in prison". So you should make up your mind, who should go to prison and who shouldn't. Or do you have a selective approach to this issue?

As for Mikhail Borisovich, there is no personal prosecution in this case. I remember very well how it developed. There still are attempts to present it as a political case. Was Mikhail Borisovich engaged in politics? Was he a State Duma deputy? Was he a leader of a political party? No, he wasn't any of those things. It's a purely economic offence and the court made a ruling.

Have a look at the US. They sentence people to 99 years of imprisonment for economic crimes, and even 100 years. There is a bright example involving the head of one of the funds. How did it end? It ended in tragedy: his family members committed suicide.

This is a worldwide practice. We are told all the time that justice in our country is selective. Do you think that man was the only person in the United States who committed that offence? No, he probably wasn't. Just the system got to him first. It's the same here. We should not politicise these cases. I'm sure that when everything is in conformity with the law, Mikhail Borisovich will be released. May God give him health…

Here is our colleague, his sign says Los Angeles – he was so angry that he did not get a chance to speak. Let's not provoke him any more. Please go ahead.

Question: Dear Mr President, I am Sergei Loiko, Los Angeles Times.

Вы говорили много в последнее время применительно к делу Евгении Васильевой и к предполагаемым хищениям в "Оборонсервисе", и к роли Сердюкова, что у нас не 37-й год. Конечно, все рады это слышать. Но, возвращаясь к главной теме сегодняшнего дня, для, например, Сергея Магнитского в 2009 году вполне себе наступил 37-й год, для полутора тысяч детей-сирот, которых ни Лахова, ни Афанасьева на содержание не возьмут, из которых 49 детей тяжело больны и их готовы принять американские семьи. И Вы согласитесь со мной, что в Америке в любом случае им будет лучше, чем в детдоме.

Вопрос у меня такой. Я возвращаюсь назад к Сергею Магнитскому, потому что Вы про это говорили. У России было три года, чтобы дать ответ, что же случилось. И тогда бы не было никакого "списка Магнитского", Вы бы не ругались с Америкой, дети бы поехали в Америку, и все были бы довольны и счастливы. Но ответа нет. Что там?

Вы проявляете недюжинную осведомлённость в других громких уголовных делах, я не буду их называть. Мне бы хотелось услышать от Вас ответ на вопрос, что там с 230 миллионами долларов, которые якобы таможенные инспекторы и полицейские – милиционеры в прошлом – украли из бюджета. На них можно было бы отстроить прекрасные детские дома, и Медведеву не приходилось бы голословно говорить, что мы что-то должны сделать. Уже бы это было, и мы бы могли держать сирот в нормальном состоянии.

Что произошло с Сергеем Магнитским? Почему для него наступил 1937 год? Хорошо, что он не для всех. Но почему он всё равно возвращается в нашу жизнь?

В. Путин: По поводу Магнитского... (Аплодисменты.) Это что?

Реплика: Поддерживаем вопрос.

В. Путин: Вы поддерживаете вопрос, ну и хорошо.

Когда трагедия с господином Магнитским произошла, ваш покорный слуга исполнял обязанности Председателя Правительства Российской Федерации. И я узнал о том, что эта трагедия случилась, из средств массовой информации. И, откровенно говоря, я и сегодня деталей этого трагического случая гибели человека в СИЗО до сих пор не знаю. Но, конечно, я чувствую, что мне придётся туда погрузиться поглубже.

You talked a lot lately about the case against Evgenia Vasilyeva, the alleged misappropriations in Oboronservis, [former Defence Minister] Serdyukov's involvement with all that, and the fact that the political situation in the country is nothing like in 1937. Of course, we are glad to hear that. But coming back to today's main topic, we could say that in 2009 Sergei Magnitsky found himself in 1937. And the same applies to 1,500 orphans, whom neither Lakhova nor Afanasyeva [State Duma deputies who initiated the draft bill prohibiting US citizens from adopting Russian children] will take in, of which 49 children are seriously ill and have American families ready to take them in. You will agree with me that in any case these children will be better off in America than in an orphanage.

My question is as follows. I'm going back to Sergei Magnitsky, because you talked about him yourself. Russia has had three years to resolve the case but this did not happen. And in that event there would have been no Magnitsky list, you would not have quarrelled with the US, the children would have gone to America, and everyone would have been satisfied and happy. But there has been no satisfactory answer. Why not?

You demonstrate a remarkable awareness of other high-profile criminal cases, which I will not name. I would like to hear your answer to the question about the $230 million that allegedly customs inspectors and the police – militiamen, as they used to be called – stole from the budget. These funds could have been used to rebuild beautiful children's homes, and Medvedev would not have had to assert in vain that we should do something. If we had already done something, we would have been able to keep our orphanages in normal conditions.

What happened to Sergei Magnitsky? Why did he find himself in 1937? Well, this is not the case for everyone. But why does 1937 keep merging with our own lives?

V. Putin: Regarding Magnitsky... (Applause.) Why are you applauding?

Reply: We liked the question.

V. Putin: You liked the question, fine.

When Mr Magnitsky's tragedy occurred, I myself was Prime Minister of the Russian Federation. I learned about this tragedy from the media. And to be quite honest, even today I do not know the details surrounding this person's tragic death in custody. But of course I feel that I have to find out more.

Но вопрос ведь не в нём. Я хочу, чтобы вы тоже услышали. Я понимаю, что Вы работаете в газете "Лос-Анджелес таймс", а не в "Правде" и не в "Известиях", и Вы должны занять определённую позицию. Я хочу, чтобы была понятна наша позиция. Вопрос совершенно не в Магнитском. Вопрос в том, что американские законодатели, избавившись от одного антироссийского, антисоветского акта – Джексона–Вэника (а они вынуждены были это сделать по экономическим соображениям), посчитали необходимым тут же принять другой антироссийский акт. То есть мы восприняли это так, что американский законодатель нам всем как бы показал, кто здесь хозяин, чтобы мы не расслаблялись. Не было бы Магнитского, нашли бы другой повод. Вот это нас огорчает. Это первое.

Второе. Не знаю деталей, но я всё-таки осведомлён о том, что господин Магнитский всё-таки погиб, умер не от пыток, его никто не пытал, а от сердечного приступа. И вопрос в том, оказали ли ему вовремя помощь или не оказали таковой – вот что является предметом расследования. Если оставили человека без помощи, тем более в государственном учреждении, то это, конечно, нужно выяснять, что там произошло. Это второе.

Третье. Вы что, думаете, в американских тюрьмах люди не умирают, что ли? Полно. И что? И мы сейчас будем это всё раскручивать? А вы знаете, сколько людей американские правоохранительные органы по всему миру собирают, нарушая юрисдикцию этих стран, и тащат в тюрьму – свою – и там судят? Это нормально? Думаю, что нет. Я уже говорил об этом однажды: почему одна страна считает себя вправе распространить свою юрисдикцию на весь мир? Это подрывает основополагающие принципы международного права.

Кроме этого, господин Магнитский, как известно, не был каким-то правозащитником, он не боролся за права человека. Он был юристом господина Браудера, который подозревается нашими правоохранительными органами в совершении преступлений экономического характера на территории Российской Федерации, и он защищал его интересы. Всё, что связано с этим делом, крайне политизировано, и не мы это сделали.

Теперь по поводу детей. Я уже много раз говорил и хочу вернуться к этому ещё раз. Мы благодарны тем американским гражданам, которые по зову сердца усыновляли или хотят усыновить наших детей, российских детей, российских граждан, и делают это очень достойно, делают это, сообразуясь с высшими принципами гуманизма.

But that is not the issue. I want you to listen, too. I understand that you work for the Los Angeles Times, and not for Pravda or Izvestiya, and that you have to take a certain position. I want our position to be clear. Mr Magnitsky personally is not the issue at stake. The issue is that US lawmakers, having got rid of one anti-Russian, anti-Soviet act – the Jackson-Vanik amendment (and they were forced to do so for economic reasons) – decided they would pass another anti-Russian act immediately. So we understood it as US lawmakers making clear to us who's the boss here, and keeping a certain level of tension. If Magnitsky did not exist, they'd have found another pretext. That's what upsets us. This is the first thing.

Second. I don't know the details, but I am nevertheless aware of the fact that Mr Magnitsky did not die of torture. Nobody tortured him, he died of a heart attack. The inquiry into his case is set to establish whether he received or didn't receive medical assistance in due time. If a person is denied assistance, especially in a public institution, of course we must figure out what happened. This is the second thing.

Third. Do you think that no one ever dies in American jails, or what? Of course they do. And so what? Must we make a story of each and every case? Do you know how many people US law enforcement agencies seize around the world in violation of national jurisdictions, drag off to their prisons, and try them there? Is this normal? I don't think so. I've already questioned once: why does one country feel entitled to extend its jurisdiction to the entire world? This undermines the fundamental principles of international law.

In addition, as you know, Mr Magnitsky was not some human rights activist, he was not fighting for the rights of all. He was a lawyer for Mr Browder, who our law enforcement agencies suspect of committing economic crimes in Russia, and he was defending Mr Browder's interests. Everything connected with this case is extremely politicised, and this is not our fault.

Now about the children. I have said many times and I want to repeat again that we are grateful to the American citizens, who have adopted or want to adopt our children, Russian children, Russian citizens from the heart. And they do this very well, they do so in accordance with the highest principles of humanism.

Вы сказали, что в США им будет лучше. Но судя по тому, что мы знаем о трагических случаях, как, например, тот случай, когда ребёнок был оставлен в машине и умер там на солнцепёке, – это лучше или хуже? Мы знаем о других случаях, когда детей избивали до смерти. Это лучше или хуже? Но разве дело в этих конкретных случаях? Ведь и у нас тоже дети погибают.

Вопрос в отношении официальных властей к этим трагическим случаям. Людей освобождают от уголовной ответственности, их не желают даже рассматривать. Вот что беспокоит российского законодателя, вот на что отвечает российский законодатель в известном проекте закона, который вызвал такую реакцию. Повторяю ещё раз: надо посмотреть текст этого закона, но в целом мне настроение депутатов Госдумы понятно…

В. Путин: Всё, ребята, спасибо вам большое. Мы с вами понимаем, что закончить нашу встречу, так же как и ремонт в квартире, невозможно – её нужно прекратить.

Спасибо вам большое за доброжелательное отношение к сегодняшнему мероприятию. Извините, заранее хочу попросить прощения у тех, на чьи вопросы я не смог ответить либо ответил не так, как вы ожидали, либо не предоставил слово всем желающим.

Я хочу всех вас поздравить с приближающимися праздниками: Новым годом и Рождеством. Всего вам самого доброго!

До свидания!

▶ попробовать - try; test
▶ наркотик - drug
▶ съёмки - filming
▶ квантовая физика - quantum physics
▶ молекулярная химия - molecular chemistry
▶ сегодня вечером - tonight
▶ спортзал - спортивный зал - gym

You said that these children will be better off in the US. But judging by what we know of certain tragic events, such as the case where a child was left in a car and died of heatstroke – is that better or worse? We know of other cases where children were beaten to death. Is that better or worse? But the issue at stake is not these particular cases; after all, children also die in Russia.

The issue at hand concerns official liability for these tragedies. People are exempt from criminal liability, and sometimes the judicial system does not even want to consider these cases. That's what bothers Russian legislators, and this is what they are reacting to in the well-known draft bill that triggered such a reaction. I repeat: I must look at the details of the law, but in general I understand the mood of State Duma deputies…

V. Putin: That's it, everyone, thank you very much. We all realise that it is as hard to finish our conversation as it is to complete renovating an apartment. We just have to stop.

Thank you for your positive involvement in today's event. I want to apologise to all those whose questions I could not answer or did not answer the way you expected, or did not give the floor to everyone who wanted to speak.

I want to congratulate you all on the upcoming holidays: Happy New Year and Merry Christmas! All the best to you!

Goodbye!

▶ оши́бочно - erroneously
▶ полага́ть - believe
▶ бе́лое вино́ - white wine
▶ ры́ба - fish

▶ дорога́я - my dear
▶ приглаша́ть - invite
▶ у́жин при свеча́х - candlelight dinner
▶ ме́дленно - slowly
▶ переходи́ть - pass; move; turn
▶ за́втрак - breakfast
▶ жрать - eat; gobble

Алексей Навальный

Политик, юрист, член Координационного совета российской оппозиции

Алексей Анатольевич Навальный родился 4 июня 1976 года в военном городке Бутынь в Московской области. В 1998 году окончил юридический факультет Российского университета дружбы народов (РУДН). В 2001 году окончил Финансовую академию при Правительстве РФ по специальности "ценные бумаги и биржевое дело". В 2000 году вступил в Российскую Объединённую Демократическую Партию "ЯБЛОКО". Принимал участие в выборных кампаниях разного уровня в качестве юриста избирательных штабов. В декабре 2007 года был исключён из партии за критику партийного руководства. В 2004 году основал и был одним из руководителей "Комитета защиты москвичей" — общегородского движения противников коррупции и нарушения прав граждан при осуществлении строительства в Москве. Ведёт активную деятельность против нарушений в сфере корпоративного управления. Защищает права акционеров крупных российских компаний.

Сайт А. Навального: www.navalny.ru.
Блог в ЖЖ: navalny.livejournal.com.
Твиттер: twitter.com/navalny.

▶ политик - politician; statesman
▶ юрист - lawyer; attorney
▶ член - member; limb
▶ совет - board; council; advice
▶ военный городок - military town; garrison
▶ область - province; district; field; domain
▶ окончить - graduate; finish; end
▶ юридический - judicial; legal; of law
▶ факультет - faculty; school; department
▶ ценные бумаги - securities; bonds
▶ биржевое дело - stock-exchange industry
▶ вступить - join; enter
▶ принимать участие - take part; participate
▶ исключить - expel; exclude
▶ основать - set up; establish; found
♦ ЖЖ – Живой Журнал – русскоязычный сегмент сайта LiveJournal – www.livejournal.ru.

Отрывки из интервью писателю Григорию Чхартишвили (Борису Акунину).

Алексей Навальный – самая яркая политическая фигура последнего времени. Выражусь ещё категоричней: он – единственный актуальный политик сегодняшней России. На этого человека обращено множество взглядов – восхищённых, ненавидящих, критических, недоумевающих.

Эволюция моего отношения к Алексею Навальному весьма типична. Сначала он мне безоговорочно нравился, потому что очень уж красивая история: молодой юрист, который в одиночку, действуя исключительно легальными методами, бросает вызов исполинской коррумпированной системе – и заставляет её поджимать хвост, пятиться. Огромным разочарованием, сигналом тревоги для меня стало участие Навального в "Русском марше". Ах, этот человек националист? Или беспринципный популист? Может быть, у него просто каша в голове? Тогда при всё растущей популярности он может быть опасен.

Я всё приглядывался к молодому политику, думая, подобно булгаковскому Шарику, что "эту сову надо разъяснить".

Во время подготовки митинга мы познакомились, и я предложил провести публичный разговор – в виде переписки...

Г.Ч.: Алексей Анатольевич, очень многие люди моего круга и – гораздо шире – такого же образа мыслей сегодня смотрят на Вас со смешанным чувством. Никак не могут разобраться в Вашей системе взглядов и решить для себя, как нужно относиться к Навальному: "горячо-одобрять-и-поддерживать" или "остановить-

▶ отрывок - fragment; extract; passage; excerpt
▶ писатель - writer; author
▶ яркий - bright; outstanding
▶ последнее время - lately; recently
▶ множество - plenty; scores
▶ взгляд - glance; look
▶ отношение - attitude
▶ весьма - greatly; highly
▶ безоговорочно - implicitly; unreservedly
▶ молодой - young
▶ поджимать хвост - put tail between legs
▶ сигнал тревоги - alarm
▶ беспринципный - unprincipled; unscrupulous
▶ каша в голове - a jumble of ideas; confusion
♦ Шарик - Шариков - персонаж повести Михаила Булгакова "Собачье сердце".
▶ переписка - copying; correspondence
▶ образ мыслей - mentality; mind
▶ разобраться - grasp; puzzle out
▶ решить - decide; resolve

пока-не-поздно"? Если формулировать безэмоционально: кто Вы для сторонников демократической идеологии – временный союзник до победы над общим противником (жульническим авторитаризмом) или нечто более перспективное?

Главная причина этого недоверия связана с Вашей приверженностью идее русского национализма, которая у демократической интеллигенции прочно ассоциируется с черносотенством. Я знаю, Вы неоднократно пытались разъяснить свою позицию по этому вопросу. Недостаточно. Давайте попробуем ещё.

Начнём с "детского" вопроса. Если я правильно понимаю, Вы – сторонник идеи "национального русского государства"? Что это такое в условиях федерации, где проживает сто разных народностей, а в больших городах чуть ли не преобладает "метисное" население? Все этнически нерусские или полурусские должны чувствовать себя в Вашей России людьми второго сорта?

А.Н.: Григорий Шалвович, скажу честно, я не ожидал ни от Вас, ни от демократической интеллигенции из Вашего круга таких вопросов. Демократическая интеллигенция должна по идее газеты читать и, если уж хоть немного интересуется моей деятельностью, то должна иметь базовое представление о моих политических взглядах. Про партию "ЯБЛОКО" знать, про движение "Демократическая альтернатива", про текущую деятельность.

А вопрос Ваш никакой не детский, а обидный. Работаешь, работаешь, а потом "демократическая интеллигенция" интересуется, считаю ли я кого-то людьми второго сорта. Людей второго сорта не бывает, а если

▶ пока не поздно - before it's too late
▶ сторонник - supporter; partisan
▶ жульнический - con; fraudulent
▶ недоверие - distrust; mistrust
▶ приверженность - devotion; adherence
▶ черносотенство - chauvinism
▶ разъяснить - clear up; explain
▶ детский - infant; childlike
▶ понимать - understand; perceive
▶ преобладать - prevail; dominate
▶ население - population; populace
▶ второй сорт - second-class quality; second rate
▶ ожидать - wait; expect
▶ круг - circle; range; orbit
▶ по идее - at face value; normally
▶ представление - idea; presentation
▶ текущий - current; running
▶ деятельность - activity; work
▶ обидный - offensive; insulting
▶ считать - consider; regard; count; find

кто́-то так счита́ет, то он опа́сный луна́тик, кото́рого ну́жно перевоспи́тывать, лечи́ть и́ли изоли́ровать от о́бщества. Ни о како́м ограниче́нии прав гра́ждан по этни́ческому при́нципу ре́чи идти́ не мо́жет в при́нципе.

Я, кста́ти говоря́, сам "полуру́сский" – наполови́ну украи́нец и челове́ком второ́го со́рта себя́ чу́вствовать ни ка́пельки не жела́ю.

Г.Ч.: Тогда́ что тако́е "ру́сское национа́льное госуда́рство"? И́ли Вы не солидаризи́руетесь с э́тим ло́зунгом "Ру́сского ма́рша", в кото́ром Вы уча́ствовали?

А.Н.: Я тако́го ло́зунга никогда́ не выдвига́л, но несомне́нно поддержу́ его́ в тракто́вке того́ же Ходорко́вского: э́то альтернати́ва попы́ткам постро́ить из Росси́и импе́рию форма́та 19 ве́ка. Така́я шту́ка в совреме́нном ми́ре нежизнеспосо́бна.

Исто́чник вла́сти в национа́льном госуда́рстве – на́ция, гра́ждане страны́, а не сосло́вная эли́та, выдвига́ющая ло́зунги захва́та полми́ра и глоба́льного домини́рования и под э́тим со́усом гра́бящая населе́ние, марширу́ющее в сто́рону Инди́йского океа́на.

Госуда́рство нам ну́жно для обеспе́чения комфо́ртного и досто́йного прожива́ния гра́ждан э́того госуда́рства, защи́ты их интере́сов, индивидуа́льных и коллекти́вных. Национа́льное госуда́рство – э́то европе́йский путь разви́тия Росси́и, наш ми́лый ую́тный, при э́том кре́пкий и надёжный, европе́йский до́мик…

Г.Ч.: …Ва́ше отноше́ние к распа́ду СССР? Речь, ста́ло быть, пойдёт о пресловутом "и́мперском синдро́ме"…

А.Н.: Ка́ждый хо́чет, что́бы его́ страна́ была́ бо́льше, бога́че, сильне́е. Э́то норма́льно, я то́же э́того хочу́.

▶ опа́сный - dangerous
▶ перевоспи́тывать - rehabilitate; re-educate
▶ изоли́ровать - isolate
▶ ограниче́ние - limitation; restriction
▶ ни ка́пельки - not a bit; not in the least
▶ жела́ть - wish; desire; want
▶ солидаризи́роваться - identify; associate oneself
▶ ло́зунг - slogan; war cry
♦ Михаи́л Ходорко́вский - росси́йский бизнесме́н
▶ нежизнеспосо́бный - unsustainable; inviable
▶ исто́чник - source; origin
▶ сосло́вный - class, estate
▶ захва́т - seizure; capture
▶ обеспе́чение - security; guarantee
▶ досто́йный - worthy; dignified
▶ граждани́н - citizen; national
▶ ую́тный - comfortable; cosy
▶ надёжный - firm; safe; sure; reliable
▶ распа́д - disintegration; collapse
▶ пресловутый - notorious

Что касается СССР, то я 1976 года рождения, и хотя нашу советскую жизнь я помню неплохо, ассоциируется она у меня с очередью за молоком, в которой я всё время стою. И это при том, что жил я по военным городкам, где снабжение было лучше, чем во всей остальной стране…

Величие СССР было основано на самоотречении и подвиге его граждан, живших в бедности. Мы строили космические ракеты и передавали друг другу легенды о магазинах, где есть сорок сортов колбасы без очереди. Как сейчас выяснилось, существуют страны, где есть и ракеты, и колбаса.

СССР развалили не злодеи из Беловежской пущи, а КПСС, Госплан и жуликоватая советская номенклатура. Представители этой жуликоватой номенклатуры и подписали юридическое соглашение о конце империи, которой к тому моменту не существовало де-факто.

Это исторический факт. Другой факт заключается в том, что ядром и основой Российской империи и СССР была наша страна – Россия. Она у нас есть, она остаётся государством, доминирующим в экономическом и военном отношении в регионе. Наша задача сохранить это и приумножить.

Не нужно понимать доминирование в регионе как исключительно военный аспект, в современном мире это преимущественно вопрос экономического развития. Нет мощной экономики – нет и современной армии. Мы видим, что наши бывшие соседи по СССР переориентируются на Китай, это происходит по экономическим причинам.

Мы не должны специально планировать каких-то экспансий – задача самим стать сильными и богатыми, тогда и соседи будут

▶ что касается - as to; as for
▶ помнить - remember; recollect
▶ очередь - queue; line; turn
▶ снабжение - supply; provision
▶ самоотречение - self-denial; renunciation
▶ подвиг - feat; exploit; deed
▶ бедность - poverty; want
▶ колбаса - sausage
♦ Беловежская пуща – место в Белоруссии, где в 1991 году был подписан документ, ознаменовавший прекращение существования СССР.
▶ ядро - core; nucleus; ball
▶ основа - basis; foundation
▶ страна - country; land
▶ приумножить - increase; multiply
▶ доминирование - prepotency; domination
▶ исключительно - only; solely; alone
▶ преимущественно - predominantly; mainly
▶ задача - problem; object; aim; end; challenge
▶ сильный - strong

в зоне нашего влияния, переехать они не могут.

Что касается культурного влияния, то оно, конечно, тоже связано с экономикой, но это материя более тонкая и иррациональная. Если говорить о государственной стратегии, в рамках которой можно эффективно продвигать только простые вещи, то главный предмет нашей заботы – русский язык. Пока в соседних странах живы ещё люди, свободно говорящие на русском, мы обладаем инструментами культурного влияния. К сожалению, ситуация меняется, в странах Средней Азии и Закавказья живут уже миллионы молодых граждан, для которых что русский, что немецкий.

Здесь тот случай, когда "завтра будет поздно" – носители языка сокращаются естественным путём. Нужно вкладывать деньги в соответствующие программы, это будет полезное вложение, оно вернётся к нам большей выгодой.

Г.Ч.: Есть ещё один "вечный" вопрос, который упорно не утрачивает своей актуальности, и, в общем, понятно почему. (На самом деле речь идёт о приоритете общественно-государственного устройства: человек для государства или государство для человека?) Я имею в виду отношение к фигуре стального государственника и безжалостного прагматика Иосифа Сталина. Для меня он – самая страшная глава в учебнике российской политической истории. Что он для Вас?

А.Н.: Гитлер и Сталин – два главных палача русского народа. Сталин казнил, морил голодом и мучил моих соотечественников, лично для меня здесь всё ясно.

Однако я против того, чтобы это было "вечным" вопросом и не вижу никакого смысла во всей этой "десталинизации" и т.д. Не понимаю,

▶ влияние - influence; effect; impact
▶ переехать - move; leave
▶ материя - substance; matter; fabric
▶ тонкий - fine; delicate; thin; slim; slender
▶ продвигать - move; push; advance; promote
▶ предмет - thing; topic; matter
▶ забота - concern; anxiety; worry
▶ к сожалению - unfortunately
▶ носитель - bearer; carrier; speaker
▶ естественный - natural
▶ вкладывать - invest; put in; insert
▶ выгода - profit; advantage
▶ вечный - eternal; everlasting
▶ упорно - stubbornly
▶ утрачивать - lose
▶ государственник - statist; a believer in a strong state
▶ прагматик - pragmatist
▶ палач - hangman; butcher
▶ морить голодом - exhaust; famish; starve
▶ соотечественник - compatriot

что это означает в форме государственной политики. Хочешь "десталинизации" – дай почитать своему ребёнку-школьнику "Архипелаг ГУЛАГ", если ему лень читать "Архипелаг", то пусть почитает статью "сталинские репрессии" в Википедии, там всё коротко, понятно, объективно и со ссылками.

Нужно самостоятельно отвечать на вызовы времени, а не жить бесконечными политическими аллюзиями.

"Вопрос Сталина" – это вопрос исторической науки, а не текущей политики. Миф о Сталине – это миф о железном порядке, наведённом железной рукой. Для его развенчания кто-то другой должен навести порядок безо всякой железной руки, то есть просто по закону. Это вполне возможно и успешно происходит во многих странах, нужно, чтобы глава государства устанавливал моральные и этические ориентиры и выполнял служебные инструкции, а не миллиарды для соседей по дачному кооперативу зарабатывал.

Г.Ч.: ...Я знаю, что Вы человек верующий, хоть не выпячиваете своей религиозности и не пытаетесь конвертировать её в политический капитал. Вопрос не о вере, которая есть личное дело каждого, а о церкви. Какой видится Вам роль православной церкви в современном российском обществе? Удовлетворяет ли Вас нынешняя сращенность патриархии с властью? Какими вообще, по-Вашему, должны быть в России взаимоотношения церкви и государства?

А.Н.: ...Я, к своему стыду, типичный постсоветский верующий – посты соблюдаю, на церкви крещусь, но в церкви бываю достаточно редко. Когда мои друзья, подсмеивающиеся над моим очередным "мне овощной салат – сейчас пост", пытаются меня

▶ означать - signify; mean
♦ "Архипелаг ГУЛАГ" - роман Александра Солженицына
▶ репрессии - purges
▶ ссылка - footnote; exile; deportation
▶ вызов - invitation; challenge
▶ бесконечный - endless; infinite
▶ вопрос - question; item; matter; point
▶ миф - myth
▶ железный - iron; ferrous
▶ порядок - order; way; form; course
▶ ориентир - guide; mark; reference point
♦ Соседи по дачному кооперативу – намёк на кооператив "Озеро", в котором состоял Владимир Путин. Члены кооператива при поддержке Путина добились значительных успехов в бизнесе.
▶ церковь - church
▶ сращенность - fusion; amalgamation
▶ к своему стыду - to my great embarrassment
▶ пост - fasting day; post; station
▶ редко - rarely
▶ салат - salad; lettuce

"потроллить" и требуют, чтобы я объяснил, чему именно посвящён тот или иной пост, то они достаточно быстро ставят меня в тупик и дразнят "липовым православным, не знакомым с матчастью". Я действительно с матчастью знаком меньше, чем хотелось бы, работаю над этим.

Не думаю, что мою религиозность можно конвертировать в политический капитал — это будет выглядеть просто смешно. Я её не выпячиваю и не прячу, какая есть, такая есть.

Я верую, мне нравится быть христианином и православным, мне нравится ощущать себя частью чего-то большого и общего. Нравится, что есть специальная этика и самоограничения. При этом меня совершенно не напрягает, что существую я в преимущественно атеистической среде — лет до 25, до рождения ребёнка, я и сам был таким ярым атеистом, что был готов вцепиться в бороду любому попу.

Нормально, когда люди религиозны, нормально, когда некоторые люди смеются над религиозностью. Шутки над религиозностью в "Симпсонах" или "Южном парке" совершенно прекрасны и не оскорбляют меня нисколько.

Когда мы говорим о роли РПЦ, то тут нужно выделить несколько аксиом:

Мы живём в светском государстве. Религия от государства отделена.

Никто не может быть дискриминирован по религиозному принципу.

Православие — главная религия России и не нужно самих себя обманывать, пытаясь стоять на позициях абсолютного равенства. Особая роль РПЦ объяснима и разумна.

Больше 80% граждан считают себя православными (пусть при этом они в церковь не ходят). Рождество — государственный праздник. Понятно, что попытка дать буддистам

▶ троллить, потроллить - troll
▶ ставить в тупик - baffle; bewilder
▶ липовый - forged; bogus; linden; lime
▶ матчасть - материальная часть - hardware; gear - в современном языке используется в значении basic knowledge
▶ выпячивать - protrude; puff out
▶ напрягать - bend; force; put forth; strain
▶ преимущественно - predominantly; mainly
▶ вцепиться - grasp; catch hold of
▶ религиозность - religiosity
♦ "Южный парк" - South Park, a US animated sitcom
♦ РПЦ - Русская православная церковь
▶ светский - secular; of high society
▶ дискриминировать - discriminate
▶ православие - Orthodoxy
▶ равенство - equality; parity
▶ православный - orthodox
▶ попытка - attempt

России столько же внимания, сколько православным, обречена на провал.

Если буддисты хотят, то их религия и священнослужители должны играть особую роль в местах компактного и традиционного проживания буддистов – Калмыкии или Бурятии. Прекрасно, что в Татарии и Башкирии есть выходные, связанные с исламскими праздниками. Однако мы не должны отрицать очевидное: религия России – православное христианство. Ещё раз: никакой дискриминации это, в принципе, предполагать не может. Ограничение представителей других конфессий или атеистов должно неотвратимо преследоваться по закону.

Тема "сращивания" патриархии и власти – тема болезненная. Позиция РПЦ – всякая власть от Бога, они будут поддерживать любую власть. Нужно относиться к этому философски. Не вижу здесь никаких оригинальных рецептов, только закон. Эти взаимоотношения должны быть формализованы. Если кто-то захотел поддержать РПЦ через квоты на поставки сигарет, то светская власть должна привлечь этого чиновника к ответственности в установленном порядке. Его "контрагентом" в РПЦ пусть занимается сама РПЦ, обсуждая, допустимо ли это.

На днях читал любопытную статью в "Ведомостях", там описывался опыт мирного ухода диктаторов от власти. Любопытно, что почти везде главным посредником между диктатором и протестующими была Церковь. Возможно ли это сейчас у нас? Вряд ли.

Но я бы очень хотел, чтобы РПЦ заняла такое положение в обществе, чтобы все конфликтующие искали и принимали её посредничество.

- ▶ обречена на провал - doomed to failure
- ▶ священнослужитель - priest; churchman
- ▶ играть роль - play a part
- ▶ особый - special; particular
- ▶ выходные - holidays; weekend
- ▶ отрицать - deny
- ▶ очевидное - evident; obvious
- ▶ предполагать - suppose; suggest
- ▶ патриархия - patriarchy
- ▶ власть - power; authorities
- ▶ болезненный - painful; delicate
- ▶ поддерживать - back; support
- ▶ рецепт - recipe
- ▶ закон - law; rule; act
- ▶ взаимоотношения - mutual relations;
- ▶ поставки - supplies
- ▶ привлечь к ответственности - hold to account; put to justice
- ▶ в установленном порядке - according to the established procedure
- ▶ посредник - middleman; mediator
- ▶ диктатор - dictator
- ▶ положение в обществе - social status

Г.Ч.: ...Что Вы думаете по следующему активно обсуждаемому поводу: может ли Путин, поняв, что теряет почву под ногами, перейти к репрессивным мерам? Мне кажется, что у него нет для этого достаточных ресурсов и что такой поворот лишь переведёт протест из мирной фазы в революционную. Большой Террор в современных российских реалиях невозможен, а "маленький террор" только подольёт масла в огонь. Так или нет?

А.Н.: Особенностью неэффективных режимов является то, что они неэффективны во всём. В том числе и в репрессиях. То есть, конечно, они могут сфабриковать уголовные дела и посадить на сколь угодно долгий срок любого конкретного человека. Десять человек. Могут нанять футбольных фанатов для организации нападения, как делали раньше. Но репрессии в отношении относительно больших групп людей маловероятны – их не так-то легко координировать и администрировать. Это же не передачу по Первому каналу забацать.

Репрессивные меры требуют вовлечения большого количества репрессирующих с определённой мотивацией. Система нужна, а её нет. Даже на примере второго дела Ходорковского, на которое были брошены все имеющиеся ресурсы, мы видели, насколько неубедительно это выглядит, сколько ляпов было допущено. Закончилось всё вообще грандиозным фейлом, когда секретарь суда публично заявила о том, что решение было "спущено сверху".

Подобные топорные (а другие невозможны) действия в отношении большого количества людей действительно приведут к эскалации протеста, причём протеста агрессивного.

▶ думать - think; reflect; meditate
▶ повод - cause; matter; subject
▶ понять - understand; grasp
▶ терять почву под ногами - lose firm ground
▶ перейти - cross; switch to
▶ репрессивные меры - repressive measures
▶ достаточные ресурсы - adequate resources
▶ поворот - turn; swing; switch
▶ мирный - peaceful; calm
▶ фаза - phase; stage
▶ сфабриковать - cook; fabricate; fake
▶ уголовное дело - criminal case
▶ нанять - hire; employ
▶ нападение - assault; attack
▶ маловероятный - unlikely; improbable
▶ забацать - knock smth up; dash off
▶ ляп - goof; blatant error
▶ фейл - (slang) failure; fiasco
▶ спустить сверху - hand down
▶ топорный - clumsy; rough

Это не умозрительное предположение – нечто подобное мы наблюдаем в Дагестане и Ингушетии.

Ну и говоря о возможности репрессий, давайте в очередной раз вспомним фразу Бжезинского, которым в России детей пугают: в американских банках лежат $500 миллиардов, принадлежащих российской элите. Вы разберитесь, это чья элита – наша или уже ваша?

Кто будет принимать решения о репрессиях? Гражданин Финляндии, торговец российской нефтью Геннадий Тимченко? Британские миллиардеры Абрамович и Усманов? Вряд ли они будут в восторге от идей подавления инакомыслия, если это поставит под угрозу возможность спокойно пить кофе в замечательных итальянских ресторанчиках и кататься на лодке Pelorus.

Американская элита не может организовывать репрессии в России, за такое тебя перестанут любить в Гринвич-Виллидж и Белгравии. Если ты жулик-миллиардер из России, то над тобой смеются, но разрешают покупать футбольные команды, а если ты жулик и убийца, то тебе как минимум не дадут визу, а скорее всего и налоговую пришлют, там это тоже делать умеют.

Помните, как лошадь Рамзана Кадырова сняли со скачек в США? Так вот, Абрамович не хочет стать лошадью Путина, которой не разрешают пастись на склонах Аспена, а политические решения в стране принимает он и такие, как он.

Скорее всего, план репрессий будет заключаться в двух традиционных вещах: 1) попытках юридически ограничить возможности распространения информации в интернете через "антиэкстремистское" законодательство и тому подобное; 2) выде-

▶ умозрительное предположение - speculation
▶ нечто подобное - something like that
♦ Збигнев Бжезинский - американский политолог
▶ пугать - frighten; scare
▶ элита - elite
▶ принимать решение - take a decision
♦ Геннадий Тимченко, Роман Абрамович, Алишер Усманов - российские бизнесмены
▶ инакомыслие - dissent
▶ поставить под угрозу - put in jeopardy; endanger
♦ яхта Pelorus длиной 115 м принадлежала Роману Абрамовичу
▶ жулик - crook; swindler
▶ убийца - killer; assassin
▶ не дадут визу - откажут во въездной визе в страны Запада
▶ налоговая (полиция) - tax police
♦ Рамзан Кадыров - глава Чеченской Республики
▶ скорее всего - most likely; probably
▶ ограничить - limit; restrict

лении новых чемоданов денег на создание "прокремлёвского интернета" со своими лидерами общественного мнения, на роль которых возьмут давно известных нам персонажей из медиа-обслуги.

И первое, и второе не получится, зато будет всех ужасно раздражать и пополнит ряды протестующих.

Г.Ч.: ...Давайте поговорим, ради чего всё это. Не про "мир насилья мы разрушим до основанья", а про "затем". "Мы наш, мы новый мир построим" каким? До какой степени совпадают наши взгляды на "правильно устроенную" Россию?.. Какие проблемы страны Вы считаете самыми насущными, требующими немедленного "ремонта"?..

А.Н.: Прежде чем говорить о... направлениях "ремонта", нужно сказать о базовой идее, на которую должны опираться "ремонтники". Бригад-то у нас много, каждая со своим планом работ, только не получается ничего.

Я глубоко убеждён, что люди, через выборы пришедшие в новую власть, должны опираться не на идеологические догмы, но следовать нравственным нормам, верить в человека и здравый смысл.

Убеждён: люди способны принимать самостоятельные правильные решения, и стоит им доверять, а не навязывать сверху некую "правильную" повестку дня. Причём не какие-то люди вообще, а вполне конкретные, ныне живущие, граждане России.

Главным лозунгом всех реформ на данный момент необходимо считать: "Не врать и не воровать". Демонтаж существующей коррупционной, авторитарной, бессмысленной и неэффективной модели – дело не одного дня или года. Но у меня нет сомнений, что если у нас в стране будет 20, а лучше

▶ чемодан - suitcase
▶ деньги - money
▶ создание - creation; setup
▶ общественное мнение - public opinion
▶ медиа-обслуга - media servants (сторонники Путина среди журналистов)
♦ "мир насилья мы разрушим до основанья" - цитата из "Интернационала"
▶ насущный - urgent; imperative
▶ немедленный - immediate
▶ ремонт - repair
▶ прежде чем - before; prior to
▶ направление - direction; trend
▶ опираться - lean; rely; base oneself upon
▶ следовать - follow; succeed
▶ нравственная норма - ethical standard
▶ верить - believe; credit; trust
▶ здравый смысл - common sense
▶ самостоятельный - independent
▶ навязывать - impose
▶ повестка дня - agenda
▶ демонтаж - dismantlement

50 вы́сших представи́телей вла́сти, кото́рые бу́дут руково́дствоваться э́тим при́нципом, то измене́ния бу́дут бы́стрыми и весьма́ заме́тными. Э́то еди́нственный реалисти́чный путь.

Перейдём к конкре́тике.

1. На пе́рвом ме́сте – созда́ние суде́бной систе́мы, э́то очеви́дно. Никаки́е други́е рефо́рмы про́сто не мо́гут быть осуществлены́ без её созда́ния. Никако́й борьбы́ с корру́пцией не вы́йдет. Никаки́е но́вые па́ртии не помо́гут, а вновь и́збранные губерна́торы бу́дут так же пло́хи.

Обрати́те внима́ние: "созда́ние", а не рефо́рма и́ли, тем бо́лее "подня́тие прести́жа"... Нельзя́ подня́ть прести́ж того́, чего́ нет. Как подня́ть прести́ж судьи́ Боровко́вой?

Э́ти лю́ди и не су́дьи во́все, а "подотде́л очи́стки". К ним так отно́сится власть, о́бщество, и они́ са́ми себя́ таки́ми сознаю́т.

Челове́ческое о́бщество нужда́ется в справедли́вом механи́зме разреше́ния спо́ров. Должно́ быть тако́е ме́сто, где рассу́дят конфликту́ющие гру́ппы, где мо́жно доби́ться справедли́вости. Е́сли тако́го ме́ста в стране́ нет, то и ничего́ друго́го не бу́дет.

70% суде́й сейча́с – э́то бы́вшие сотру́дники секретариа́та судо́в. Остальны́е, в основно́м, из милиционе́ров и прокуро́рских. Э́то лю́ди, кото́рые относи́тельно ната́сканы в процессуа́льных веща́х, но при э́том отправле́ние правосу́дия понима́ют как исполне́ние во́ли нача́льства. Ничего́ друго́го они́ не ви́дели, как рабо́тать ина́че – не понима́ют.

Су́дьи должны́ быть опло́том зако́на, но и опло́том э́тики, мора́ли и нра́вственности. "Он судья́" должно́ производи́ться с уваже́нием и пиете́том. А сейча́с их обсужда́ют в конте́ксте

▶ вы́сший - top; highest
▶ представи́тель - representative
▶ руково́дствоваться - follow; conform; go by
▶ конкре́тика - specifics
▶ про́сто - simply; merely
▶ корру́пция - corruption
▶ помога́ть - help; aid; assist
▶ обрати́ть внима́ние - bring to notice; cognize; heed; mark
▶ подня́ть прести́ж - enhance prestige
♦ судья́ О́льга Боровко́ва вела́ суде́бные проце́ссы про́тив оппозиционе́ров
♦ "подотде́л очи́стки" - ме́сто рабо́ты Ша́рикова из по́вести Михаи́ла Булга́кова "Соба́чье се́рдце"
▶ рассуди́ть - judge; decide; consider
▶ доби́ться - reach; attain; achieve
▶ ната́скать - whip into shape
▶ отправле́ние правосу́дия - execution of justice
▶ исполне́ние - fulfilment; performance
▶ во́ля - will; freedom

"ишь ты, при зарплате в 80 тысяч новый джип купил".

Независимость судей, их избираемость (даже мировых и районных), полноценный суд присяжных и Конституционный суд, скажем прямо, всё это реальные враги нынешней власти…

2. Реформа власти. Можно назвать это конституционной реформой, если угодно. Конституция РФ должна быть изменена таким образом, чтобы сделать невозможным воспроизведение самодержавия в стране: царей, генсеков, президентов. Ни у кого в России – ни у партии, ни у персоны – не должно быть монополии на власть.

Ельцин использовал эту конституцию, чтобы узурпировать власть и использовать в целях комфортного существования себя и своей семьи. Сейчас то же самое делает Путин, сказочно обогащая преданные кланы.

Федеральный центр и прежде всего президент должны властью поделиться, перераспределив её туда, где люди живут – в города и населённые пункты.

Местная власть и должна принимать ключевые решения повседневной жизни: от финансирования местной школы и больницы до запрета курения в общественных местах; от размера налога с продаж до местных правоохранительных вопросов (локальной полиции, бытовой преступности и т.д.); от размера штрафов за нарушение ПДД до цвета фасадов зданий и черепицы на крышах домов.

Не вижу ни малейшей проблемы в том, что правила местной жизни будут значительно отличаться в Москве и Владивостоке. В Махачкале будут штрафовать загорающих топлесс, в Екатеринбурге запретят парковаться по левой стороне улиц, а в Нижнем Тагиле – продавать

▶ ишь ты - fancy that
▶ зарплата - wages; salary
▶ полноценный - full-fledged
▶ суд присяжных - jury court
▶ скажем прямо - let's face it
▶ если угодно - if you will
▶ таким образом - in such a way
▶ воспроизведение - reproduction
▶ самодержавие - autocracy; monarchy
▶ генсек - генеральный секретарь - Secretary General
♦ Борис Ельцин - первый президент России
▶ узурпировать - usurp; accroach
▶ обогащать - enrich
▶ перераспределить - redistribute
▶ населённый пункт - population centre
▶ повседневная жизнь - daily life
▶ общественное место - public place
▶ ПДД - правила дорожного движения - driving regulations
▶ черепица - tile
▶ отличаться - differ

водку в черте́ го́рода. Страна́ больша́я – везде́ своя́ специ́фика.

Обраща́ю внима́ние – не губерна́торам на́шим сомни́тельным ну́жно дать бо́льше вла́сти, а у́ровню ни́же: мэ́рам, городски́м и поселко́вым сове́там. Э́то, в том числе́, снижа́ет вероя́тность сепарати́зма, ста́вшего полити́ческим пу́галом – не бу́дет региона́льных царько́в, кото́рых так все боя́тся.

Что́бы предотврати́ть появле́ние ме́стных, городски́х царько́в, ну́жно абсолю́тно исключи́ть возмо́жность полити́ческого манипули́рования: перено́с сро́ков вы́боров, продле́ние/сокраще́ние полномо́чий, отка́з и сня́тие с регистра́ции кандида́тов, подконтро́льные избира́тельные коми́ссии и про́чие техни́ческие трю́ки, в соверше́нстве осво́енные на́шим чино́вничеством.

Е́сли на ме́стном у́ровне возни́к конфли́кт, не разреши́мый на ме́сте – см. пункт пе́рвый: все иду́т в суд, и федера́льный судья́ определя́ет, как оно́ должно́ быть.

Рефо́рма вла́сти должна́ означа́ть возвраще́ние гра́жданам пра́ва реша́ть свою́ судьбу́ и судьбу́ своего́ го́рода. Необходи́мо восстановле́ние и упроще́ние институ́та прямо́й демокра́тии (рефере́ндумов) на у́ровне муниципалите́тов, восстановле́ние при́нципа вы́борности мэ́ров и губерна́торов.

Вопро́с цензу́ры и вмеша́тельства в рабо́ту СМИ, о кото́ром Вы пи́шете, отно́сится к рефо́рме вла́сти. Очеви́дно, что СМИ – э́то не про́сто би́знес, а и важне́йшая обще́ственная фу́нкция.

Цензу́ра и сейча́с форма́льно запрещена́, ну́жно про́сто верну́ть слова́м их смысл.

Сажа́ть за цензу́ру и стоп-листы́ – не са́мый сло́жный уголо́вный соста́в. Нака́зывать на́до и за заказны́е пла́тные статьи́, осо́бенно

▶ в черте́ го́рода - within the limits of the city
▶ специ́фика - specific features
▶ сомни́тельный - doubtful; dubious
▶ поселко́вый сове́т - township council
▶ в том числе́ - among other things
▶ пу́гало - bogey; scarecrow
▶ царёк - kinglet
▶ предотврати́ть - prevent; stave off
▶ исключи́ть возмо́жность - eliminate a possibility
▶ манипули́рование - manipulation
▶ перено́с сро́ков - extension of time; putting-off
▶ продле́ние - prolongation; extension
▶ трюк - trick; stunt
▶ в соверше́нстве - perfectly
▶ цензу́ра - censorship
▶ СМИ - сре́дства ма́ссовой информа́ции - mass media
▶ обще́ственная - social; public
▶ фу́нкция - function
◆ стоп-лист - спи́сок люде́й, кото́рых не пока́зывают по основны́м телекана́лам

содержащие политические диффамации. Дисквалифицировать журналистов, редакторов и владельцев СМИ и за цензуру, и за "заказуху".

Серьёзно ограничить и государство, и олигархов в их возможностях владеть СМИ, причём и на местном уровне: не должен местный олигарх, владелец предприятия регионального значения, иметь возможность скупить все местные газеты.

3. Правоохранительная реформа. Важнейшая вещь, но во многом производная по отношению к созданию судебной системы. Здесь те же проблемы: в стране, по сути, нет ни одного правоохранительного органа — вся система настроена на защиту воров и жуликов от налогоплательщиков. Что толку от того, что полстраны в погонах, если Россия входит в тройку стран, где больше всего совершается убийств (данные ООН). Пусть полицейских будет в 100 раз меньше, но они будут защищать граждан, а не стряпать заказные уголовные дела.

Нужна кардинальная, а не косметическая а-ля Медведев, реформа МВД и ФСБ. Как подступиться здесь, как раз понятно: примеров много, и положительных, и отрицательных. И совсем новых (Грузия), и с большой историей (США, Гонконг, Сингапур).

4. Общенациональная антикоррупционная кампания. Понятно, что её элементы объективно содержатся в пунктах "судебная система" и "правоохранительная реформа", но это должна быть именно содержательная предметная антикоррупционная кампания. Чтобы общество её видело и чувствовало. С показательными (но правосудными) процессами и посадками. С выкорчёвыванием всех этих семеек, вросших одной ногой в Газпром,

♦ "заказуха" - статьи и видеосюжеты, которые делаются по заказу властей или бизнесменов
▶ серьёзно - seriously; in earnest
▶ олигарх - oligarch; magnate
▶ владелец - owner
▶ иметь возможность - be in a position to; have the opportunity
▶ скупить - buy up
▶ правоохранительная - law enforcement
▶ вор - thief
▶ налогоплательщик - taxpayer
▶ что толку - what is the good of
▶ погоны - epaulettes
▶ стряпать - cook; concoct
♦ а-ля Медведев - по примеру Дмитрия Медведева, бывшего президента России
▶ МВД - Министерство внутренних дел - Ministry of the Interior
▶ ФСБ - Федеральная служба безопасности - Federal Security Service
▶ показательный - exemplary
▶ посадка - jailing; planting
▶ семейка - family

а друго́й в ФСБ. С перестра́иванием экономи́ческих и полити́ческих взаимоотноше́ний, породи́вших "тёплые места́". С кардина́льным ограниче́нием распредели́тельной фу́нкции чино́вничества и поса́дкой тех, кто э́той фу́нкцией уже́ злоупотреби́л. С неотврати́мостью наказа́ния, что́бы ка́ждый граждани́н страны́ соверше́нно то́чно знал: за взя́тки в Росси́и сажа́ют, а слова́ "зако́н и поря́док" – не абстра́кция…

(borisakunin.livejournal.com, 2012.)

▶ перестра́ивание - reconstruction; reforming
▶ "тёплые места́" - cushy jobs
▶ чино́вничество - officialdom; bureaucracy
▶ злоупотреби́ть - abuse; misuse
▶ взя́тка - bribe

Тви́ты:

как вы вообще́ чита́ете все э́ти "диску́ссии в фейсбу́ке"? Непоня́тно же ничего́ и бу́квы ма́ахонькие. То ли де́ло тви́ттер! сканда́льте здесь!

Жи́рик говори́т, что всем пла́тят де́ньги, чтоб меня́ везде́ пока́зывали. Потому́ что я шпио́н

Пу́тин насто́лько бои́тся, что дал прика́з вката́ть 13 лет стро́гого пенсионе́ру, кото́рый его́ с по́мощью арбале́та собира́лся сверга́ть

безу́мных де́дов, призыва́ющих убива́ть всех на све́те, – пруд пруди́. Чё, тепе́рь всех на 13 лет сажа́ть?

Кто где, а я сно́ва в сле́дственном комите́те. Когда́ мне уже́ постоя́нный про́пуск даду́т?

В бюро́ про́пусков встре́тил одного́ из сле́дователей по 'боло́тному де́лу'. Он у меня́ о́быск проводи́л. Был капита́ном, да́ли майо́ра. Карье́рное де́ло

Ха-ха. @advokatkobzev сообща́ет, что у Ашу́ркова до́ма нашли́ ру́пии и дра́хмы, оста́вшиеся по́сле турпое́здок. Всё тща́тельно пересчи́тывают.

Когда́ у меня́ был о́быск, мои́ та́йские ба́ты никого́ не заинтересова́ли :(

▶ ма́хонькие - small
▶ то ли де́ло - how much better
▶ сканда́лить - row; brawl; raise hell
♦ Жи́рик - Влади́мир Жирино́вский - поли́тик
▶ шпио́н - spy
▶ вката́ть - sentence
▶ стро́гого (режи́ма) - high security
▶ пруд пруди́ - dime a dozen
▶ чё - что - what
▶ про́пуск - pass
♦ 'боло́тное де́ло' - рассле́дование в отноше́нии уча́стников а́кции на Боло́тной пло́щади в Москве́
▶ о́быск - search
♦ Влади́мир Ашу́рков - сора́тник Нава́льного
♦ ру́пии, дра́хмы, ба́ты - валю́ты

У Ашу́ркова в хо́де о́быска изъя́ли витами́ны и чай :) Серьёзно

Сле́дователи интересу́ются 'бу́дет ажиота́ж? Нам на́до подкрепле́ние вызыва́ть?'

смс жены́: У до́ма ку́ча менто́в с па́почками, ка́мерой, смо́трят на меня́, улыба́ются. Я ду́маю: ну вот, опя́ть… Оказа́лось маши́ну у кого́-то угна́ли тут

Я радика́л, я не хочу́ ничего́ реша́ть, я хочу́ испо́льзовать для пропага́нды экстреми́зма интерне́т и соцсе́ти.

Это наве́рное то́же "хи́пстер-белоле́нточник". Запи́сывали в жан-жа́ке

'Кре́пкий оре́шек' трэшачо́к коне́чно. Но го́нка в нача́ле зна́тная. Полови́ну Москвы́ разнесли́.

14 раз 14-е февраля́ с э́той тёлочкой

Жена́ развлека́ется чте́нием вслух возмущённых коммéнтов о том, что я назва́л её 'тёлочкой'. Смеётся и говори́т: 'тёлочки возмуща́ются'.

Поду́малось: вот все смею́тся над Челя́бинском. А вы представля́ете, каки́е бы́ли бы ви́део и коммéнты, е́сли бы э́та шту́ка взорвала́сь над Москво́й?

Интере́сно, е́сли бы тви́ттер был в 19 ве́ке. То́же бы все шути́ли про метеори́т? Или писа́ли капсло́ком ПОКА́ЙТЕСЬ! ЗА ГРЕХИ́ НА́ШИ!

э́тот нело́вкий момéнт, когда́ ты не мо́жешь вспо́мнить игра́л ли ты вообще́ в Дья́бло 3. Мо́жет э́то бы́ло Дья́бло 2?

▶ изъя́ть - seize; withdraw
▶ ажиота́ж - commotion; hype
▶ смс - SMS message
▶ менты́ - милиционе́ры - militiamen; policemen
▶ соцсе́ти - social networks
♦ белоле́нточник - бе́лая ле́нта - си́мвол оппози́ции
♦ "Жан-Жак" - кафе́ в Москве́
♦ 'Кре́пкий оре́шек' - Die Hard
▶ трэшачо́к - (slang) trash
▶ тёлочка, тёлка - (slang) chick; babe
♦ На фо́то - Ю́лия Нава́льная, жена́ Алексе́я. Куро́ртный рома́н - познако́мились в Ту́рции. У них дво́е дете́й.
▶ поду́малось - I thought
▶ коммéнты - comments
♦ речь идёт о метеори́те над Челя́бинском
▶ капсло́к - Caps Lock
▶ нело́вкий момéнт - awkward moment
♦ Дья́бло - Diablo

Ксения Собчак

Телеведущая, журналист, актриса, политик. Член Координационного совета российской оппозиции.

Сайт: http://www.ksenia-sobchak.com.
Блог в ЖЖ: http://sobchak-xenia.livejournal.com.
Твиттер: @xenia_sobchak.

"Привет, я троцкист-садомазохист. А чего добился ты?"
Твит К. Собчак.

Ксения Анатольевна Собчак родилась 5 ноября 1981 года в Ленинграде (ныне Санкт-Петербург) в семье юриста Анатолия Александровича Собчака (мэр Петербурга с 1991 по 1996 год) и историка Людмилы Борисовны Нарусовой.

Я папина дочка. С папой у меня была особая связь, особые отношения... Я левша, а в советских школах ещё переучивали и били линейкой по пальцам, чтобы дети писали правой рукой. Мой папа, узнав, что меня бьют линейкой, устроил в школе разгром. Он сказал учительнице: "Ребёнок родился такой, он левша, и это от Бога, и он будет писать так!"

(ДНИ.РУ, 2008.)

Анатолий Собчак, отец Ксении, скончался в 2000 году.

...Мне было 18 лет, когда ушёл папа, и у меня был выбор: либо всю жизнь прожить в тени великого отца, навсегда оставаясь "дочкой Собчака", ловить на себе сочувствующие взгляды его друзей и единомышленников, утешать себя их фразой "я знал вашего отца – великий был человек", либо строить свою жизнь, не пользуясь его связями, потому что

▶ троцкист - Trotskyite; Trotskyist
▶ садомазохист - sadomasochist
♦ It's a joke. She's not a Trotskyite.
▶ добиться - achieve; reach; attain
♦ "А чего добился ты?" - популярная фраза с оттенком иронии
▶ папина дочка - daddy's girl
▶ левша - left-hander
▶ линейка - line; ruler
▶ разгром - rout; debacle

▶ скончаться - die; expire; decease

▶ выбор - choice; selection
▶ в тени - in the shade
▶ великий - great
▶ сочувствующий - compassionate
▶ единомышленник - like-minded person

связи могут дать тёплое место, но не популярность и рейтинги.

Много людей знают Бориса Ельцина-мл. или Ксению Горбачёву? Их знают. В основном, как дочку Горбачёва и внука Ельцина. Может быть, у них было меньше возможностей? У внука человека, чьим преемником стал Путин?

Я специально выбрала публичную профессию, в которой успех нельзя фальсифицировать. Меня могли любить или ненавидеть, но уже более 10 лет своими силами, я сама не оставляла никого равнодушным. И это не подделать.

Анатолий Собчак.
Фото Николая Парфёнова.

(Блог в ЖЖ, февраль 2012.)

Ксения Собчак окончила факультет международных отношений Московского государственного института международных отношений (МГИМО). Владеет английским, французским и испанским языками. В 2004 году Ксения стала одной из ведущих реалити-шоу "Дом-2" (российский аналог программы Big Brother) на телеканале ТНТ. Следующий шаг в карьере Ксении – реалити-шоу "Блондинка в шоколаде" на "Муз-ТВ".

(Источник: www.Gazeta.ru.)

На самом деле я большие деньги начала зарабатывать только в последние 5 лет. Я помню времена, когда я ездила в глухие сибирские города и вела мероприятия за $3

▶ связи - connections
▶ популярность - popularity
▶ мл. - младший - junior
▶ в основном - mainly; principally
▶ возможности - opportunities; options
▶ преемник - successor
▶ успех - success
▶ нельзя - impossible; one cannot
▶ фальсифицировать - falsify; forge
▶ любить - love
▶ ненавидеть - hate
▶ своими силами - on my own
▶ равнодушный - indifferent
▶ подделать - fake; falsify
♦ МГИМО - одно из самых престижных высших учебных заведений в России
▶ владеть - master; own; possess
▶ ведущий - anchorman
▶ телеканал - TV channel
▶ шаг - step; move
▶ карьера - career
▶ блондинка - blonde
▶ шоколад - chocolate
▶ источник - source
▶ зарабатывать - earn
▶ глухой - out-of-the-way; deaf

тысячи: тогда это казались хорошие деньги, но ради этих денег я по 5 часов в один конец летела в самолёте в этот маленький город.

Интервью Екатерине Винокуровой
(Газета.ру, 2013).

Я работаю на развлекательном телевидении более 10 лет и, как бы нескромно это ни звучало, являюсь одной из лучших ведущих этой страны. Это профессия. И за неё платят большие деньги. Или вы думаете, что меня приглашают выступать частные компании, продюсеры мечтают запустить со мной шоу, компании подписывают огромные рекламные контракты тоже потому, что им меня навязывают? :) А когда люди мечтают, чтобы их самый главный юбилей или свадьбу вели именно Ургант и Собчак – это тоже "по блату"?

(Блог в ЖЖ, февраль 2012.)

Ксения написала несколько книг, среди них – "Zамуж за миллионера, или Брак высшего сорта" и "Энциклопедия лоха".

▶ казаться - seem; appear; look
▶ ради - for the sake of
▶ в один конец - one way
▶ самолёт - plane; craft
▶ развлекательное телевидение - entertainment television
▶ нескромный - immodest; indecent
▶ звучать - sound; ring
▶ являться - be; turn up; appear
▶ лучший - best
▶ платить - pay
▶ мечтать - dream
▶ свадьба - wedding
♦ Иван Ургант - актёр, телеведущий
▶ по блату - through good connections; by backstairs influence
▶ брак - marriage; rejects

(Источник: www.Gazeta.ru)

Для меня лох – это человек, который старается казаться не тем, кто он есть, которому быть собой некомфортно, и он пытается стать тем, кем он не является, и в погоне за этим желанием он совершает удивительные пос-

▶ лох - yobbo; bumpkin; easy game
▶ некомфортный - uncomfortable
▶ в погоне за - in chase of; in pursuit of

тупки. В своей книжке я сказала, что, наверное, в каждом из нас живёт лох: в ком-то в бо́льшей степени, в ком-то в меньшей степени. Лоховство – это желание быть не собой, а чем-то, что тебе кажется привлекательным, важным, небанальным, а в итоге получается банально, непривлекательно, пошло и всегда как-то неловко.

Интервью Екатерине Винокуровой (Газета.ру, 2013).

Многие в России считают Ксению Собчак символом эпохи Владимира Путина, ярчайшим представителем так называемого "путинского гламура".

Я не считаю, что есть какой-то "путинский гламур": есть просто гламур. Это слово за последние годы себя скомпрометировало, но само понятие не несёт негативного смысла. Гламур – "волшебство". Это стремление к красоте, к какой-то глянцевой картинке, и, наверное, мы все в какой-то степени стремимся быть красивее. Мы ведь всегда выбираем лучшие свои фотографии, а на свидание или Новый год делаем себе красивую причёску, надеваем красивое платье – в этом нет ничего плохого. В этом смысле гламур всегда побеждает, как стремление человека к прекрасному, красивому и идеальному. И нет никакого "путинского гламура", а есть стремление людей, попавших из совка через нестабильность ельцинского времени в путинскую стабильность (не побоюсь этого слова), жить красивой "голливудской" жизнью. В этом было такое милое (возвращаясь к понятию "лоха") лоховство, желание выглядеть прекрасными людьми на красивых машинах в красивых платьях, которые будто бы никогда не знали, что та-

▶ поступок - act; deed
▶ в бо́льшей степени - in a greater degree
▶ в меньшей степени - in a lesser degree
▶ привлекательный - attractive; appealing
▶ важный - important; significant
▶ банальный - banal; commonplace
▶ пошлый - common; vulgar
▶ символ - symbol; sign
▶ эпоха - epoch; era
▶ так называемый - so-called
▶ гламур - glamour
▶ скомпрометировать - compromise; discredit
▶ понятие - idea; notion
▶ негативный - adverse; negative
▶ смысл - meaning; sense
▶ волшебство - magic; witchery; glamour
▶ стремление - aspiration; pursuit
▶ глянцевый - glossy; glazed; sleek
♦ совок: происходит от слова "советский"; имеет презрительный оттенок; употребляется в отношении человека, стиля поведения и т.п. Также означает "Советский Союз".

кое советская жизнь, не ходили по обшарпанным подъездам, грязным улицам, не жили в хрущёвских квартирах, не помнят, как заштопывали стрелки на капроновых колготках... Нам всем (и мне в том числе) хотелось об этом забыть и быть людьми из американского сериала.

Интервью Екатерине Винокуровой (Газета.ру, 2013).

После парламентских выборов в декабре 2011 года, в ходе которых были зафиксированы многочисленные подтасовки результатов голосования, Ксения Собчак включилась в политическую деятельность на стороне оппозиции.

Я помню, как впервые год назад вышла на митинг на Болотную. Я помню, как мы все между собой созванивались, посылали друг другу эсэмэски, договариваясь, где и какой компанией встретимся. Это было время невероятного подъёма, когда не пойти было нельзя. Тогда было понятно, что если ты молодой, если твои взгляды прогрессивны, если ты разделяешь общечеловеческие ценности и принципы, ты точно будешь на Болотной. Это был митинг, на котором я ещё не выступала со словами "мне есть что терять". Да тогда я и не знала, что произойдёт дальше и что за год я потеряю очень многое. Это был просто первый митинг в моей жизни, как, собственно, для десятков тысяч других людей в Москве. Я стояла в толпе и понимала, что иначе быть не может. И все мои друзья, все мои коллеги, приятели с телевидения, друзья-бизнесмены и даже мой водитель были где-то рядом, в одной толпе — и всё это нас очень

▶ обшарпанный - scuffed; rundown
▶ подъезд - entrance hall; porch; drive
♦ хрущёвские квартиры - квартиры в домах ("хрущобах"), которые строились в годы правления Никиты Хрущёва
▶ заштопывать - sew over
▶ стрелка - *(здесь)* спущенная петля на чулках, колготках - ladder
▶ многочисленный - numerous; multiple
▶ подтасовка - fraud; rigging
▶ митинг - rally; meeting
♦ Болотная площадь - место проведения акций оппозиции
▶ созваниваться - get in touch by phone
▶ эсэмэска - SMS message
▶ невероятный - incredible; improbable
▶ подъём - enthusiasm; rise
▶ разделять - share; divide; split
▶ общечеловеческие ценности - universal human values
▶ водитель - driver

объединяло. Мы все, сжав в своих руках телефоны, созванивались с тысячей других людей, которые приходили туда. 24 декабря сценарий повторился: на проспект Сахарова мы собирались так же большими компаниями, постоянно перезванивающимися между собой.

(Блог в ЖЖ, декабрь 2012.)

Политическое крещение Ксении Собчак произошло на митинге оппозиции 24 декабря 2011 года на проспекте академика Сахарова в Москве. Многим не понравилось выступление Ксении, и её освистали.

(Источник: www.Gazeta.ru.)

…У меня не было никаких иллюзий на этот счёт изначально. И тому есть доказательства: мы шли с Серёжей Кальварским (режиссёр, телепродюсер, соведущий Ксении Собчак на радиостанции "Серебряный дождь"), делали ролик про 24-е число, и я ему там говорю в какой-то момент, что будут свистеть, но ты не затирай – оставь всё как есть. Или когда мы стояли на сцене уже, Илья (оппозиционер Илья Яшин) сказал мне, что, мол, интересно, как тебя будут принимать, а я ему ответила, что понятно как – свистеть будут. Я понимала, что будут свистеть и за что будут свистеть: в глазах людей сложно воспринимать других на поле более широком, чем они привыкли их видеть и воспринимать. Меня воспринимали как "блондинку в шоколаде" и ведущую "Дома-2", это было в стиле "зачем она пришла и своими гламурными руками портит наш протест?"

Интервью Екатерине Винокуровой
(Газета.ру, 2013).

▶ объединять - unite; join
▶ сжать - clasp; compress; constrain
▶ сценарий - script; screenplay
♦ проспект Сахарова в Москве - место проведения митингов оппозиции
▶ компания - party; company; firm
▶ крещение - baptism; christening
▶ выступление - appearance; speech
▶ освистать - boo; catcall; hiss
▶ на этот счёт - in this respect
▶ изначально - in the first place
▶ доказательство - evidence
▶ режиссёр - director; producer; stage manager
▶ соведущий - co-anchor; co-presenter
▶ ролик - clip; video
▶ свистеть - whistle
▶ затирать - стирать - erase; delete
▶ сцена - stage; scene
▶ мол - he says; he said; they say; they said; something like
▶ воспринимать - conceive; perceive
▶ портить - spoil

Ненависть

Ско́лько её в вас? Я давно́ хоте́ла написа́ть об э́том. Придя́ в тви́ттер и ЖЖ, пе́рвое, с чем я столкну́лась, э́то пото́ки всепожира́ющей, тупо́й, а гла́вное, соверше́нно ниче́м не подкреплённой не́нависти. По наи́вности я поду́мала, что э́то так везде́, э́то и есть агресси́вная среда́ интерне́та. И уже́ да́же почти́ убеди́ла себя́, что отвеча́ть на любо́е посла́ние "умри́ су́ка сдо́хни кобы́ла тварь ма́му твою́ еба́л" – э́то вро́де как норма́льно.

Я ста́ла спра́шивать подру́г-иностра́нок, иссле́довать францу́зские и англи́йские соц-се́ти, и я вам могу́ то́чно сказа́ть, нигде́, абсолю́тно нигде́, нет э́того фено́мена тота́льного ди́кого хе́йтерства. Хе́йтерства зло́го, незамыслова́того и тёмного. Везде́ есть стёб, смешны́е фотожа́бы, сло́во фак к де́лу и не о́чень, но вот чтоб "сдо́хни су́ка сдо́хни" таки́м пото́ком – нигде́.

После́дняя ка́пля для меня́ – изве́стие о тяжёлых ране́ниях двух молоде́ньких инжене́ров, рабо́тающих на "Дом-2". Они́ нашли́ фля́жку, откры́ли, там оказа́лась бо́мба. Одному́ оторва́ло взрывно́й волно́й о́бе руки́, друго́му распоро́ло живо́т. Е́сли вы́живут, они́ навсегда́ оста́нутся инвали́дами. Молоды́е па́рни – 20 и 23 го́да. У обо́их есть ма́тери, бли́зкие, люби́мые лю́ди.

Им всем сейча́с пло́хо, э́то оди́н из са́мых стра́шных дней их жи́зни. Неуже́ли то́лько из-за того́, что они́ рабо́тают на програ́мме "Дом-2", кото́рую, вполне́ допуска́ю, вы не смо́трите и не лю́бите, ну́жно писа́ть со́тни сообще́ний "поде́лом им!", "так и на́до, умри́те все", ну и про́чие "сдо́хнису́ка". Вы мо́жете не смотре́ть програ́ммы, кото́рые вам не нра́вятся, вы мо́жете вы́ключить телеви́зор, и я вас пойму́, так

▶ не́нависть - hatred
▶ давно́ - long ago; for a long time
▶ столкну́ться - collide; come across; encounter
▶ пото́к - stream; torrent
▶ всепожира́ющий - omnivorous
▶ подкреплённый - supported; confirmed
▶ наи́вность - innocence; naivety
▶ умере́ть - die
▶ су́ка - bitch
▶ сдо́хнуть - die; perish
▶ кобы́ла - mare; horse
▶ тварь - slut
▶ еба́ть - fuck
▶ хе́йтерство - *(slang)* hatred
▶ стёб - banter; mockery
♦ фотожа́ба - *(slang)* изображе́ние, изменённое с по́мощью Photoshop
▶ после́дняя ка́пля - the last straw
▶ тяжёлое ране́ние - heavy wound
▶ фля́жка - flask
▶ взрывна́я волна́ - blast; explosion wave
▶ распоро́ть - rip
▶ живо́т - belly; stomach
▶ вы́жить - survive
▶ поде́лом им! - serve them right!
▶ так и на́до - way to go!
▶ сдо́хнису́ка - die bitch

как сама́ его́ не смотрю́, но вы не мо́жете ТАК ненави́деть люде́й. Ведь говоря́ краси́вые слова́ о ро́дине, патриоти́зме, мы почему́-то забыва́ем о челове́ке. Ка́ждом отде́льно, кото́рый нужда́ется в сострада́нии, по́мощи, жа́лости и снисхожде́нии. Ведь ка́ждый мо́жет оказа́ться в э́той ситуа́ции и услы́шать, теря́я созна́ние, отголо́сок со́тни "сдохнису́ка" своего́ со́бственного наро́да. Почему́ здесь так лю́бят ненави́деть? Писа́ть га́дости тем, кого́ не лю́бят? Не про́сто оскорбля́ть, а с тёмной не́навистью говори́ть обо́ всём, что не бли́зко?

Я не зна́ю, отку́да сто́лько тёмной не́нависти у люде́й, кото́рые по́сле траге́дии писа́ли мне все э́ти сообще́ния, могу́ сказа́ть одно́, я уве́рена, они́ то́же хоро́шие лю́ди. В чём-то оби́женные и испу́ганные, необразо́ванные и обо́бранные, одура́ченные госуда́рством и бли́жними, поэ́тому и злы́е. И зада́ча люде́й милосе́рдных – не крича́ть им в отве́т "са́ми вы мора́льные уро́ды", "как у вас язы́к повора́чивается тако́е писа́ть", а поду́мать, как мо́жно попро́бовать измени́ть созна́ние э́тих

"Мне ка́жется, и́ли Не́кто Дени́с отча́янно влюблён?:)"

Твит Ксе́нии Собча́к.

▶ краси́вые слова́ - fine words
▶ ро́дина - motherland; birthplace
▶ сострада́ние - compassion
▶ жа́лость - pity; sorrow
▶ снисхожде́ние - indulgence; leniency
▶ теря́ть созна́ние - black out; faint
▶ га́дость - beastliness; dirt
▶ оскорбля́ть - offend; insult
♦ "Мне ка́жется, и́ли..." - популя́рное нача́ло фра́зы с отте́нком иро́нии
▶ не́кто - certain
▶ отча́янно влюблён - desperately in love
▶ соси́ хуй блядь - suck dick whore
▶ сдо́хни па́даль - die dog's meat
▶ мразь - scum; filth
▶ говно́ - shit
▶ сообще́ние - message
▶ оби́женный - resentful; injured
▶ испу́ганный - afraid; frightened
▶ необразо́ванный - uneducated
▶ обо́бранный - robbed
▶ одура́ченный - duped; fooled

людей и снизить беспрецедентный уровень агрессии в нашей стране.

Моё мнение, что это прежде всего отсутствие образования и моральных ценностей. И можно хоть представить, как пытаться наладить в нашей стране систему образования, но ценности – это то, что закладывается в семье, то, что внутри тебя. И если у человека не возникает сочувствия и желания сострадать, то как вызвать это чувство? Мой ответ – только добром и терпением. Сказать легко, но сказать, что у меня всегда так получается жить, было бы ужасным лицемерием. Стараюсь, учусь, но получается далеко не всегда, и я тоже нахожу в самой себе эту жестокость и равнодушие, эту вспыльчивость. Нахожу и продолжаю бороться. И кстати, те люди, которые живут на "Дом-2", отчасти вызывают такую реакцию, потому что уж очень напоминают нам наших реальных соседей и наши реальные проблемы. Эти ребята тоже не виноваты, что они живут и мыслят так, как живут и как мыслят. На своей непростой работе с ними я пытаюсь изо всех сил не опуститься до их уровня разборок, а честно, изо всех сил, подрастить их сознание. Если не симпатично вам за этим наблюдать, выключайте, я вас понимаю. Но мне не стыдно за свою работу, хотя и мне она не всегда нравится, я помогаю этим людям и это я знаю точно. А вам хочу сказать лишь одно. Прежде чем написать очередное "сукасдохни", подумайте, что у каждого человека, которому вы это пишите, есть любимая мама, папа. Этот человек рос, влюблялся, страдал, ему было больно, плохо и страшно в какие-то моменты так же, как и каждому из вас. И он не заслужил, кем бы он ни был, этот человек, ваших проклятий.

▶ снизить - lower
▶ беспрецедентный - unprecedented
▶ прежде всего - to begin with; in the first place
▶ отсутствие - absence; lack
▶ моральные ценности - moral values
▶ закладывать - put in; pawn
▶ терпение - patience
▶ лицемерие - hypocrisy
▶ жестокость - cruelty
▶ равнодушие - indifference
▶ вспыльчивость - quick temper
▶ отчасти - partly
▶ напоминать - remind
▶ жить - live
▶ мыслить - think
▶ разборки - internal squabbles
▶ изо всех сил - with all ones might
▶ сознание - consciousness
▶ наблюдать - observe
▶ понимать - understand
▶ помогать - help
▶ очередное - regular; another
▶ влюбляться - fall in love
▶ заслужить - deserve
▶ проклятие - damnation

Особенно, если это мальчишка, который навсегда лишился двух рук в свои 20 лет...
(Блог в ЖЖ, январь 2012.)

На глазах миллионов россиян Ксения Собчак быстро превращалась из "светской львицы" и "блондинки в шоколаде" в политика, одного из лидеров оппозиционного движения. Ксения решила уйти из телешоу "Дом-2".

Вчера на телеканале ТНТ показали, как я попрощалась с проектом "Дом-2". Решение это я приняла давно и с гендиректором ТНТ обсудила его ещё два месяца назад. Однако по контракту я могла его покинуть не раньше первого июля. Это был некий этап моей жизни – первая работа, первые деньги. Стыдно ли мне за себя в "Доме-2"? Наверное, без этой школы жизни, без первого телевизионного опыта, без постоянных нападок на меня из-за этого телепроекта я не стала бы такой, какая есть сейчас. И ещё: те тысячи участников, которые прошли перед глазами, научили меня одной важной вещи: люди, независимо от уровня их образования, интеллекта, воспитания, очень похожи. Мы все нуждаемся в достаточно простых вещах – принятии, сочувствии, любви. И у меня нет и никогда не будет снобизма в стиле "что там за идиоты сидят и фигню обсуждают", а именно такие комментарии мне приходилось слышать в своей жизни. Это люди. Такие же, как мы все. Со своими переживаниями и горестями. Иногда нам всем просто страшно смотреть в то зеркало человечества, которое отражает и наши, в том числе, пороки...

Я ушла, потому что внутренне переросла этот этап, а также потому что считаю невоз-

▶ мальчишка - little boy
▶ навсегда - forever
▶ лишиться - lose
▶ на глазах - in full view
▶ быстро - rapidly; quickly
▶ превращаться - turn; transform
▶ светская львица - socialite; It girl
▶ движение - movement
▶ проект - project
▶ гендиректор - генеральный директор - executive director
▶ обсудить - discuss
▶ покинуть - leave
▶ школа жизни - school of hard knocks
▶ опыт - experience
▶ нападки - attacks; knocks
▶ участник - participant
▶ научить - teach
▶ независимо от - regardless of
▶ похожий - like; resembling; similar
▶ принятие - acceptance
▶ снобизм - snobbery
▶ фигня - rubbish; nonsense, garbage
▶ переживания - rueful feelings; drama
▶ горести - woe
▶ зеркало - mirror
▶ порок - vice
▶ перерости - grow out

можным сочетать общественную деятельность с ведением подобного шоу. Нельзя быть полубеременным :) Раньше я считала, что достаточно отражать реальность, и люди сами ужаснутся, иногда задумаются и изменят её, а сейчас я понимаю, что этого недостаточно, нужно не просто отражать – нужно создавать реальность, чтобы просвещать тех, кто всё ещё включён в отвратительную матрицу лжи и равнодушия нашего общества…

Пишу я это не только вам, но и себе самой. Поверьте, груз своей ответственности я тоже ощущаю и сделаю всё возможное, чтобы направить свою бурную энергию на позитивные и благородные цели. Простите, что мне не хотелось и было страшно сделать этот шаг раньше. "Дом-2", как Россия для чиновников, был моей персональной нефтяной иглой – стабильная зарплата и понятные условия игры в пространстве телеработы. Я не могу изменить своё прошлое, но я точно буду менять своё будущее.

(Блог в ЖЖ, июль 2012.)

На президентских выборах в марте 2012 года Ксения Собчак работала наблюдателем на одном из избирательных участков в Москве и лично зафиксировала случай мошенничества с бюллетенями. В результате этих выборов Владимир Путин в третий раз стал президентом России.

Про подвиг

Каждый день состоит из маленьких побед и поражений. Сотни выборов, которые ведут нас в разные стороны. Сотни маленьких дел и преодолений себя, которые выстраивают це-

- ► сочетать - combine; unite
- ► общественная деятельность - public activity
- ► полубеременный - half pregnant
- ♦ "Нельзя быть полубеременным" - популярная фраза.
- ► отражать - reflect; repel
- ► просвещать - enlighten; educate
- ► матрица - matrix
- ► груз - weight
- ► ответственность - responsibility
- ► всё возможное - utmost
- ► нефтяная игла - oil needle (oil dependency)
- ♦ Популярное выражение. Имеются в виду зависимость России от продажи нефти и газа и неудачные попытки модернизации российской экономики.
- ► наблюдатель - observer
- ► избирательный участок - ballot station
- ► лично - personally
- ► зафиксировать - place on record; document; fix
- ► мошенничество - swindle; fraud; racket

почку нашей жизни. Эти мелкие жизненные события и формируют нашу большую жизнь. Да, именно они, каждодневные мелкие предательства и непредательства себя, своих принципов, враньё про пробки или правда про любовницу, остановка около машины, попавшей в аварию, или непропуск пешехода на переходе – всё это и создаёт нашу жизнь. И самый большой подвиг, это чтобы твоё лоскутное одеяло жизни – всех твоих поступков, обещаний, клятв – было безупречным. Сидя вечером в уютной компании, ведь так приятно категорально пообсуждать подвиги. И посвятить вечер разговору о том, что подвиг это не просто побежать на амбразуру, а побежать на амбразуру тогда, когда этого никто, абсолютно никто не видит – и ты можешь повернуться и побежать ровно в другую сторону без позора. И вот, мерно попивая коньяк в бакстеровском кресле, можно часами перетирать эти нюансы поступков, наслаждаясь всё новыми и новыми изысками потаённых смыслов. А потом можно встать и поехать в баню, наврав жене про деловую встречу, или зажать коньячные чаевые, или просто равнодушно отнестись к кому-то, кто нуждается в твоей помощи. Именно поэтому я презираю разговоры о подвигах так же, как разговоры о Боге: он либо есть внутри, либо нет, и живёт этот внутренний Бог, кстати, где-то недалеко от того места, где рождается подвиг.

Сколько невыполненных обещаний в карманах каждого из нас? Сколько близких людей недополучили наше тепло и внимание, когда оно им было необходимо? А главное, сколько раз мы предавали себя, своё сущее ради выгод, карьеры и тщеславия? И вдруг оказывается, что главный подвиг – это просто

▶ жизненные события - life events
▶ каждодневный - day-to-day
▶ предательство - treason; betrayal
▶ враньё - a string of lies; story telling
▶ пробки - traffic jams; corks
▶ правда - truth
▶ любовница - mistress
▶ попасть в аварию - have an accident
▶ пешеход - pedestrian
▶ лоскутное одеяло - quilt
▶ амбразура - embrasure; fire slit
▶ бакстеровское кресло - кресло итальянской фирмы Baxter
▶ перетирать - (slang) обсуждать - discuss
▶ потаённый - clandestine; secret
▶ смысл - meaning
▶ баня - bath-house
▶ деловая встреча - business meeting
▶ зажать - (slang) stiff out; pinch
▶ чаевые - tip
▶ внутри - within; inside
▶ недополучить - receive less than one is due
▶ тщеславие - vanity

не врать себе, не предавать себя и сохранять способность мечтать и не предавать своей мечты. Каждый день мы размениваем свои мечты на сотни бессмысленных поступков и мелочей. Каждый раз, идя на компромисс с собой, предавая мечту. За последнее время мне стало ясно: жизнь любит только героев, то есть тех, кто совершает главный подвиг – живёт по законам сердца, а не удобства, денег или интереса. А вокруг бродят толпы некрасивых, мятых людей, предавших свою мечту. Их видно сразу – эти предали мечту о любви и живут из страха одиночества, те предали честность и достоинство, а кто-то безвозвратно предал всё и живёт только внешней формой каких-то принципов.

Жизнь жестока к предателям. Как только ты идёшь на компромисс с собой и предаёшь мечту, ты получаешь то, что хочешь, но взамен жизнь забирает путь подвига навсегда. Жизнь с нелюбимым человеком или лояльность власти, в которую не веришь, но у которой кормишься, боязнь потерять карьеру, деньги или власть – все эти амбразуры гораздо реальнее тех, полевых. И никто их не атакует, убеждая самих себя, что всё это прекрасномыслие абсурдно, а положение и власть – вещи абсолютно реальные. Но жизнь неумолима. Героев всегда видно, им веришь, их уважаешь, их глаза горят другим огнём, в них живёт совсем другая энергия и сила. Они всегда выглядят молодо. Они красивы. И главное, герои всегда побеждают. Побеждают некрасивых обрюзгших людей с бегающими глазами, которые искренне думали, что победят, выбирая удобное. Побеждают этих призраков собственной трусости и алчности, даже не стремясь никого победить.

▶ предавать - betray
▶ сохранять - keep; preserve
▶ мечтать - dream
▶ разменивать - exchange
▶ сотни - hundreds
▶ бессмысленный - senseless
▶ мелочь - pocket money; trifle; trinket
▶ удобство - convenience; comfort
▶ бродить - wander; roam
▶ толпа - crowd
▶ мятый - wrinkled; creasy; crumpled
▶ одиночество - solitude; loneliness
▶ честность - honesty
▶ достоинство - dignity
▶ безвозвратно - irretrievably
▶ внешняя форма - exterior form
▶ предатель - traitor
▶ как только - as soon as
▶ идти на компромисс - accept a compromise
▶ лояльность - loyalty
▶ неумолимый - relentless
▶ обрюзгший - bloated
▶ бегающие глаза - shifty eyes
▶ призрак - ghost
▶ трусость - cowardice
▶ алчность - greed

И в этом смысле антоним подвига – конформизм. Я узнала об этом совсем внезапно – радикально изменив свою жизнь, перестав бояться одиночества, перестав договариваться с собой о компромиссах, перестав бояться что-то потерять и прекратив есть что попало в страхе остаться голодной. Я теперь не боюсь потерь, и именно потому, что их не боюсь, я удивительным образом только приобретаю – новых друзей, любовь, счастье, радость от работы, но главное, ощущение того, что в моей жизни совсем нет места для душевного б…ства, и это меня наполняет такой радостной, такой звонкой энергией, что я улыбаюсь этому миру каждый день. Дай мне сил не свернуть опять в мрак серой, унылой жизни, основанной на удобных решениях, а не на совести. И сверка для жизни-подвига только одна – свой последний день ты провёл бы так, как проводишь его сегодня. И если нет, то знай, что настоящий герой каждый день находит в себе силы совершать подвиг – просто быть честным и порядочным человеком. Каждую минуту жизни. Стоя на митинге, стоя перед урной голосования или перед вертушкой в своём чиновничьем кабинете. И, как всегда, на поле боя, где совершаются подвиги, есть трусы и предатели. Простим же их и посочувствуем. Они получат ровно то, что хотели, и умрут, не зная, что есть ощущение быть внутренне свободным, чистым человеком и жить, правда, с вопросами не от ума, а от сердца, как завещал нам товарищ Чуров.

(Блог в ЖЖ, апрель 2012).

Обращение к тем, кто в Кремле

Вчера я приняла очень непростое решение для себя – первый раз с 24 декабря не пой-

▶ в этом смысле - in this respect; in this regard
▶ антоним - antonym; opposite
▶ внезапно - suddenly
▶ договариваться - make arrangements
▶ перестать - stop; cease; quit
▶ потерять - lose
▶ что попало - anything
▶ приобретать - acquire; obtain
▶ б…ство - блядство - whoring
▶ наполнять - fill
▶ свернуть - swerve
▶ мрак - dark; gloom
▶ унылый - sad; dismal
▶ удобный - convenient; comfortable
▶ сверка - checking
▶ совершать подвиг - accomplish a feat
▶ урна для голосования - ballot box
▶ вертушка - *(здесь)* hot line (телефон специальной системы связи)
▶ посочувствовать - condole
♦ Владимир Чуров - председатель Центральной избирательной комиссии; оппозиция считает его причастным к подтасовкам на выборах

ти на митинг. Приняла это решение, скажу откровенно, так как знала заранее, что основная цель будет стояние на мосту, прорыв и сидячая забастовка. Если бы не знала, конечно бы пошла. Я — мирный оппозиционер, который всё это время отчаянно призывал власть услышать людей на улице, и, наконец, начать изменения и перестройку, а не продолжать создавать новые имитации и симулякры. И я ещё раз постараюсь это сделать в этом открытом письме.

В нарастании жёсткости протеста виновата власть и только она одна. Есть два ужасных сценария — Вечная власть Путина и Революция. Оба этих сценария мне не симпатичны, потому как первый уничтожит остатки умных, успешных и здравомыслящих, а второй, революционный, тоже уничтожит именно этих людей, но другим способом. Революция всегда пожирает своих детей, и радикализация настроений, которую мы вчера увидели, лишь доказательство этого; несложно посмотреть в недалёкое будущее: через две-три такие акции отсеется не только Лига избирателей, но и Удальцов покажется слишком "мягким".

Если бы власть адекватно реагировала на требования Болотной, если бы за эти три месяца начались хоть какие-то сдвиги, то и протест оставался бы мирным. Но за это время, кроме очередного раунда игры в напёрстки с президентскими фильтрами и регистрацией партий, но при этом с запретом на блоки, мы ничего не получили. И в революции виноваты не люди, которые просто становятся всё агрессивнее и злее на власть, а те, кто не слышит их требования.

Я очень не хочу гражданской войны. Я не хочу крови и того, что тех самых "рассерженных горожан" и "креативный средний

▶ откровенно - frankly
▶ заранее - beforehand
▶ прорыв - breakthrough
▶ сидячая забастовка - sit-in
▶ мирный - peaceful
▶ всё это время - the whole time; all along
▶ симулякр - simulacrum
▶ нарастание - rise; building-up
▶ жёсткость - rigidity
▶ ужасный - horrible
▶ уничтожить - eliminate
▶ остатки - remains
▶ здравомыслящий - sensible
▶ пожирать - devour
▶ доказательство - evidence
▶ недалёкое - near
♦ Сергей Удальцов - один из лидеров оппозиции, координатор "Левого фронта"
▶ требование - demand
▶ игра в напёрстки - thimblerig; shell game
♦ фильтры - имеется в виду предварительный отбор кандидатов, которые допускаются к участию в выборах
▶ "рассерженные горожане" — angry city folk (участники акций протеста)

класс", тех людей, с кем я себя ассоциирую, первыми же прижмут и начнут выдавливать ультралевой политикой из нашей страны. После вчерашнего марша мне стало очевидно, что единственный способ избежать нарастания радикализации – это перестройка. Реальная, а не постановочная. Если вы там, за красной стенкой, этого не осознаете, то людей с белыми лентами и шарами окончательно заменят люди с бутылками с зажигательной смесью. И только вы, руководство нашей страны, будете нести за это ответственность. Есть только один сценарий, при котором моё поколение тридцатилетних, работающих, активных и, главное, думающих, не желающих агрессии людей может выиграть – это сценарий, при котором в стране в СРОЧНОМ ПОРЯДКЕ НАЧНУТСЯ ШИРОКОМАСШТАБНЫЕ РЕФОРМЫ.

И не надо надеяться, что что-то рассосётся и утихомирится. Вчера стало понятно, что люди будут приходить снова и снова, даже в собственный выходной. Но только если вначале это были "Акунины", "Парфёновы", то кончится это "Максимами Тесаками". Я этого не хочу! Я хочу мирной спокойной жизни в демократическом государстве!

Пожалуйста, Богородица, пошли Путину компьютер – это наш общий последний шанс. Хотя, если честно, я не верю в то, что он найдёт силы пойти на перестройку, а это значит, что мы все очень быстро окажемся в смуте полного разделения общества на два лагеря и увязнем в гражданской войне. И мне до слёз обидно, что при таком раскладе главным проигравшим будет опять тот самый "рассерженный средний класс", который и так все эти годы страдал в силках авторитарного режима.

(Блог в ЖЖ, 7 мая 2012.)

▶ креативный средний класс - creative middle class
▶ прижать - press down; clamp down
▶ выдавливать - squeeze; force out
♦ красная стенка - стена Кремля
▶ бутылка с зажигательной смесью - Molotov cocktail
▶ руководство страны - nation's leadership
▶ нести ответственность - bear responsibility
▶ поколение - generation
▶ в срочном порядке - urgently
▶ широкомасштабные реформы - wide-sweeping reforms
▶ рассосаться - resolve
▶ утихомириться - sober down
♦ Борис Акунин - писатель
♦ Леонид Парфёнов - тележурналист
♦ Максим Тесак - один из лидеров радикальных националистов
♦ Богородица, пошли Путину компьютер – намёк на то, что Путин не имеет полной информации

В 1990-е годы, когда Анатолий Собчак, отец Ксении, занимал пост мэра Санкт-Петербурга, его ближайшим помощником был Владимир Путин. Именно тогда началась политическая карьера Путина, который был хорошо знаком со всей семьёй Собчака, включая Ксению. В 1997 году против Анатолия Собчака были выдвинуты официальные обвинения в коррупции. В ноябре 1997 года Собчак вылетел во Францию для лечения в одном из парижских госпиталей. Поездка была организована при содействии Путина. Этот эпизод в значительной степени объясняет недоверие, которое многие участники оппозиционного движения испытывали к Ксении Собчак.

(Источник: www.Gazeta.ru.)

— Скажите, а после этой истории, когда вы шли на митинги, где были слоганы "Россия без Путина", у вас не было этических вопросов к самой себе?

— Конечно, были. И был большой внутренний монолог: мне не хотелось стать предателем того, что было для меня важно. Понимаете, чекист Путин (а его любят у нас называть чекистом) был единственным человеком, который, в отличие от "демократов", которые (некоторые) в том числе стояли на той сцене со мной, помог моему отцу. А те люди в тот момент от него отвернулись, почувствовав его слабость, как это свойственно многим нашим лидерам либеральным, и ему не помогли. Я скажу вам больше, как я чувствую ситуацию теперь (можете использовать это как цитату 2012 года): меня раздирает невероятное внутреннее противоречие между тем, что на

▶ занимать пост - hold a post
▶ мэр - mayor
▶ ближайший помощник - right-hand man
▶ именно тогда - just then
▶ хорошо знаком - well-acquainted
▶ включая - including
▶ выдвинуть обвинения - file charges
▶ лечение - treatment
▶ поездка - trip; journey
▶ при содействии - with the assistance of
▶ в значительной степени - considerably
▶ недоверие - distrust
▶ этический - ethical; moral
▶ внутренний монолог - inner monologue
▶ чекист - chekist; KGB serviceman
♦ В 1975-91 годах Владимир Путин служил в КГБ.
▶ единственный - the only
▶ в отличие от - in contrast to
▶ отвернуться - turn one's back
▶ слабость - weakness
▶ свойственный - usual; common
▶ раздирать - pull apart; tear apart

площади и в течение этого года я встречаю людей, идеологически мне близких, но люди с "той" стороны, где я тоже была и которых я знала, имеют правильный стержень такой – не предавать в беде. Понятийные такие вещи. Путина за них много ругают, и, наверное, это плохие качества в большой геополитике. Но согласитесь, по-человечески всем хочется, чтобы рядом были друзья и соратники, которые тебя не подставят и не предадут ни при каких обстоятельствах. Получается невероятный когнитивный диссонанс: с одной стороны люди, которые тебе невероятно близки идеологически, но которые вот эти понятийные принципы ни во что не ставят и всё время между собой ругаются, а с другой стороны отвратительные персонажи, которые при этом могут сделать правильный человеческий выбор именно в силу наличия понятийного стержня.

- ▶ в течение - during; for
- ▶ близкий - allied; close
- ▶ правильный - correct; upright
- ▶ стержень - core; linchpin
- ▶ понятийные вещи - conceptual things
- ▶ плохие качества - bad qualities
- ▶ подставить - set someone up; let someone down; place
- ▶ невероятный - incredible; improbable
- ▶ когнитивный диссонанс - cognitive dissonance
- ▶ ни во что не ставить - not to care a doit about
- ▶ отвратительный - disgusting
- ▶ сделать выбор - make one's choice
- ▶ в силу - in virtue of; because of
- ▶ наличие - presence; existence

На похоронах Анатолия Собчака. Справа налево: Ксения Собчак, её мать Людмила Нарусова, Владимир Путин и его жена Людмила Путина.

www.kremlin.ru

- ▶ похороны - funeral
- ▶ справа налево - from right to left
- ▶ бросить - desert; abandon; throw
- ▶ растерзать - tear to pieces
- ▶ трибуна - tribune; platform
- ▶ рисковать карьерой - imperil one's career

...Отец мой тогда был брошен всеми, растерзан, от него все бывшие друзья отвернулись, кто с ним стоял на трибунах во время митингов. А Путин помог, рискуя карьерой, совершил поступок, который его самого ставил в рискованную ситуацию – это с одной

стороны́. А с друго́й стороны́, идеологи́чески то, что сейча́с происхо́дит, противоре́чит мои́м жи́зненным ощуще́ниям, моему́ чу́вству справедли́вости. Я до́лго остава́лась в стороне́, предпочита́ла занима́ться шоу-би́знесом, но в како́й-то моме́нт так да́льше ста́ло невозмо́жно. Э́тот вы́бор был сло́жным, и он сло́жный до сих пор. Я бы о́чень хоте́ла объясни́ть Пу́тину, почему́ я так поступи́ла, поэ́тому я ещё пе́ред ми́тингом на Боло́тной пло́щади хоте́ла с ним встре́титься – проси́ла помо́чь ма́му. Жизнь – она́ вообще́ сло́жная, она́ не де́лится на чёрное и бе́лое. Но в ито́ге пра́вда оказа́лась мне важне́е челове́ческой благода́рности…

Интервью́ Екатери́не Виноку́ровой (Газе́та.ру, 2013).

На вы́борах в Координацио́нный сове́т оппози́ции в октябре́ 2012 го́да Ксе́ния Собча́к заняла́ четвёртое ме́сто из 45, пропусти́в вперёд поли́тика Алексе́я Нава́льного, писа́теля Дми́трия Бы́кова и шахмати́ста Га́рри Каспа́рова.

До закры́тия казино́ я ча́сто, когда́ вела́ каки́е-то мероприя́тия, люби́ла наблюда́ть за поведе́нием игроко́в. И замеча́ла, что есть тако́й осо́бый тип люде́й, кото́рые о́чень лю́бят следи́ть за игро́й друго́го. Ча́ще всего́, коне́чно, э́то бы́ли де́вушки лёгкого поведе́ния. Они́, прижима́ясь свои́м широ́ким деколье́ к како́му-нибудь то́лстому па́пику, игра́ющему в казино́, вели́ себя́ сле́дующим о́бразом. Когда́ тот выи́грывал, они́ ра́достно всплёскивали рука́ми и говори́ли: "Го́споди, как кру́то, что мы вы́играли!" И пу́ще пре́жнего продолжа́ли прижима́ться к свои́м мужчи́нам, попу́тно

▶ происходи́ть - take place; happen
▶ противоре́чить - contradict; conflict
▶ чу́вство справедли́вости - sense of justice
▶ остава́ться в стороне́ - keep out; stand on the sidelines
▶ предпочита́ть - prefer
▶ занима́ться - concern oneself; study
▶ сло́жный - complex; intricate; complicated
▶ объясни́ть - explain
▶ поступи́ть - behave; act; enter
▶ встре́титься - meet; encounter
▶ проси́ть - ask; request
▶ помо́чь - help; assist
▶ в ито́ге - as the result; in the end
▶ благода́рность - gratitude
▶ шахмати́ст - chess player
♦ в 2009 году́ в Москве́ закры́лись все казино́
▶ мероприя́тие - event; measure
▶ де́вушка лёгкого поведе́ния - woman of easy virtue
▶ деколье́ - cleavage
▶ па́пик - sugar daddy
▶ кру́то! - wow! cool!
▶ попу́тно - at the same time

ловко засовывая себе в сумочку поданные им фишечки из выигрыша. Но стоило только этому прекрасному банкиру проиграть, они тут же, отодвигаясь, говорили: "Как же тебе всё-таки не повезло, жалко, что ты проиграл". И вот мне кажется, что сейчас очень важно не превратиться в эту женщину лёгкого поведения с глубоким декольте.

Понятно, что многие не со всем согласны, понятно, что даже среди Координационного совета оппозиции много разногласий по поводу того, как нужно продолжать борьбу, как нужно себя вести и какие принимать решения. Но всё это можно и нужно решить потом.

Легко быть на волне и тяжело – под волной. Но только испытав оба этих ощущения, можно говорить, что ты знаешь, что такое успех и чувство собственного достоинства. Некоторые вещи надо делать через "не хочу", через обиду на всех оппозиционеров за пока не оправдавшиеся надежды, через несогласие с лозунгами или со "звериными оскалами революции". Принимать решения, поняв, готов ли ты просто выйти сам за себя, готов ли ты разделить не только свои надежды на светлое будущее, но и тяжесть того, что это будущее, может быть, не произойдёт завтра.

Чувство собственного достоинства стоит гораздо больше, чем пара выигранных или проигранных фишек в казино.

(Блог в ЖЖ, декабрь 2012.)

Ответ коллеге Пионтковскому

Во-первых, сразу должна оговориться, мне, в принципе, тяжело как читать, так и отвечать на любые тексты, где фигурируют такие словосочетания как "поражённая сифи-

▶ ловко - deftly; dexterously
▶ засовывать - put; slip; thrust
▶ сумочка - handbag; purse
▶ фишка - chip; token
▶ выигрыш - win; gain
▶ стоило только - once; one had only...
▶ банкир - banker
▶ проиграть - lose
▶ отодвигаться - move away
▶ превратиться - turn into; become
▶ разногласия - disagreements
▶ продолжать борьбу - continue the fight
▶ волна - wave
▶ успех - success
▶ чувство собственного достоинства - self-respect; dignity
▶ через "не хочу" - with an effort
▶ обида - resentment; hard feelings
▶ оправдаться - prove true; justify
▶ несогласие - disagreement
▶ оскал - grin
◆ Андрей Пионтковский - политолог, член Координационного совета оппозиции

лисом власть" и "смердя́щий клубо́к жи́рных черве́й". Для компле́кта не хвата́ет ещё чего́-то, в тако́й же сте́пени изы́сканного, про бо́токс.

Тако́е ощуще́ние, что сме́лостью счита́ется тепе́рь вы́крикнуть что́-то осо́бенно оскорби́тельное. А те, кто не крича́т на ка́ждом углу́ что́-нибудь "черви́вое" – зна́чит, стра́шно боя́тся. Это что́-то из шко́льного "е́сли не ку́ришь – зна́чит, не круто́й".

Ксе́ния в автоза́ке по́сле задержа́ния за уча́стие в а́кции проте́ста в Москве́.

Фо́то Ильи́ Я́шина.

Ни меня́, ни мои́х колле́г по Гру́ппе гра́ждан нельзя́ упрекну́ть в тру́сости – мы все риску́ем свобо́дой и вполне́ реа́льной карье́рой, би́знесом и фина́нсовым благополу́чием. Но есть ра́зница ме́жду отва́гой и слабоу́мием. Ме́жду уме́нием эффекти́вно реша́ть зада́чу и уме́нием краси́во "сказану́ть". Впро́чем, е́сли для кого́-то так ва́жно крича́ть про "крова́вый режи́м" – выходи́те на ше́ствие и руга́йте, кричи́те. Но почему́ вы отка́зываете нам в пра́ве де́йствовать по-друго́му?

Я всегда́ утвержда́ла и продолжа́ю утвержда́ть, что пора́ уже́ определи́ться – ли́бо мы про изворо́тливость оскорбле́ний и дешёвый попули́зм, кото́рый так де́йствует на разъярённую толпу́ 5 ты́сяч полити́ческих активи́стов, ли́бо про реа́льную поли́тику, охва́тывающую интере́сы со́тни ты́сяч люде́й. Ли́чно моя́ цель – сде́лать проте́ст популя́рным. Власть

▶ смердя́щий - malodorous
▶ клубо́к - tangle; ball
▶ изы́сканный - refined; elegant
♦ бо́токс - намёк на слу́хи о том, что Пу́тину сде́лали инъе́кции бо́токса от морщи́н
▶ сме́лость - courage
▶ вы́крикнуть - cry out
▶ оскорби́тельное - offensive; insulting
▶ на ка́ждом углу́ - on every street corner
▶ автоза́к - prison truck
▶ задержа́ние - detention
▶ круто́й - cool; steep
♦ Гру́ппа гра́ждан - фра́кция в Координацио́нном сове́те оппози́ции, в кото́рую вхо́дит Ксе́ния Собча́к
▶ упрекну́ть - reproach; blame
▶ благополу́чие - well-being; prosperity
▶ отва́га - bravery
▶ слабоу́мие - imbecility
▶ ра́зница - difference
▶ сказану́ть - blurt out
▶ крова́вый режи́м - murderous regime (популя́рное выраже́ние о правле́нии Пу́тина)
▶ утвержда́ть - claim; maintain; confirm
▶ дешёвый - cheap
▶ популя́рный - popular

боится не суровых лозунгов и статей коллеги Пионтковского, а только массовости. Соответственно, все наши силы должны быть брошены для решения именно этой задачи.

…Мы намеренно ушли от бесконечных завываний "Путина на нары", потому как исходим из реального положения дел — а в реальном мире, как бы это ни звучало шокирующе для коллеги Пионтковского, большинство согласилось с итогами выборов, несмотря на фальсификации, а власть жаждет вернуть всех нас обратно, в состояние жалкой кучки маргиналов, в которой Удальцов будет беспрестанно прыгать по фонтанам, а несколько десятков людей с искривлёнными злобой лицами будут "выть" громким, истерическим, надрывным голосом по поводу жирных червей. Победа власти — если мы все превратимся в жалких комичных персонажей, как мантру повторяющих "никаких переговоров с властью" в ситуации, когда у нас нет никакой реальной силы воздействия.

В полицейском участке вместе со своим мальчиком-другом, одним из лидеров оппозиции Ильёй Яшиным.
Фото Алексея Навального.

Считаю, что ненависть к кому бы то ни было — это прежде всего форма недовольства самим

▶ суровый - harsh; rough; severe
▶ статья - article; item
▶ массовость - massive participation
▶ соответственно - consequently; therefore
▶ бросить все силы - hurl all effort into
▶ намеренно - deliberately; on purpose
▶ завывание - howl; wail
▶ нары - plank bed (используется в смысле "тюрьма, концлагерь")
♦ "Путина на нары" - популярный лозунг на митингах оппозиции
▶ жалкая - pathetic
▶ кучка - lot; bunch
▶ маргинал - outcast
▶ беспрестанно - relentlessly; forever
▶ искривлённый - crooked; distorted
▶ злоба - anger; rage
▶ по поводу - apropos
▶ жирный - fat; greasy
▶ червь - worm
▶ победа - victory
▶ переговоры - negotiations
▶ воздействие - influence; impact
▶ мальчик-друг - boyfriend
▶ недовольство - discontent

собой. Считаю, что личные оскорбления – это показатель слабости оскорбляющего.

Если мы недовольны властью, давайте говорить не о червях и ботоксе – это звучит просто жалко и нелепо, простите, а о реальных проблемах этой власти. Необходимость Независимого суда или Политической реформы беспокоит (во всяком случае, я на это очень надеюсь) наших граждан гораздо больше количества жира у смердящих червей.

Да, власть действительно перешла к жёстким репрессиям, и главной целью шествия должна стать борьба за политзаключённых – и это всё прописано в нашем предложении. Вопрос метода. Скажите, что будет эффективнее в ситуации, когда власть понимает только язык силы (а сила, в нашем случае, это минимум сто тысяч человек на площади) – пять тысяч с криками "Путина на нары" или сто тысяч с требованиями независимого суда?

Я твёрдо убеждена, что на данном историческом этапе нам надо увеличивать численность, не отпугивая рассерженных горожан радикальными лозунгами, а думая об их прямых интересах. Эти люди уже явно показали нам, как говорится, "ногами", что они за перестройку и эволюцию власти, но против революции.

Коллега Пионтковский, такое ощущение, живёт в какой-то параллельной реальности и не видит, что людей стало выходить на улицу меньше. И продолжает кричать что-то своё, не видя реакции людей. Я считаю, что это как минимум безответственно, так как властная пропаганда только и заинтересована в том, чтобы показывать искажённые ненавистью лица, выкрикивающие оскорбления. И дело не только в том, что в декабре была надежда

▶ личное оскорбление - personal affront
▶ показатель - indicator; exponent
▶ слабость - weakness
▶ давайте - let's
▶ нелепо - absurdly
▶ необходимость - need; necessity
▶ независимый суд - independent judiciary
▶ беспокоить - concern; bother
▶ во всяком случае - anyway; in any case
▶ гораздо больше - much more
▶ главная цель - primary target; prime objective
▶ политзаключённый - политический заключённый - political prisoner
▶ увеличивать - increase
▶ численность - number; strength
▶ отпугивать - scare away
♦ показать ногами, голосовать ногами - прийти или не прийти на митинг, выборы и т.п.
▶ перестройка - restructuring
▶ коллега - colleague
▶ такое ощущение - it feels like...
▶ безответственный - irresponsible

на изменения сверху, а сейчас её нет. Дело в том, что среднему классу не нужна революция с неконтролируемыми последствиями. А люди, надрывно кричащие о "банде Путина", стремительно сами, увы, начинают напоминать банду. Просто более бедную и малочисленную, но не менее агрессивную.

И общество моментально среагировало – количество людей на митингах стало сокращаться. Разве это не тревожный признак? Наконец-таки у нас начало формироваться гражданское самосознание, люди готовы отстаивать свои гражданские свободы – но это не значит, что тот самый средний класс хочет выходить под лозунгами "власть миллионам, а не миллионерам". Потому как он, средний класс, – не дурак и понимает, что с такой "конструктивной программой" смена власти может иметь ещё худшие последствия.

Итак, давайте определимся, нам "шашечки или ехать"? Нам важно защитить политзаключённых и приостановить репрессии? Или важно прокричать популистские лозунги в стиле "посмотрите, какой я смелый, я Путина мразью обозвал"?

ЕДИНСТВЕННЫЙ способ РЕАЛЬНО помочь политзаключённым – это наращивать количество людей, отстаивающих наши требования. Этого можно добиться только конструктивными требованиями, реально выполнимыми в текущей политической ситуации. Не надо недооценивать власть и их силу – кричать о том, что у них "5 минут на сборы", нужно, но нужно тогда, когда нас будет 500 тысяч человек стоять на Красной площади. Хотя тогда уже и кричать ничего не надо будет. А пока давайте адекватно принимать реальность. На последний митинг в поддержку политзаключённых вышло около

♦ изменения сверху - реформы, которые проводит сама власть
▶ неконтролируемые - uncontrolled
▶ последствия - consequences
▶ надрывный - hysterical
▶ банда - gang; band
▶ стремительно - rapidly
▶ увы - alas; sadly
▶ напоминать - remind; resemble
▶ малочисленная - small; inconsiderable in number
♦ шашечки - квадратики на такси
♦ "шашечки или ехать" - выражение, ставшее популярным благодаря этому анекдоту: "Стоит мужик на остановке такси. Подъезжает частник:
- Поехали!
- Нет, я жду такси!
- Так вам шашечки или ехать?"
▶ частник - owner-driver
▶ сборы - packing up
♦ "5 минут на сборы" - то есть 5 минут на то, чтобы собрать вещи и уйти
▶ поддержка - support

5 тысяч человек, на последний объединённый митинг в сентябре – около 45 по лучшим подсчётам. Это, как минимум, в два раза меньше, чем на Сахарова.

Именно поэтому я считаю, что конкретные требования по независимым судам, изложенные мной и напрямую связанные с политзаключёнными, имеют шанс привлечь к уличной активности больше людей. Я разрабатывала программу именно с этой главной, на мой взгляд, целью. Отсутствие честного, независимого суда – это краеугольный камень этой системы, наряду с цензурой СМИ.

(Блог в ЖЖ, ноябрь 2012.)

1 февраля 2013 года Ксения вышла замуж за российского актёра Максима Виторгана.

Я сразу могу сказать и вам, и своим будущим кавалерам, что семья и дети – это не те вещи, которые меня интересуют. Это абсолютно искренне. Более того, не нравится мне это! Неинтересно, это не вызывает у меня никаких сентиментальных чувств, я не люблю маленьких детей, я не хочу жить семьёй в её классическом понимании. Эти ценности не для меня!.. Я считаю, что капитализм – лучший контрацептив. Когда у тебя нормальная жизнь, работа, образование, деньги и возможности, то абсолютно нет желания эту жизнь тратить на пелёнки, борщи и прочие удовольствия.

(ДНИ.РУ, 2008.)

(Источник: www.Gazeta.ru.)

– Ксения, ...меня поразило высказывание одной моей знакомой в ответ на вопрос, почему она вам не верит теперь. Она сказала:

▶ как минимум - at least; as a minimum
▶ именно поэтому - that's exactly why
▶ напрямую - directly
▶ иметь шанс - have a chance
▶ привлечь - draw; bring in; engage
▶ уличная - street
▶ разрабатывать - work out
▶ краеугольный камень - cornerstone
▶ выйти замуж - get married
▶ актёр - actor; artist
▶ сразу - straight; at once
▶ будущий - future; prospective
▶ кавалер - admirer; cavalier
▶ искренне - sincerely
▶ более того - more than that; further still
▶ вызывать - arouse; call; send for
▶ ценности - values; valuables
▶ контрацептив - contraceptive
▶ возможности - options; resources
▶ тратить - spend; waste
▶ пелёнки - diapers
▶ борщ - borshch; beetroot soup
▶ высказывание - utterance

"Ей невозможно верить: она слишком часто меняется. Мы видели Собчак-"блондинку в шоколаде", помним Собчак из "Дома-2", помним Собчак, которая пишет книги про стиль, а теперь мы видим четвёртую Собчак. Нет гарантии, что не будет пятой, а такому человеку сложно верить".

— Во-первых, есть гарантия, что будет и пятая, и шестая. Я искренне на это надеюсь. Во-вторых, я, как человек верующий, хотя и не воцерковлённый, уверена, что человек рождается, чтобы меняться. Мы рождаемся, чтобы пройти цикл изменений, совершить ошибки, наступить дважды на одни грабли, исправиться, познать мудрость и в итоге стать лучше. И глупо обвинять человека в том, что он меняется. 10 лет назад мне казалось, что главное – это деньги. 15 лет назад я не думала, что смогу встречаться не с миллионером, а с парнем с окраины, но жизнь меняется, и я горжусь тем, что со мной происходят перемены. Например, в буддизме самое страшное, что может произойти с человеком, – что он превратится в камень и останется неизменным на протяжении столетий. А человеческая жизнь ценна именно тем, что мы меняемся. Во мне есть масса вещей, над которыми надо работать, но надо идти дальше. А люди, которые на протяжении 30 лет идут по одному узкому коридорчику, мне неинтересны.

Интервью Екатерине Винокуровой
(Газета.ру, 2013).

Твиты

Ааа! Адский трэш;))) нашла старый приглос на презентацию нашей книги!:)))

Теперь, если живёшь в квартире без регистрации, то штраф от 2 до 5 тысяч рублей. Welcome to совок, бейби:)

▶ слишком часто - once too often
▶ помнить - remember; keep in mind
▶ верующий - believer
▶ воцерковлённый - church-going and strictly observant
▶ меняться - change; alter
▶ рождаться - be born
▶ совершить ошибки - make mistakes
♦ наступить дважды на одни грабли - повторить ошибку
▶ грабли - rake
▶ исправиться - reform; clean up one's act
▶ познать - learn
▶ мудрость - wisdom
▶ встречаться - date; meet
▶ окраина - outskirts; suburb
♦ парень с окраины - парень, живущий в плохом районе
▶ гордиться - be proud
▶ камень - stone; rock
▶ неизменный - permanent; unchanged
▶ на протяжении - through; for; during
▶ адский трэш - *(slang)* helluva trash
▶ приглос - приглашение - *(slang)* invitation
▶ штраф - fine

Pussy Riot

Росси́йская панк-гру́ппа. В ма́рте 2012 го́да за выступле́ние в Хра́ме Христа́ Спаси́теля в Москве́ бы́ли аресто́ваны уча́стницы Pussy Riot Наде́жда Толоко́нникова, Мари́я Алёхина и Екатери́на Самуце́вич. В а́вгусте 2012 го́да они́ бы́ли приговорены́ к двум года́м коло́нии о́бщего режи́ма. В октябре́ 2012 го́да для Е. Самуце́вич реа́льный срок был заменён на усло́вный; она́ была́ освобождена́ в за́ле суда́.

Письмо́ Мари́и Алёхиной из СИЗО́
12 ма́рта 2012 го́да

Второ́й день в СИЗО́.

Я и еди́нственная моя́ сосе́дка Ни́на спим на желе́зных крова́тях в ве́рхней оде́жде. Она́ в шу́бе, я в пальто́.

В ка́мере насто́лько хо́лодно, что мы хо́дим с кра́сными носа́ми, ледяны́ми нога́ми – в крова́ть под одея́ло до отбо́я нельзя́.

О́кна до нас законопа́чены прокла́дками и хле́бными кро́шками, по ноча́м не́бо ора́нжевое от фонаре́й.

Я написа́ла, что сняла́ голодо́вку, тепе́рь три́жды в день пью тёплую кра́шеную во́ду (чай) с хле́бными ко́рками.

Желе́зные ту́мбочки так стра́шны, что об их углы́, ка́жется, мо́жно разби́ть го́лову на́смерть.

Ни́на повторя́ет всё вре́мя – ху́же не бу́дет. Ей 55. Ни́ну взя́ли за ограбле́ние. Пья́ный сле́дователь забра́л без протоко́ла все её ве́щи и заста́вил подписа́ть протоко́л обвине́ния, не дав его́ да́же проче́сть.

Тепе́рь она́ – граби́тель в ма́ске с про́резями.
Она́ то́же Pussy Riot.
Ни́на рассказа́ла, что передо мной здесь была́ Ви́ка.
Её бере́менную, наде́в нару́чники, изнаси́ловали в уча́стке, лишь че́рез су́тки доста́вили на осмо́тр к врачу́. Врач не диагности́ровал

Надежда Толоконникова, Мария Алёхина и Екатерина Самуцевич.

Сайт: freepussyriot.org.
Блог в ЖЖ: pussy-riot.livejournal.com.
Youtube: www.youtube.com/PussRiot.
Twitter: twitter.com/pussy_riot.

Maria Alyokhina's letter from the pre-trial detention center March 12, 2012

Second day in the pre-trial detention center.

My only cell-mate Nina and I sleep on metal beds in outdoor clothes. She sleeps in a fur coat, I sleep in a coat.

It's so cold in the cell our noses get red and our feet are ice cold, but we are not allowed to get into bed under the covers before the bedtime bell.

The holes in the window frames are stuffed in with hygiene pads and bread crumbs, the sky is all orange from the street lamps at night.

I've officially stopped my hunger strike so I now drink warm coloured water (tea) and eat dry bread three times a day.

The metal bed tables are terrifying, it seems it's easy to smash your head against the edges.

Nina keeps saying that it won't get any worse. She's 55. She got detained for burglary. A drunken investigator took all her stuff without a protocol and forced her to sign the report incriminating her, she never got to read what she signed.

Now she's a robber in a mask with slots.

She's one of Pussy Riot too.

Nina told me her cell-mate before me was Vika.

She got handcuffed and raped in a police station, despite being pregnant. She was only brought to the doctor a day after. The doctor did not diagnose

ни вы́кидыша, ни изнаси́лования. Ви́ку обвиня́ют в ограбле́нии на неустано́вленное лицо́, так напи́сано в протоко́ле. Она́ то́же грабитель в ма́ске.

И, да, то́же в Pussy Riot.

Я по-пре́жнему не могу́ спать. Сего́дня мне угрожа́ли ка́рцером за пло́хо запра́вленное одея́ло. В СИЗО́, как и в стра́нах Евро́пы, не зна́ют, что тако́е пододея́льник. Но зато́ здесь ка́ждый служа́щий зна́ет, что ты – престу́пник и здесь "за де́ло".

Ни́на всё вре́мя говори́т – ху́же не бу́дет.

Мы обсужда́ем Оруэ́лла, Ка́фку и устро́йство госуда́рства. Мы кляне́м беспра́вие, но несмотря́ на мои́ обнадёживания с цита́тами из Фуко́, Ни́на не ве́рит в измене́ния. Она́ говори́т "И пусть это всё, но я не уе́ду".

Пока́ врач в СИЗО́ с го́рдостью говори́т, что хо́дит на Боло́тную, пока́ же́нщина в фо́рме, кото́рая обка́тывает мне па́льцы, ве́рит в револю́цию, хоть и нахо́дит ми́рную её фо́рму бессмы́сленной. Пока́ есть все те, кто пи́шет обо́ мне, помога́ет и ра́дуется переме́нам – я не уе́ду.

Сего́дня пе́рвый день, когда́ я могу́ норма́льно ходи́ть.

На прогу́лке в ма́леньком квадра́те бето́нных стен, с ржа́вой решёткой на потолке́ я пробе́гала 20 мину́т.

В СИЗО́ № 6 запрещена́ переда́ча любы́х книг, еди́нственную – Би́блию – сего́дня с утра́ взя́ли в пу́нкте приёма у мое́й ма́мы, но так до сих пор и не принесли́.

Ху́же наве́рное действи́тельно не бу́дет.

Исто́чник: сайт "Эха Москвы́".

Письмо́ Pussy Riot
24 ию́ля 2012 го́да

Возмо́жно, на́ше поведе́ние воспринима́ется мно́гими как де́рзость и на́глость. Э́то не так.

Мы нахо́димся в отча́янных обстоя́тельствах, в каковы́х сло́жно сохраня́ть равноду́шие.

Ра́достно слы́шать о тех, кто подде́рживает нас в э́том проце́ссе, непоня́тны же до сих пор ре́зкость и гру́бость оппоне́нтов. Так или ина́че, мы хоти́м поблагодари́ть люде́й понима́ющих и милосе́рдных и призва́ть о́бе сто́роны к диало́гу, а не к взаимопорица́нию.

either miscarriage or rape. Vika is incriminated with burglary of an unidentified person, that's what the report says. She's also a robber in a mask.

And yes, she's one of Pussy Riot too.

I still can't sleep. I got threatened to be transferred to a disciplinary cell for not making up my bed properly today. Here, in the pre-trial detention center, no one knows what a duvet case is, just like in Europe. But everybody knows that you're a criminal and here for a 'good reason'.

Nina keeps saying it won't get any worse.

We talk about Orwell, Kafka and the governmental structure. We curse injustice, but despite my encouraging quotes from Foucault Nina doesn't believe in changes. She keeps saying "This might be it, but I won't leave'.

As long as the doctor of the pre-trial detention center proudly says he's been to Bolotnaya opposition protest, a woman in the uniform that takes my fingerprints believes in the revolution, though finding the peacefulness of it pointless – as long as all those that write about me, help me and feel happy about the changes – I won't leave.

Today is the first day I've been able to go for a walk properly.

While on a walk in a tiny square yard in between concrete walls and a rusty metal bars on the ceiling I ran for 20 minutes.

It is not allowed to receive any books at the pre-trial detention center No 6, the only book that's allowed is the Bible, which my mum passed me this morning, I still haven't got it.

It seems like it really won't get any worse.

Letter from Pussy Riot
July 24, 2012

Perhaps our behavior is perceived by many as defiant and obnoxious. This is not the case.

We are in desperate circumstances, in which indifference is difficult to maintain.

We are happy to hear of those who support us in this process, however the harshness and rudeness of our opponents are still puzzling. Anyway, we would like to thank the understanding and merciful people, and urge both sides to engage in a dialogue and not in mutual scolding.

Мы подчёркиваем, что не являемся сторонниками насилия, не держим ни на кого зла, наш смех является в каком-то смысле смехом сквозь слёзы, а сарказм – реакцией на правовой беспредел.

Мы просим наших защитников, равно как и людей, обвиняющих нас, быть тактичными, как бы больно и трудно это ни было.

Е. Самуцевич
Н. Толоконникова
М. Алёхина
Pussy Riot

Источник: сайт "Эха Москвы".

Художественный и человеческий манифест Надежды Толоконниковой
31 июля 2012 года

Панк-группа Pussy Riot, участницей которой я являюсь, – музыкальный коллектив, проводящий неожиданные выступления в различных городских пространствах. Песни Pussy Riot посвящены актуальным политическим вопросам. Круг интересов участниц группы – политический активизм, экология, искоренение авторитарных тенденций в государственной системе путём создания гражданского общества.

С момента своего появления в октябре 2011 года группа отыграла концерты в метро, на крыше троллейбуса, у спецприёмника № 1 для административно задержанных, в магазинах одежды, на показах мод, на Лобном месте Красной площади. Мы полагаем, что искусство должно быть доступно каждому, поэтому выступаем в разноплановых общественных пространствах. Pussy Riot никогда не имеет в виду проявлений неуважения к нашим зрителям и свидетелям панк-концертов. Так было на крыше троллейбуса, так было на Лобном месте, так было и в Храме Христа Спасителя.

21 февраля 2012 года группа Pussy Riot выступила с панк-молебном "Богородица, Путина прогони" в Храме Христа Спасителя. В начале марта 2012 года три участницы группы были посажены в тюрьму из-за своей музыкальной и политической активности. Темы для наших песен и выступлений диктует нам время. Мы просто реагируем на то, что происходит в нашей стране, и выражаем в форме панк-выступлений мнение достаточно большого числа людей. В песне "Богородица, Путина прогони" мы отразили реакцию многих россиян на призывы

We emphasize that we advocate for non-violence and hold a grudge against no one; our laughter is, in a sense, laughter through the tears, and our sarcasm is a reaction to the lawlessness.

We ask our defenders, as well as the people who accuse us: be tactful, however painful and difficult it may be.

E. Samutsevich
N. Tolokonnikova
M. Alyokhina
Pussy Riot

Art and the Human Manifesto of Nadezhda Tolokonnikova
July 31, 2012

The punk band Pussy Riot, which I belong to, is a musical group that conducts unexpected performances in different urban spaces. Pussy Riot's songs address topical political issues. The interests of the group members are: political activism, ecology, and the elimination of authoritarian tendencies in the state system through the creation of the civil society.

Since its origin in October 2011, the band played concerts in the subway, on the roof of a trolleybus, at the detention center for administrative detainees № 1, in clothing stores, at fashion shows, and on the Lobnoye Mesto on Red Square. We believe that the art should be accessible to everyone; therefore we perform in diverse public spaces. Pussy Riot never means to show any disrespect to any viewers or witnesses of our punk concerts. This was the case on the roof of the trolleybus and on the Lobnoye Mesto, and this was the case at the Cathedral of Christ the Savior.

On 21 February 2012 Pussy Riot band performed its punk prayer "Mother of God, Drive Putin Out" at the Cathedral of Christ the Savior. In the early March 2012 three members of the group were imprisoned because of the music and political activism. The themes of our songs and performances are dictated by the present moment. We simply react to what is happening in our country, and our punk performances express the opinion of a sufficiently large number of people. In our song "Mother of God, Drive Putin Out" we reflected the reaction of many Russian citizens to the patriarch's calls

патриа́рха голосова́ть на президе́нтских вы́борах 4 ма́рта 2012 го́да за Влади́мира Влади́мировича Пу́тина.

Нам, как и мно́гим на́шим согра́жданам, неприя́тно кова́рство, лука́вство, мздои́мство, лицеме́рие, стяжа́тельство и беззако́ние, кото́рыми греша́т ны́нешние нача́льства и вла́сти. Поэ́тому мы бы́ли расстро́ены полити́ческой инициати́вой патриа́рха и не могли́ об э́том не сказа́ть. Выступле́ние в Хра́ме Христа́ Спаси́теля не́ было соверше́но по моти́вам религио́зной вражды́ и не́нависти. Равно́ как нет и не́ было в нас не́нависти к социа́льной гру́ппе правосла́вных ве́рующих. Правосла́вие сла́вит то же, что и мы: милосе́рдие, проще́ние, оправда́ние, любо́вь и свобо́ду. Мы – не враги́ христиа́нству, нам ва́жно мне́ние правосла́вных ве́рующих, и мы хоти́м, что́бы все они́ бы́ли на на́шей стороне́ – на стороне́ антиавторита́рных гражда́нских акти́вистов, и поэ́тому мы пришли́ в храм.

Пришли́ с тем, что име́ем и что уме́ем: с на́шим музыка́льным выступле́нием, в хо́де кото́рого име́ли це́лью вы́разить свою́ озабо́ченность тем, что настоя́тель Хра́ма Христа́ Спаси́теля, глава́ Ру́сской правосла́вной це́ркви, патриа́рх, подде́рживает поли́тика, силовы́ми ме́тодами подавля́ющего дорого́е нам гражда́нское о́бщество.

Осо́бо хочу́ отме́тить тот факт, что мы во́все не произноси́ли в хра́ме оскорби́тельных слов в а́дрес це́ркви, ве́рующих и Бо́га. Произнесённые на́ми слова́ и вся экспре́ссия на́шего панк-выступле́ния име́ли це́лью подели́ться со зри́телями на́шим неодобре́нием конкре́тного полити́ческого собы́тия – подде́ржки патриа́рхом Влади́мира Влади́мировича Пу́тина, взя́вшего авторита́рный и антифемини́стский курс. В на́шем выступле́нии не́ было никако́й агре́ссии по отноше́нию к зри́телям, но то́лько отча́янное жела́ние измени́ть полити́ческую ситуа́цию в Росси́и к лу́чшему, и на́ша эмоциона́льность и экспресси́вность – отсю́да. Е́сли на́ша стра́стность показа́лась свиде́телям панк-конце́рта оскорби́тельной – мы об э́том сожале́ем. Наме́рения оскорби́ть у нас не́ было. Мы хоти́м, что́бы тот, кто не мо́жет поня́ть нас, нас прости́л. Бо́лее всего́ мы не хоти́м, что́бы на нас держа́ли зло.

О́чень не хоте́лось бы та́кже, что́бы непризна́ние на́шей вины́ по ст. 213, ч. 2 Уголо́вного ко́декса рассма́тривалось как на́ше нежела́ние и неуме́ние признава́ть свои́ оши́бки, как де́рзость и на́глость. Мне показа́лось, что огорчённая на́шими пе́снями сторона́ скло́нна воспринима́ть на́ше непризна́ние вины́, предъя́вленной нам обвини́тельным заключе́нием, и́менно так. Я полага́ю, что мы все тут ста́ли

for vote for Vladimir Vladimirovich Putin during the presidential election of 4 March 2012.

We, like many of our fellow citizens, wrestle against treachery, deceit, bribery, hypocrisy, greed, and lawlessness, peculiar to the current authorities and rulers. This is why we were upset by this political initiative of the patriarch and could not fail to express that. The performance at the Cathedral of Christ the Savior was committed not on the grounds of religious enmity and hatred. Equally, we harbor no hatred towards Orthodox Christians. Orthodox Christianity worships the same as we do: mercy, forgiveness, justification, love, and freedom. We are not enemies of Christianity. We care about the opinion of Orthodox Christians. We want all of them to be on our side - on the side of anti-authoritarian civil society activists. That is why we came to the Cathedral.

We came with what we have and can: with our musical performance. During this performance we intended to express our concern: the rector of the Cathedral of Christ the Savior and the head of the Russian Orthodox Church - the patriarch - supports a politician who forcefully suppresses the civil society, which is dear to us.

I would like to emphasize the fact that, while at the Cathedral, we did not utter any insulting words towards the church, the Christians, and the God. The words we spoke and our entire punk performance aimed to express our disapproval of a specific political event: the patriarch's support of Vladimir Vladimirovich Putin, who took an authoritarian and antifeminist course. Our performance contained no aggression towards the audience, but only a desperate desire to change the political situation in Russia for the better. Our emotions and expressiveness came from that desire. If our passion appeared offensive to any spectators, we are sorry for that. We had no intentions to offend anyone. We wish that those, who cannot understand us, would forgive us. Most of all, we want people to hold no grudges against us.

We very much wish that people would not see our denial of guilt under the Article 213 (Part 2) of the Russian Criminal Code as audacity, insolence, or our unwillingness or inability to admit our mistakes. It seems to me that those who were distressed by our songs tend to take our denial of guilt that way. I believe that we are all victims of the most perfect misunderstanding

жертвами совершеннейшего недоразумения и путаницы в словах и юридических терминах.

Основной момент заключается в том, что я развожу юридическую оценку нашего выступления "Богородица, Путина прогони" – и оценку этическую. Это очень важно, вероятно более всего важно в этом разбирательстве. Я настаиваю на том, что уголовно-процессуальную сторону нельзя смешивать с этической. Дело в том – и мне хотелось, чтобы это попытались понять все, в первую очередь, – потерпевшие, что наше непризнание вины по ст. 213, ч. 2 Уголовного кодекса РФ не означает того, что мы не готовы объяснить наши действия, извиниться за принесённые нашим выступлением огорчения.

Моя этическая оценка панк-молебна Pussy Riot такова: наша этическая ошибка заключалась в том, что мы позволили принести разрабатываемый нами жанр политического неожиданного панк-выступления в храм. Но мы даже не думали тогда, что для кого-то наши действия будут оскорбительны. Дело в том, что мы выступали в самых разных местах Москвы с октября 2011 года, и везде: в метро, в магазинах, на крыше спецприёмника, на Лобном месте – наши действия воспринимались с юмором, весёлостью, в крайнем случае – с иронией. Соответственно, исходя из нашего концертного опыта, мы не предполагали, что панк-выступление может кого-то всерьёз уязвить или обидеть. И если кто-то был оскорблён нашим выступлением в Храме Христа Спасителя, то я готова признать, что мы совершили этическую ошибку. Это именно ошибка, поскольку сознательного намерения оскорбить кого-то мы не имеем. И наша этическая – подчёркиваю, этическая, а не предусмотренная Уголовным кодексом вина заключается в том, что мы позволили себе отреагировать на расстроивший нас призыв патриарха голосовать за политика Владимира Владимировича Путина выступлением в храме, тем самым поделившись со зрителями нашей политической позицией. В этом наша этическая провинность – я подчёркиваю и признаю её, приношу за неё извинения.

Но по допущенной нами этической провинности не предусмотрено никакой статьи уголовного кодекса.

Мы провели в тюрьме уже пять месяцев, хотя в наших действиях нет состава преступления. Нарушение правил поведения в церкви – и вменение нам стороной обвинения ненависти и вражды ко всей православной религии и ко всем верующим – это очень и очень разные вещи. Одно не следует из другого. Я вздрагиваю каждый раз,

and confusion of words and legal terms.

My key point is that I separate the legal and ethical assessments of our performance "Mother of God, Drive Putin Out". This is a very important, probably the most important, thing in this proceeding. I insist that the criminal side of this story must not be confused with the ethical one. The fact is that our denial of guilt under the Article 213 (Part 2) of the Russian Criminal Code does not mean our unwillingness to explain our actions and apologize for the distress brought by our performance, and I would like everyone, especially the victims, would try to understand that.

My assessment of the ethics of the Pussy Riot punk prayer is this: our ethical mistake was that we allowed bringing our newly developed genre – the unexpected political punk performance – to the cathedral. We did not think that our actions might offend some. In fact, we performed in various places in Moscow since October 2011, and everywhere – in the subway, in stores, on the roof of the detention center, on the Lobnoye Mesto – people perceived our actions with humor, cheerfulness, or, at the very least, with irony. Similarly, based on our experience of the previous performances, we had no idea that the punk performance could hurt or offend someone. If anyone was offended by our performance at the Cathedral of Christ the Savior, then I am ready to admit that we made an ethical mistake. This is, indeed, a mistake because we had no conscious intention to offend anyone. Our ethical - I emphasize, ethical, and not the criminal – fault lies in the fact that we allowed ourselves to respond to the patriarch's call to vote for the politician Vladimir Vladimirovich Putin by our performance at the Cathedral, and, therefore, by sharing our political position with the audience. This is our ethical lapse, and I emphasize and acknowledge it, and I apologies for it.

However, our ethical slip matches no article of the Criminal Code.

We have been in prison for five months now, but in our actions do not constitute a crime. The violation of rules of church conduct substantially differs from the accusations of hate and enmity towards the entire Orthodox religion and all believers that we now face. One does not follow from the other. I shudder every time I read the indictment that we have come

когда́ чита́ю в обвини́тельном заключе́нии о том, что мы пришли́ в храм из презре́ния и не́нависти к ве́рующим. Э́то ужа́сные, о́чень злы́е слова́ и невероя́тно си́льные, стра́шные обвине́ния. Мы име́ли то́лько полити́ческие и худо́жественные моти́вы и, соглашу́сь, мо́жет быть, совсе́м не име́ли эти́ческого пра́ва приходи́ть с ни́ми в ритуа́льное хра́мовое простра́нство. Но мы не име́ли никако́й не́нависти.

Заду́майтесь, что тако́е не́нависть и вражда́, — э́то не шу́тки, и нельзя́ противопоста́вить их лю́дям про́сто так. Э́то — лжесвиде́тельство — и вот уже́ пять ме́сяцев, как нас огова́ривают. Я не скажу́, что мне легко́ переноси́ть столь цини́чное, зло́е припи́сывание мне таки́х чувств, кото́рых я не испы́тывала ни к одному́ существу́ на земле́. Сторона́ обвине́ния говори́т, что мы скрыва́ли свои́ я́кобы и́стинные моти́вы, кото́рые, по их мне́нию, состоя́т в религио́зной не́нависти и вражде́, что́бы избежа́ть наказа́ния, а ведь мы не лжём, потому́ что у нас есть при́нципы, оди́н из кото́рых — всегда́ говори́ть пра́вду. Несмотря́ на то, что помеще́нием нас трои́х в изоля́тор на доста́точно дли́тельный срок сле́дствие жела́ло вы́нудить нас призна́ть вину́ по ст. 231, ч. 2 и тем са́мым приписа́ть не име́вший ме́сто в реа́льности моти́в не́нависти и вражды́, по су́ти — раздави́ть и уничто́жить нас как че́стных люде́й, мы не пошли́ на сде́лку с со́бственной со́вестью. Нам неоднокра́тно говори́лось, в том числе́ сотру́дниками Це́нтра противоде́йствия экстреми́зму, что е́сли мы признае́м вину́ — нам изме́нят ме́ру пресече́ния и вы́пустят на свобо́ду. Мы отка́зывались.

Призна́ть вину́ по ст. 231 — зна́чит оболга́ть себя́, а пра́вда нам доро́же всего́ — да́же доро́же свобо́ды. Исходя́ из э́того, ду́маю, нет основа́ний не доверя́ть на́шим слова́м. Лгать мы то́чно не бу́дем. Изъя́тие из на́ших ноутбу́ков и жёстких ди́сков приложенных к уголо́вному де́лу те́кстовых материа́лов та́кже рабо́тает про́тив ве́рсии, изло́женной стороно́й обвине́ния. Они́ дока́зывают, что моти́ва религио́зной не́нависти и вражды́ у нас не́ было. Любо́й, кто просмо́трит тре́тий и четвёртый тома́ уголо́вного де́ла, соста́вленные сле́дствием и операти́вниками Це́нтра из те́кстовых фа́йлов, на́йденных на на́ших информацио́нных накопи́телях, с я́сностью уви́дят, что на́ши моти́вы бы́ли исключи́тельно полити́ческими. К уголо́вному де́лу приложены на́йденные у нас те́ксты, содержа́щие кри́тику авторита́рной поли́тики Пу́тина и на́ши размышле́ния о том, как хороша́ и конструкти́вна горизонта́льная гражда́нская ми́рная проте́стная акти́вность. Та́кже в тре́тьем и четвёртом тома́х уголо́вного де́ла — те́ксты о фемини́зме и интервью́ с гру́ппой Pussy Riot, в кото́рых нет ни сло́ва о религио́зной не́нависти.

to the cathedral out of contempt and hatred towards Christians. These are terrible, very bad words and incredibly strong, terrible accusation. Our motivation was purely political and artistic. I agree, perhaps, we did not have an ethical right to bring them to the cathedral's ritual space. But we do not hate anyone.

Think about it: what are hatred and enmity? None of them is a joke. No one may label people with them just like that. Perjury is happening here. For five months we have been suffering from slander. It is not easy for me to withstand the cynical and cruel labeling with the feelings that I have not experienced to any living being on earth. The prosecution accuses us of hiding our true motives (which supposedly are religious hatred and enmity) to avoid punishment. However, we do not lie because we have principles, and one of which is: always telling the truth. We did not betray our principles, even though the investigators detained us for a considerable time, forcing us to admit our guilt under the Article 231 (Part 2). Such admittance would label us with the false motive – hatred and enmity – and crush and destroy us as honest people. The investigators, including those from the Anti-Extremism Center, repeatedly told us, if we plea guilty, the form of our pre-trial restrictions would be changed, and we would be released. We refused.

If we admit our guilt under the Article 231, we will defame ourselves. The truth is precious to us more than anything, even more than the freedom. Thus, I think there is no reason not to trust our words. We will not lie, for sure. The content of our notebooks and hard drives is presented in the criminal case, and it refutes the version of the prosecution. These materials prove that we did not have religious hatred or enmity as our motive. Anyone who reads the content of our notebooks and hard drives will clearly see that our motivation was purely political. The Volumes 3 and 4 of our criminal case contain our criticism of Putin's authoritarian policies and our reflections about the benefits of the peaceful civil protests. The Volumes 3 and 4 contain the texts about feminism and interviews of Pussy Riot band. Not a single word is about religious hatred or enmity.

Сейчас сторона обвинения, не найдя во всех изъятых у нас многочисленных накопителях ни одного текста, подтверждающего этот мотив, пытается выйти из положения, называя белое чёрным, а чёрное – белым, и делая феерически алогичные умозаключения. Мы неоднократно в интервью, данных после выступления 21 февраля 2012 года, говорили о том, что к христианству относимся с большим вниманием и уважением. Обвинение, прекрасно понимая, что их проблемой являются доказательства отсутствия у нас мотива религиозной ненависти, прибегает к следующему ходу: обвиняет, что утверждением позитивного отношения к христианству мы скрываем своё истинное отношения к религии, имея целью минимизировать активную негативную реакцию на противоправные действия, совершённые в храме. Учитывая, что тексты, свидетельствующие о нашем позитивном отношении к религии, группа публиковала и непосредственно 21 февраля 2012 года, и после, в том числе – в промежуток времени до появления известий о заведении уголовного дела, – говорить о том, что мы могли это делать с целью минимизировать активную негативную реакцию – алогично.

Ну, и умозаключение о том, что мы якобы мстим за Гипатию, настолько абсурдно, что даже тот, кто до сих пор сомневался в отсутствии у нас мотивов, сегодня понял: если обвинение идёт на подобные ходы – значит, оно не располагает никакими доказательствами наличия у нас мотива ненависти и вражды вовсе. Значит, ни мотива, ни состава преступления нет.

Отсутствие мотива ненависти и вражды подтверждают также две экспертизы, проведённые по запросу следствия и по каким-то досадным причинам не отражённые в обвинительном заключении. Они свидетельствуют, что в текстах, действиях и видеоролике не содержится лингвистических признаков унижения, оскорбления православных верующих христиан, православных церковных служащих и других групп. Не содержится лингвистических признаков враждебного отношения к православной религии, православным верующим, людям иных групп. Кроме того, эксперты отмечают, что в поведении группы лиц отсутствуют психологические признаки проявления враждебности: девушки не совершали агрессивных и насильственных действий в отношении кого-либо.

И так – у нас нет и не было мотива религиозной ненависти и вражды, мы не совершали преступления, предусмотренного статьёй 213 ч. 2 Уголовного кодекса РФ.

In all those notebooks and hard drives, the prosecution has found not a single piece of evidence confirming this motive, and now it is trying to get out of their predicament by calling the white black and the black white, and by magically making illogical conclusions. In our interviews after our performance on 21 February 2012, we repeatedly said that we treated Christianity with great consideration and respect. The prosecution, realizing their lack of evidence of our religious hatred, has resorted to the next move. They now claim that our statements of loyalty towards Christianity cover up our true attitude towards the religion, thus attempting to minimize the backlash against the illegal act committed at the Cathedral. These statements are illogical because we have publicly stated our positive attitude towards the religion on 21 February 2012 and on other dates – way before the news that a criminal case has been initiated.

The conclusion that we "revenge for Hypatia's death" is so absurd that even the ones who still doubted our motives, now realized: if the prosecution is resorting to this kind of moves, it has absolutely no evidence of the motive of hatred or enmity. Therefore neither the motive nor elements of crime exist.

Two expert reports, ordered by the investigation, found no motive of hatred or enmity in our actions. However, for some unfortunate reason, the indictment fails to mention these reports. The experts concluded that the song text, our activities, or the video do not contain any linguistic features of dishonor or insults towards Orthodox Christians, the Orthodox church officials, or other groups. Neither they contain any linguistic evidence of hostile attitudes towards the Orthodox religion, Orthodox believers, or people of other groups. Moreover, the experts noted that the behavior of our group had no psychological signs of hostility: the girls did not commit aggressive and violent acts against anyone.

In summary, we had no motive of religious hatred or enmity, neither we conducted a crime under Article 213 (Part 2) of the Criminal Code of Russian Federation.

Письмо Надежды Толоконниковой
16 августа 2012 года

У меня не вызывает гнева тот факт, что я сижу. Я не держу зла. Личного зла – нет. Но есть зло политическое. Наше тюремное заключение служит явным и отчётливым знаком того, что свободу отбирают у всей страны. И эта угроза уничтожения освободительных, эмансипационных сил России – то, что заставляет меня гневаться. В малом видеть большое, в знаке – тенденцию, в частном – общее.

Феминистки второй волны говорили: "Личное – это политическое". Так и есть. Дело Pussy Riot показало, как частные проблемы трёх человек, обвиняемых в хулиганстве, могут дать жизнь политическому движению. Частный случай подавления и гонений на осмелившихся взять Слово в авторитарной стране всколыхнул мир: активистов, панков, поп-звёзд и членов правительств, комиков и экологов, феминистов и маскулинистов, исламских теологов и христиан, которые молятся за Pussy Riot. Личное истинно стало политическим.

Кейс Pussy Riot собрал воедино столь разнонаправленные силы, что мне до сих пор трудно поверить в то, что это не сон. Происходит невероятное для современной российской политики: требовательное, упорное, властное и последовательное воздействие общества на власть.

Я благодарна каждому, кто сказал: "Свободу Pussy Riot!" Мы с вами сейчас образуем большое и важное политическое Событие и путинской системе всё сложнее с ним совладать. Какой бы ни был приговор Pussy Riot, мы и вы уже побеждаем. Потому что мы научились гневаться и говорить политически.

Pussy Riot счастливы, что смогли возбудить на подлинно коллективное действие и что политическая страсть ваша оказалась настолько сильна, что преодолела преграды языков, культур, жизненных миров, экономических и политических статусов. Кант сказал бы, что не видит иной причины этому Чуду, помимо морального начала в человечестве. Спасибо вам за Чудо.

Источник: сайт "Эха Москвы".

Nadezhda Tolokonnikova's letter
August 16, 2012

My imprisonment does not anger me. I do not keep grudges, not personal grudges. I do, however, keep political grudges. Our imprisonment is a clear sign that the freedom is taken away from the entire country. This threat of destruction of Russian liberating and emancipatory forces is what makes me angry. We all must see the big picture in small events, a tendency in a sign, and a common trend in specific occurrences.

The second-wave feminists said: "The private is political." This is true. The Pussy Riot case is showing how private problems of three people who are charged with disorderly conduct, can give life to a political movement. This special case of suppression and persecution of those who dared to Speak Up in an authoritarian country, stirred up the entire world: activists, punks, pop stars, government members, comedians, environmentalists, feminists, masculinist, Islamic theologians, and Christians – all of them pray for Pussy Riot. These private problems have become a truly political matter.

The Pussy Riot case is bringing together very diverse and multi-directional forces, and I still have a hard time believing that this is not a dream. The unbelievable happens in the modern Russian politics: the demanding, persistent, powerful, and consistent pressure of society on the government authorities.

I am grateful to everyone who said: "Free Pussy Riot!" We all are now making a big and important political Event, – and Putin's system will find it harder and harder to control it. Whatever Pussy Riot's verdict is, we all are already winning. This is because we have learned how to be angry and vocal politically.

Pussy Riot members are happy that we have been able to raise our fellow citizens to a truly communal action; we are happy that your political passion is so strong that it was able to unite people of different languages, cultures, ways of life, and economic and political statuses. Kant would have said he did not see any other reason for this Miracle than the moral foundations of mankind. Thank you for the Miracle.

Последнее слово Надежды Толоконниковой 13 августа 2012 года

По большому счёту, текущий процесс идёт не над тремя вокалистками группы Pussy Riot. Если бы это было так, происходящее здесь не имело бы ровно никакого значения. Это процесс над всей государственной системой Российской Федерации, которой, к несчастью для неё самой, так нравится цитировать свою жестокость по отношению к человеку, равнодушие к его чести и достоинству – всё самое плохое, что когда-либо случалось в российской истории. Имитация судебного процесса приближается к стандарту сталинских "троек", к моему глубокому сожалению. Так и у нас – следователь, судья и прокурор. И ещё, кроме того, выше всего этого – политический заказ на репрессии, определяющий слова, действия, решения всех троих.

Кто виноват в том, что произошло выступление в Храме Христа Спасителя и последовавший за концертом процесс над нами? Виновата авторитарная политическая система. То, чем занимается группа Pussy Riot, – это оппозиционное искусство или же политика, обратившаяся к формам, разработанным искусством. В любом случае, это род гражданской деятельности в условиях подавления корпоративной государственной системой базовых прав человека, его гражданских и политических свобод. Многие люди, с которых с начала нулевых неумолимо и методично сдирают кожу планомерным уничтожением свобод, теперь взбунтовались. Мы искали настоящих искренности и простоты, и нашли их в юродстве панк-выступления. Страстность, откровенность, наивность выше лицемерия, лукавства и напускной благопристойности, маскирующей преступление. Первые лица государства стоят в храме с "правильными" лицами, но, лукавя, грешат куда больше нашего.

Мы делали наши политические панк-концерты, потому что в российской госсистеме царит такая закостенелость, закрытость и кастовость, а проводимая политика подчинена лишь узким корпоративным интересам настолько, что нам от одного российского воздуха больно. Нас это категорически не устраивает, заставляет действовать и жить политически. Использование принудительных силовых методов для регулирования социальных процессов. Ситуация, когда важнейшие политические институты, дисциплинарные структуры государства – силовые органы, армия, полиция, спецслужбы и соответствующие им средства обеспечения политической стабильности – тюрьмы, пре-

Nadezhda Tolokonnikova's closing statement
August 13, 2012

Essentially, it is not three singers from Pussy Riot who are on trial here. If that were the case, what's happening would be totally insignificant. It is the entire state system of the Russian Federation which is on trial and which, unfortunately for itself, thoroughly enjoys quoting its cruelty towards human beings, its indifference to their honour and dignity, the very worst that has happened in Russian history to date. To my deepest regret, this mock trial is close to the standards of the Stalinist troikas. Thus, we have our investigator, judge and prosecutor. And then, what's more, what all three of them do and say and decide is determined by a political demand for repression.

Who is to blame for the performance at the Cathedral of Christ the Saviour and for our being put on trial after the concert? The authoritarian political system is to blame. What Pussy Riot does is oppositional art or politics that draws upon the forms art has established. In any event, it is a form of civil action in circumstances where basic human rights, civil and political freedoms are suppressed by the corporate state system. Many people, relentlessly and methodically flayed alive by the destruction of liberties since the turn of the century, have rebelled. We were looking for authentic genuineness and simplicity and we found them in the madness of punk performance. Passion, openness and naivety are superior to hypocrisy, cunning and a contrived decency that conceals crimes. The state's leaders stand with saintly expressions in church, but their cunning sins are far greater than ours.

We've put on our political punk concerts because the Russian state system is dominated by rigidity, closedness and caste. And the policies pursued serve only narrow corporate interests to the extent that even the air of Russia makes us ill. We are absolutely not happy with–and have been forced into living politically–by the use of coercive, strong-arm measures to handle social processes, a situation in which the most important political institutions are the disciplinary structures of the state - the security agencies, the army, the police, the special forces and the accompanying means of ensuring political stability: prisons, preventive detention and mechanisms

вентивные задержания, механизмы жёсткого контроля за поведением граждан.

Нас не устраивает также вынужденная гражданская пассивность большей части населения, а также полное доминирование структур исполнительной власти над законодательной и судебной.

Кроме того, нас искренне раздражает основанный на страхе и скандально низком уровне политической культуры, который, этот уровень, сознательно поддерживается госсистемой и её пособниками. Посмотрите, что говорит патриарх Кирилл: "Православные не ходят на митинги". Нас раздражает скандально низкая слабость горизонтальных связей внутри общества.

Нам не нравится манипулирование госсистемой общественным мнением, с лёгкостью осуществляемое благодаря жёсткому контролю над подавляющим большинством СМИ со стороны госструктур. И, к примеру, беспрецедентно наглая и основанная на перевирании всех фактов и слов кампания против Pussy Riot, развёрнутая во всех российских СМИ, кроме редких в данной политической системе независимых, тому яркий пример.

Тем не менее, я сейчас констатирую то, что данная ситуация является авторитарной, данная политическая система является авторитарной. Тем не менее, я наблюдаю некоторый крах, крах этой политической системы в отношении трёх участниц группы Pussy Riot. Потому что то, на что рассчитывала система, не сбылось, к сожалению, для неё самой. Нас не осуждает вся Россия. И всё больше людей с каждым днём всё больше и больше верят нам и верят в нас, и считают, что наше место на свободе, а не за решёткой. Я вижу это по тем людям, которых я встречаю. Я встречаю людей, которые представляют эту систему, которые работают в соответствующих органах. Я вижу людей, которые сидят в местах лишения свободы. И с каждым днём тех, кто поддерживает нас, желает нам удачи, скорейшего освобождения, и говорит о том, что наше политическое выступление было оправданным, всё больше и больше. Люди говорят нам: изначально мы тоже сомневались, могли ли вы это делать. Но с каждым днём всё больше и больше тех, кто говорит нам: время показывает нам то, что ваш политический жест был правильным, и вы раскрыли язвы этой политической системы, вы ударили в то самое змеиное гнездо, которое потом накинулось на вас. Эти люди пытаются облегчить нам жизнь, как только могут, и мы им очень благодарны за это. Мы благодарны всем тем людям, которые выступают в нашу

to closely control public behaviour.

Nor are we happy with the enforced civic passivity of the bulk of the population or the complete domination of executive structures over the legislature and judiciary.

Moreover, we are genuinely angered by the fear-based and scandalously low standard of political culture, which is knowingly maintained by the state system and its accomplices. Look at what Patriarch Kirill has to say: "The Orthodox don't go to rallies." We are angered by the appalling weakness of horizontal relationships within society.

We don't like the way in which the state system easily manipulates public opinion through its tight control of the overwhelming majority of media outlets. A perfect example is the unprecedentedly shameless campaign against Pussy Riot, based on distorting facts and words, which has appeared in nearly all the Russian media, apart from the few independent media there are in this political system.

Even so, I can now state–despite the fact that we currently have an authoritarian political situation–that I am seeing this political system collapse to a certain extent when it comes to the three members of Pussy Riot, because what the system was counting on, unfortunately for that system, has not come to pass. Russia as a whole does not condemn us. Every day more and more people believe us and believe in us, and think we should be free rather than behind bars. I can see this from the people I meet. I meet people who represent the system, who work for the relevant agencies. I see people who are in prison. And every day there are more and more people who support us, who hope for our success and especially for our speedy release, who say our political act was justified. People tell us, "To start with, we weren't sure you could have done this," but every day there are more and more people who say, "Time is proving to us that your political gesture was correct. You have exposed the cancer in this political system and dealt a blow to a nest of vipers, which then turned on you." These people are trying to make life easier for us in whatever way they can and we are very grateful to them for that. We are grateful to all those who, free themselves, speak out in our

поддержку на воле. Их огромное количество. Я знаю это. И я знаю, что сейчас огромное количество православных людей выступают за нас, в частности, у суда за нас молятся, молятся за находящихся в заточении участниц группы Pussy Riot. Нам показывали те маленькие книжечки, которые раздают эти православные, с содержащейся в этих книжечках молитвой о находящихся в заточении. Одно это показывает то, что нету единой социальной группы православных верующих, как пытается представить сторона обвинения. Её не существует. И сейчас всё больше верующих становится на сторону защиты группы Pussy Riot. Они полагают, что то, что мы сделали, не стоит пяти месяцев в следственном изоляторе, а, тем более, не стоит трёх лет лишения свободы, как хочет господин прокурор.

И с каждым днём люди всё больше и больше понимают, что, если политическая система так ополчилась на трёх девочек, которые 30 секунд выступили в Храме Христа Спасителя, это означает лишь то, что эта политическая система боится правды, боится искренности и прямоты, которые несём мы с собой. Мы не лукавили ни секунду, мы не лукавили ни в одном моменте на этом процессе. А противоположная сторона лукавит слишком много, и люди это чувствуют. Люди чувствуют правду. В правде действительно есть какое-то онтологическое, бытийное преимущество над ложью. И об этом написано в Библии. В частности, в Ветхом Завете. Пути правды всегда торжествуют в итоге над путями коварства, лукавства и лжи. И с каждым днём пути правды всё больше и больше торжествуют, несмотря на то, что мы продолжаем находиться за решёткой, и, вероятно, будем находиться там ещё очень длительный срок.

Вчера было выступление Мадонны, она выступала с надписью "Pussy Riot" на спине. То, что мы содержимся здесь незаконно и по совершенно ложному обвинению, это видят всё больше и больше людей. И меня это потрясает. Меня потрясает то, что правда действительно торжествует над ложью, несмотря на то, что физически мы здесь. Мы свободнее, чем все те люди, которые сидят напротив нас на стороне обвинения, потому что мы можем говорить всё, что хотим, и мы говорим всё, что хотим. А те люди, которые сидят там, они говорят лишь то, что допускает им политическая цензура. Они не могут говорить такие слова, как "панк-молебен", "Богородица, Путина прогони!", они не могут произносить те строчки из нашего панк-молебна, которые касаются политической системы. Может быть, они считают, что нас ещё неплохо было бы посадить ещё и за то, что мы выступаем

support. There are a vast number, I know. I know that a huge number of Orthodox people are standing up for us. They are praying for us outside the courtroom, for the members of Pussy Riot who are incarcerated. We've seen the little booklets Orthodox people are handing out with prayers for those in prison. This shows that there isn't a unified social group of Orthodox believers as the prosecution is endeavouring to say. No such thing exists. More and more believers are starting to defend Pussy Riot. They don't think what we did deserves even five months in detention, much less the three years in prison the prosecutor would like.

And every day, more and more people realize that if this political system has ganged up to this extent against three girls for a 30-second performance in the Cathedral of Christ the Saviour, it means the system is afraid of the truth and afraid of our sincerity and directness. We haven't dissembled, not for a second, not for a minute during this trial, but the other side is dissembling too much and people can sense it. People can sense the truth. Truth really does have some kind of ontological, existential superiority over lies and this is written in the Bible, in the Old Testament in particular. In the end, the ways of truth always triumph over the ways of wickedness, guile and lies. And with each day that passes, the ways of truth are more and more triumphant even though we are still behind bars and are likely to be here a lot longer yet.

Madonna performed yesterday. She appeared with Pussy Riot written on her back. More and more people can see that we are being held here unlawfully and on a completely false charge – I'm overwhelmed by this. I am overwhelmed that truth really does triumph over lies even though physically we are here. We are freer than the people sitting opposite us for the prosecution because we can say everything we like, and we do, but those people sitting there say only what political censorship allows them to say. They can't speak words like "punk prayer" or "Mother of God, Drive Putin Out!" They can't say the lines from our punk prayer that have to do with the political system. Perhaps they think it wouldn't be a bad thing to send us to

против Путина и его системы. Но они не могут этого говорить, потому что им это запрещено. У них зашиты рты, они, к сожалению, здесь просто куклы. Я надеюсь, что они осознают это, и тоже в конце концов пойдут по пути свободы, правды, искренности, потому что всё это выше статичности и напускной благопристойности и лицемерия.

Статичность и поиск истины – всегда противоположны. И в данном случае мы на этом процессе видим сторону людей, которые пытаются найти какую-то истину, найти правду, и людей, которые пытаются закрепостить тех, кто хочет найти истину. Человек – это существо, которое всегда ошибается, оно несовершенно. Оно всегда стремится к мудрости, но никогда её не имеет. Именно поэтому родилась философия. Именно поэтому философ – это тот, кто любит мудрость и стремится к ней, но никогда ей не обладает. Именно это заставляет его действовать, думать и жить, в конечном счёте, так, как он живёт. И именно это заставило нас пойти в Храм Христа Спасителя. И я полагаю, что христианство, то, как я его поняла, изучая Ветхий Завет и, в особенности, Новый Завет, оно поддерживает именно поиск истины и постоянное преодоление себя, преодоление того, чем ты был раньше. Христос не зря был с блудницами. Он говорил: надо помогать тем, кто оступается, и я прощаю их. Но почему-то я не вижу этого на нашем процессе, который происходит под знаменем христианства. Мне кажется, что сторона обвинения попирает христианство!

Адвокаты отказываются от своих потерпевших. Я трактую это именно так. Два дня назад адвокатом Таратухиным здесь была озвучена речь о том, что все должны понимать, что адвокат не солидаризуется ни в коем случае с теми людьми, которых он представляет. Соответственно, адвокату этически неудобно представлять тех людей, которые хотят посадить трёх участниц Pussy Riot. Почему они хотят посадить, я не знаю, они имеют на это право. Но я лишь указываю на то, что, видимо, адвокату стало стыдно. И эти крики, направленные в его адрес: "Позор! Палачи!", – они затронули его всё-таки. И адвокат за то, что правда и добро торжествуют всегда над ложью и злом. Также мне кажется, что какие-то высшие силы направляют речи противоположной стороны – адвокатов, когда они раз за разом оговариваются, ошибаются. Они говорят про нас "потерпевшие". Это говорят фактически все адвокаты, в том числе адвокат Павлова, которая настроена к нам очень негативно. И, тем не менее, какие-то высшие силы заставляют её говорить "потерпевшие" – о нас, не про тех, кого она защищает – про нас.

jail because we are rising up against Putin and his system as well but they can't say so because that's not allowed either. Their mouths are sewn shut. Unfortunately, they are mere puppets. I hope they realize this and also take the road to freedom, truth and sincerity because these are superior to stasis, contrived decency and hypocrisy.

Stasis and the search for truth are always in opposition to one another and, in this case, at this trial, we can see people who are trying to find the truth and people who are trying to enslave those who want to find the truth. Humans are beings who always make mistakes. They are not perfect. They strive for wisdom but never actually have it. That's precisely why philosophy came into being, precisely because philosophers are people who love wisdom and strive for it, but never actually possesses it, and it is what makes them act and think and, ultimately, to live the way they do. This is what made us go into the Cathedral of Christ the Saviour, and I think that Christianity, as I've understood it from studying the Old Testament and especially the New Testament, supports the search for truth and a constant overcoming of the self, overcoming what you used to be. Christ didn't associate with prostitutes for nothing. He said, 'I help those who have gone astray and forgive them' but for some reason I can't see any of that at our trial, which is taking place under the banner of Christianity. I think the prosecutor is defying Christianity!

The lawyers want nothing to do with the injured parties. That's how I understand this. Two days ago, Lawyer Taratukhin made a speech in which he wanted everyone to understand that he had no sympathy with the people he is representing. This means he's not ethically comfortable representing people who want to send the three members of Pussy Riot to jail. Why they want to do this, I don't know. It is their right. The lawyer was embarrassed, the shouts of "Shame! Executioners!" had got to him, which goes to show that truth and goodness always triumph over lies and evil. I think some higher powers are guiding the speeches of the lawyers for the other side when, time after time, they make mistakes in what they say and call us the "injured parties". Almost all the lawyers are doing it, including Lawyer Pavlova who is very negatively disposed towards us. Nevertheless, some higher powers are causing her to say "the injured parties" about us rather than the people she's defending, us.

Я бы не стала вешать ярлыки. Мне кажется, здесь нет победителей и проигравших, потерпевших, подсудимых. Просто нам нужно, наконец, найти контакт, установить диалог и совместный поиск истины, правды. Совместно стремиться к мудрости, совместно быть философами, а не просто стигматизировать и вешать на людей ярлыки. Это самое последнее, что может сделать человек, и Христос осуждал это.

Сейчас здесь над нами в судебном процессе происходит надругательство. Кто бы мог предположить, что человек и контролируемая им государственная система вновь и вновь способны творить абсолютное, немотивированное зло. Кто бы мог предположить, что история, в частности, ещё недавний опыт страшного Большого сталинского террора, совершенно не учит. Хочется рыдать, глядя на то, как приёмы средневековой инквизиции воцаряются в правоохранительной и судебной системах Российской Федерации, которая – наша страна. Но с момента ареста мы не можем больше рыдать, мы разучились плакать. Мы отчаянно кричали на наших панк-концертах, как могли и как умели, о беззакониях начальства и властей. Но вот у нас украли голос.

Весь процесс нас отказываются слышать. Именно слышать. Слышать – это значит воспринимать, думать при этом, стремиться к мудрости, быть философами. Мне кажется, каждый человек должен в глубине души к этому стремиться, а не только человек, который прошёл какой-то философский факультет. Это ничто. Само по себе формальное образование – это ничто; и адвокат Павлова постоянно пытается упрекнуть нас в недостатке образования. Мне кажется, самое главное – это стремление, стремление знать и понимать. Это то, что человек может получить сам, вне стен учебного заведения. И регалии, научные степени в данном случае ничего не значат. Человек может обладать огромным количеством знаний, но не быть при этом человеком. Пифагор говорил о том, что "многознание уму не научает".

Мы здесь, к сожалению, вынуждены это констатировать. Мы лишь декорации, элементы неживой природы, тела, доставленные в зал суда. Если наши ходатайства после многодневных просьб, уговоров и борьбы всё-таки рассматриваются, то они непременно бывают отклонены. Зато суд, к несчастью, к сожалению, для нас, для этой страны, слушает прокурора, который раз за разом безнаказанно искажает все наши слова и заявления, пытаясь нивелировать их. Нарушение базового принципа состязательности сторон не скрывается и носит показательный характер.

I wouldn't give people labels. I don't think there are winners or losers here, injured parties or accused. We just need to make contact, to establish a dialogue and a joint search for truth, to seek wisdom together, to be philosophers together, rather than stigmatizing and labelling people. This is one of the worst things people can do and Christ condemned it.

We have been subjected to abuse during this trial. Who would have thought that a person and the state system he controls would be repeatedly capable of entirely wanton evil? Who would have thought that history and Stalin's Great Terror, in particular, not so very long ago, would not serve as a lesson? It makes you want to weep to see how the methods of the medieval inquisition are brought out by the law-enforcement and judicial system of the Russian Federation, which is our country. Since the time of our arrest, however, we can no longer weep. We've forgotten how to cry. At our punk concerts we used to shout as best we could about the iniquities of the authorities and now we've been robbed of our voice.

This whole trial refuses to hear us and I mean hear us, which involves understanding and, moreover, thinking, wanting to attain wisdom, being a philosopher. I think every individual in the depth of his heart must want to attain this, not just people who happen to have studied philosophy. That's nothing. Formal education is nothing in itself and Lawyer Pavlova is constantly accusing us of not being sufficiently well-educated. I think though that the most important thing is the desire to know and to understand, and that's something people can do for themselves outside of educational establishments, and the trappings of academic degrees don't mean anything in this instance. Someone can have a vast fund of knowledge and for all that not be human. Pythagoras said that 'the learning of many things does not teach understanding'.

Unfortunately, that's something we are forced to observe here. We're just a stage setting and bits of the natural world, bodies brought into the courtroom. If, after many days of asking, talking and doing battle our petitions are examined, they are inevitably rejected. The court, on the other hand–and unfortunately for us and for our country–listens to the prosecutor who repeatedly distorts our comments and statements with impunity in a bid to neutralize them. There is no attempt to conceal this breach in an adversarial system. It even appears to be for show.

30 июля, в первый день судебного процесса, мы представили свою реакцию на обвинительное заключение. Написанный нами текст зачитала защитник Волкова, поскольку подсудимым суд категорически отказывался тогда давать слово. Это была первая за пять месяцев тюремного заключения возможность высказаться для нас. До этого мы были в заключении, в заточении, оттуда мы не можем делать ничего: делать заявления, мы не можем снимать фильмы в СИЗО, у нас нет интернета, мы даже не можем пронести какую-то бумагу нашему адвокату, потому что и это запрещено. 30 июля мы высказались впервые. Мы призвали к контакту и диалогу, а не к борьбе и противостоянию. Мы протянули руку тем, кто зачем-то полагает нас своими врагами. В ответ над нами посмеялись, в протянутую руку плюнули. "Вы неискренни", – заявили. А зря. Не судите по себе. Мы говорили, как впрочем, и всегда, искренне, именно то, что думаем. Мы, вероятно, по-детски наивны в своей правде, но, тем не менее, ни о чём сказанном, в том числе и в тот день, мы не жалеем. И будучи злословимы, мы не собираемся злословить взаимно. Мы в отчаянных обстоятельствах, но не отчаиваемся. Гонимы, но не оставлены. Открытых людей легко унижать и уничтожать, но "когда я немощен, то силён".

Слушайте нас. Нас, а не Аркадия Мамонтова о нас. Не искажайте и не перевирайте всё нами сказанное, и позволяйте нам вступить в диалог, в контакт со страной, которая, в том числе, и наша, а не только Путина и патриарха. Я, как Солженицын, верю в то, что слово в итоге разрушит бетон. Солженицын писал: "Значит, слово – искренней бетона? Значит, слово – не пустяк? Так тронутся в рост благородные люди, и слово их разрушит бетон".

Я и Катя, и Маша сидим в тюрьме, в клетке. Но я не считаю, что мы потерпели поражение. Как и диссиденты не были проигравшими. Теряясь в психбольницах и тюрьмах, они выносили приговоры режиму. Искусство создания образа эпохи не знает победителей и проигравших. Так и поэты, обэриуты, до конца оставались художниками, по-настоящему необъяснимо и непонятно, будучи "зачищенными" в 1937 году. Введенский писал: "Нам непонятное приятно, необъяснимое нам друг". Согласно официальному свидетельству о смерти, Александр Введенский умер 20 декабря 1941 года. Причина неизвестна. То ли дизентерия в арестантском вагоне, то ли пуля конвоя. Место – где-то на железной дороге между Воронежем и Казанью. Pussy Riot – ученики и наследники Введенского. Его принцип плохой рифмы для нас родной.

On 30th July, the first day of the trial, we presented our response to the accusations. The document we'd written was read out by defence lawyer Volkova because the court refused outright to let the defendants speak. For us it was the first opportunity to speak out after five months of incarceration. Prior to that we were in prison, in confinement. We can't do anything there. We can't make statements. We can't make films in the pre-trial detention center. We don't have the internet in there. We can't even give our lawyer a paper because that's banned too. Our first chance to speak came on 30th July. We called for contact and dialogue rather than conflict and opposition. We reached out a hand to those who, for some reason, assume we are their enemies. In response they laughed at us and spat in our outstretched hands. "You're disingenuous," they told us. But they needn't have bothered. Don't judge others by your own standards. We were always sincere in what we said, saying exactly what we thought, out of childish naïvety, sure, but we don't regret anything we said, even on that day. We are reviled but we do not intend to speak evil in return. We are in desperate straits but do not despair. We are persecuted but not forsaken. It's easy to humiliate and crush people who are open, but "when I am weak, then I am strong".

Listen to us rather than to Arkady Mamontov talking about us. Don't twist and distort everything we say. Let us enter into dialogue and contact with the country, which is ours too, not just Putin's and the Patriarch's. Like Solzhenitsyn, I believe that in the end, words will crush concrete. Solzhenitsyn wrote, "the word is more sincere than concrete, so words are not trifles. Once noble people start growing, their words will crush concrete."

Katya, Masha and I are in jail, in a cage, but I don't consider that we've been defeated. Just as the dissidents weren't defeated. When they disappeared into psychiatric hospitals and prisons, they passed judgment on the regime. The art of creating an image of the era knows no winners or losers. The OBERIU poets remained artists to the very end, something impossible to explain or understand since they were purged in 1937. Vvedensky wrote: "We like what can't be understood, What can't be explained is our friend." According to the official report, Aleksandr Vvedensky died on 20 December 1941. We don't know the cause, whether it was dysentery in the convict car or a bullet from a guard. It was somewhere on the railway line between Voronezh and Kazan. Pussy Riot are Vvedensky's disciples and his heirs. His principle of 'bad rhythm' is our own. He wrote: "It happens that two

Он писал: "Бывает, что приходят на ум две рифмы: хорошая и плохая. Я выбираю плохую. Именно она и будет правильной".

"Необъяснимое нам друг". Элитарные и утончённые занятия обэриутов, их поиски мысли на грани смысла воплотились окончательно ценой их жизни, унесённой бессмысленным и ничем не объяснимым Большим Террором. Ценой собственных жизней обэриуты невольно доказали, что их учение о бессмыслице и алогичности, как нервах эпохи, было верным. Возведя при этом художественное на уровень исторического. Цена соучастия в сотворении истории всегда непомерно велика для человека и для его жизни. Но именно в этом соучастии и заключается вся соль человеческого существования. "Быть нищим, но многих обогащать. Ничего не иметь, но всем обладать". Диссидентов-обэриутов считают умершими, но они живы. Их наказывают, но они не умирают.

А помните ли вы, за что был приговорён к смертной казни молодой Достоевский? Вся вина его заключалась в том, что он увлёкся теориями социализма. На собрании дружественного кружка вольнодумцев, собиравшихся по пятницам на квартире Петрашевского, обсуждались сочинения Фурье и Жорж Санд. А на одной из последних пятниц он прочёл вслух письмо Белинского Гоголю, наполненное, по определению суда, внимание – "дерзкими выражениями против православной церкви и верховной власти". После всех приготовлений к смертной казни и после десяти "ужасных, безмерно страшных минут в ожидании смерти", как характеризовал сам Достоевский, было объявлено о перемене приговора – на четыре года каторжных работ с последующим отбыванием воинской службы в армии.

Сократ был обвинён в развращении молодёжи своими философскими беседами и в непризнании афинских богов. Сократ обладал связью с внутренним божественным голосом, и он не был ни в коем случае богоборцем, о чём неоднократно говорил. Но для кого это имело значение, коль скоро Сократ раздражал влиятельных жителей города своим критическим, диалектическим и свободным от предрассудков мышлением? Сократ был приговорён к смертной казни. И, отказавшись бежать, хотя ученики предлагали ему, хладнокровно выпил кубок с ядом, с цикутой, и умер.

А не забыли ли вы, при каких обстоятельствах завершил свой земной путь последователь апостолов Стефан? "Тогда научили они некоторых сказать: "Мы слышали, как он говорил хульные слова на Моисея и на Бога. И возбудили народ, и старейшин, и книжников. И

rhythms will come into your head, a good one and a bad one, and I choose the bad one. It will be the right one."

"What can't be explained is our friend." The elitist, sophisticated occupations of the OBERIU poets, their search for meaning on the edge of sense was ultimately realized at the cost of their lives, swept away in the senseless Great Terror that's impossible to explain. At the cost of their own lives, the OBERIU poets unintentionally demonstrated that their teachings about meaninglessness and irrationality as the nerves of the era was correct, but at the same time led art into the realm of history. The cost of taking part in creating history is always staggeringly high for people. But that taking part is the very spice of human life. "Being poor while bestowing riches on many, having nothing but possessing everything." It is believed that the OBERIU dissidents are dead, but they live on. They are punished but they do not die.

Do you remember why the young Dostoyevsky was given the death sentence? His entire guilt lay in the fact that he was fascinated by socialist theories. At the Friday meetings of a friendly circle of free thinkers at Petrashevsky's they discussed the writings of Fourier and George Sand. On one of the last Fridays, he read out Belinsky's letter to Gogol, which was packed, according to the court, and I note, "with impudent statements against the Orthodox Church and the supreme authorities." After all the preparations for execution and ten "dreadful, impossibly frightening minutes waiting to die", as Dostoyevsky himself put it, the announcement came that his sentence had been commuted to four years hard labour followed by military service.

Socrates was accused of corrupting youth through his philosophical discourses and of not recognizing the gods of Athens. Socrates had a connection to a divine inner voice and was by no means a theomachist, something he often said himself. What did that matter, however, when Socrates had angered the influential citizens of his city with his critical, dialectical and unprejudiced thinking? Socrates was sentenced to death and, refusing to run away, as his students suggested, he drank down a cup of poison in cold blood, hemlock, and died.

Have you forgotten the circumstances under which Stephen, follower of the Apostles, ended his earthly life? "Then they secretly induced men to say, 'We have heard him speak blasphemous words against Moses and against God.' And they stirred up the people, the elders and the scribes, and

на Пасху схватили его и повели в Синедрион. И представили ложных свидетелей, которые говорили: "Этот человек не перестаёт говорить хульные слова на святое место сие и на закон". Он был признан виновным и казнён побиванием камнями.

Также смею надеяться, что все хорошо помнят, как иудеи говорили Христу: "Не за доброе дело хотим побить тебя камнями, но за богохульство". И, наконец, стоило бы держать в уме такую характеристику Христа: "Он одержим бесом и безумствует".

Я полагаю, что если бы начальство – цари, старейшины, президенты, премьеры, народ и судьи – хорошо знали и понимали, что значит "милости хочу, а не жертвы", то не осудили бы невиновных. Наше же начальство пока спешит лишь с осуждением, но никак не с милостью. Кстати, спасибо Дмитрию Анатольевичу Медведеву за очередной замечательный афоризм! Если свой президентский срок он обозначил лозунгом "Свобода лучше, чем несвобода", то, благодаря меткому слову Медведева, у третьего срока Путина есть хорошие шансы пройти под знаком нового афоризма – "Тюрьма лучше, чем побивание камнями".

Прошу внимательно вдуматься в следующую мысль. Она выражена Монтенем в XVI веке в "Опытах". Он писал: "Надо слишком высоко ставить свои предположения, чтобы из-за них предавать сожжению живых людей". А стоит ли живых людей осуждать и сажать в тюрьму всего лишь за предположения, ни на чём фактически не основанные, со стороны обвинения? Поскольку мы реально не питали и не питаем религиозной ненависти и вражды, нашим обвинителям ничего не остаётся, как прибегать к помощи лжесвидетелей. Одна из них, Иващенко Матильда, устыдилась и в суд не явилась. Остались лживые свидетельства господ Троицкого и Понкина, а также госпожи Абраменковой. И нет больше никаких доказательств наличия ненависти и вражды по материалам так называемой экспертизы, которую суд, если он честен и справедлив, должен признать доказательством недопустимым в силу того, что это не научный, строгий и объективный текст, а грязная и лживая бумажонка времён средневековой инквизиции. Других доказательств, хоть как-то подтверждающих наличие мотива, нет.

Выдержки из текстов песен Pussy Riot обвинение приводить стесняется, поскольку они являются живейшим доказательством отсутствия мотива. Мне очень нравится, я приведу эту выдержку, мне кажется, она очень важна. Интервью из "Русского репортёра",

they came upon him and dragged him away, and brought him before the Council. And they put forward false witnesses who said, 'This man incessantly speaks against this holy place, and the Law.'" He was found guilty and stoned to death.

And I hope everyone remembers what the Jews said to Jesus: "We're going to stone you not for any good work, but for blasphemy." And finally it would be well worth remembering this characterization of Christ: "He is possessed of a demon and out of his mind."

I believe that if leaders, tsars, elders, presidents and prime ministers, the people and the judges really understood what "I desire mercy not sacrifice" meant, they would not condemn the innocent. Our leaders are currently in a hurry only to condemn and not at all to show mercy. Incidentally, we thank Dmitry Anatolievich Medvedev for his latest wonderful aphorism! If Medvedev gave his presidency the slogan: "Freedom is better than non-freedom", then, thanks to Medvedev's felicitous saying, Putin's third term has a good chance of being known by a new aphorism: "Prison is better than stoning."

I would like you to think carefully about the following reflection by Montaigne from his Essays written in the 16th century. He wrote: "You are holding your opinions in too high a regard if you burn people alive for them." Is it worth accusing people and putting them in jail on the basis of totally unfounded conjectures by the prosecution? Since in actual fact we never were, and are not, motivated by religious hatred and enmity, there is nothing left for our accusers other than to draw on the aid of false witnesses. One of them, Matilda Ivashchenko, was ashamed and didn't show up in court. That left the false testimonies of Mr. Troitsky and Mr. Ponkin, as well as Mrs. Abramenkova. And there is no evidence of any hatred or enmity on our part other than this expert examination. For this reason, if it is honourable and just, the court must rule the evidence inadmissible because it is not a strictly scientific or objective text but a filthy, lying bit of paper from the medieval days of the inquisition. There is no other evidence that remotely hints at a motive.

The prosecution is reluctant to produce excerpts from the text of Pussy Riot songs because they are primary evidence of this lack of motive. I like it very much, I will quote this excerpt, I think it's very important. It was from an interview with "Russky Reporter", given after the concert at the

данное нами после концерта в Храме Христа: "Мы уважительно относимся к религии, православной, в частности. Именно поэтому нас возмущает, что великую светлую христианскую философию так грязно используют. Нас несёт от того, что самое прекрасное сейчас ставят раком". Нас несёт до сих пор от этого. И нам реально больно на всё это смотреть.

Отсутствие каких-либо проявлений с нашей стороны ненависти и вражды показывают все допрошенные свидетели защиты, даже в показаниях по нашим личностям. Кроме того, помимо всех прочих характеристик, прошу учесть результаты психолого-психиатрической экспертизы, проведённой со мной по заказу следствия в СИЗО. Эксперты показали следующее: ценности, которых я придерживаюсь в жизни, это – "справедливость, взаимное уважение, гуманность, равенство и свобода". Это говорил эксперт. Это был человек, который меня не знает. И, вероятно, следователь Ранченков очень бы хотел, чтобы эксперт написал что-то другое. Но, по всей видимости, людей, которые любят и ценят правду, всё-таки больше. И Библия права.

И напоследок мне хотелось бы процитировать песню группы Pussy Riot, потому что, как ни странно, все их песни оказались пророческими. В том числе наше пророчество о том, что "глава КГБ и главный святой ведёт протестующих в СИЗО под конвой" – это относительно нас. А то, что я хочу процитировать сейчас, это следующие строчки: "Откройте все двери, снимите погоны, почувствуйте с нами запах свободы!". Всё.

Последнее слово Екатерины Самуцевич 13 августа 2012 года

В последнем слове от подсудимого обычно ждут либо раскаяния, либо сожаления о содеянном, либо перечисления смягчающих обстоятельств. В моём случае, как и в случае моих коллег по группе, это совершенно не нужно. Вместо этого я хочу высказать свои соображения по поводу причин произошедшего с нами.

То, что Храм Христа Спасителя стал значимым символом в политический стратегии наших властей, многим думающим людям стало понятно ещё с приходом на руководящий пост в Русской православной церкви бывшего коллеги Владимира Владимировича Путина Кирилла Гундяева. После чего Храм Христа Спасителя начал откровенно ис-

Cathedral of Christ the Saviour: "Our attitude toward religion, and toward Orthodoxy in particular, is one of respect, and for this very reason we are distressed that the great and luminous Christian philosophy is being used so shabbily. We are very angry that something beautiful is being screwed from behind." It still makes us angry and we find it very painful to watch.

The lack on our part of any show of hatred or enmity has been attested by all the witnesses examined by the defence. And by the evidence of our characters. In addition to all the other character statements, I'd like you to consider the findings of the psychiatric and psychological tests the investigator ordered me to undergo in the pre-trial detention center. The expert's findings were as follows: the values to which I am committed in my life are "justice, mutual respect, humanity, equality and freedom". That's what the expert said, someone who doesn't know me, and Investigator Ranchenkov would probably have very much liked him to write something different. It would appear, however, that there are more people who love and value the truth, and the Bible's right about that.

Finally, I'd like to quote a Pussy Riot song because, strange as it may seem, all our songs have turned out to be prophetic, including the one that says: "The KGB chief and the number one saint will escort protestors off to jail" – that's about us. What I'd like to quote now, however, is the next line: "Open the doors, off with the epaulets, join us in a taste of freedom!" That's all.

Ekaterina Samutsevich's closing statement
August 13, 2012

In the closing statement, the defendant is expected to repent or express regret for her deeds, or to enumerate attenuating circumstances. In my case, as in the case of my colleagues in the group, this is completely unnecessary. Instead, I want to express my views about the causes of what has happened with us.

The fact that the Cathedral of Christ the Savior had become a significant symbol in the political strategy of our authorities was clear to many thinking people when Vladimir Vladimirovich Putin's former [KGB] colleague Kirill Gundyaev took over as head of the Russian Orthodox Church. After this happened, the Cathedral of Christ the Savior began to be used openly

пользоваться в качестве яркого интерьера для политики силовых структур, являющихся основным источником власти.

Почему Путину вообще понадобилось использовать православную религию, её эстетику? Ведь он мог воспользоваться своими, куда более светскими инструментами власти – например, национальными корпорациями, или своей грозной полицейской системой, или своей послушной судебной системой? Возможно, что жёсткая неудачная политика проекта Путина – инцидент с подводной лодкой "Курск", взрывы мирных граждан среди бела дня и другие неприятные моменты в его политической карьере – заставили задуматься о том, что ему уже давно пора сделать самоотвод, иначе в этом ему помогут граждане России. Видимо, именно тогда ему понадобились более убедительные, трансцендентные гарантии своего долгого пребывания на вершине власти. Здесь возникла потребность использовать эстетику православной религии, исторически связанной с лучшими имперскими временами России, где власть шла не от таких земных проявлений, как демократические выборы и гражданское общество, а от самого Бога.

Как же ему это удалось? Ведь у нас всё-таки светское государство, и любое пересечение религиозной и политической сфер должно строго пресекаться нашим бдительным и критически мыслящим обществом? Видимо, здесь власти воспользовались определённой нехваткой православной эстетики в советское время, когда православная религия обладала ореолом утраченной истории, чего-то задавленного и повреждённого советским тоталитарным режимом, и являлась тогда оппозиционной культурой. Власти решили апроприировать этот исторический эффект утраты и представить свой новый политический проект по восстановлению утраченных духовных ценностей России, имеющий весьма отдалённое отношение к искренней заботе о сохранении истории и культуры православия. Достаточно логичным оказалось и то, что именно Русская православная церковь, давно имеющая мистические связи с властью, явилась главным медийным исполнителем этого проекта. При этом было решено, что Русская православная церковь, в отличие от советского времени, где церковь противостояла, прежде всего, грубости власти по отношению к самой истории, должна также противостоять всем пагубным проявлениям современной массовой культуры с её концепцией разнообразия и толерантности.

as a flashy setting for the politics of the security services, which are the main source of power.

Why did Putin feel the need to exploit the Orthodox religion and its aesthetics? After all, he could have employed his own, far more secular tools of power–for example, national corporations, or his menacing police system, or his own obedient judiciary system. It may be that the tough, failed policies of Putin's government, the incident with the submarine Kursk, the bombings of civilians in broad daylight, and other unpleasant moments in his political career forced him to ponder the fact that it was high time to resign; otherwise, the citizens of Russia would help him do this. Apparently, it was then that he felt the need for more convincing, transcendental guarantees of his long tenure at the pinnacle of power. It was here that the need arose to make use of the aesthetics of the Orthodox religion, historically associated with the heyday of Imperial Russia, where power came not from earthly manifestations such as democratic elections and civil society, but from God Himself.

How did he succeed in doing this? After all, we still have a secular state, and shouldn't any intersection of the religious and political spheres be dealt with severely by our vigilant and critically minded society? Here, apparently, the authorities took advantage of a certain deficit of Orthodox aesthetics in Soviet times, when the Orthodox religion had the aura of a lost history, of something crushed and damaged by the Soviet totalitarian regime, and was thus an opposition culture. The authorities decided to appropriate this historical effect of loss and present their new political project to restore Russia's lost spiritual values, a project which has little to do with a genuine concern for preservation of Russian Orthodoxy's history and culture. It was also fairly logical that the Russian Orthodox Church, which has long had a mystical connection with power, emerged as this project's principal executor in the media. Moreover, it was also agreed that the Russian Orthodox Church, unlike the Soviet era, when the church opposed, above all, the crudeness of the authorities towards history itself, should also confront all baleful manifestations of contemporary mass culture, with its concept of diversity and tolerance.

Для реализации этого интересного во всех смыслах политического проекта потребовалось немалое количество многотонного профессионального светового и видео оборудования, эфирного времени на центральных каналах для прямых многочасовых трансляций и, в последующем, многочисленных подсъёмок к укрепляющим мораль и нравственность новостным сюжетам, где и будут произноситься стройные речи патриарха, помогающие верующим сделать правильный политический выбор в тяжёлые для Путина предвыборные времена. При этом все съёмки должны проходить непрерывно, нужные образы должны врезаться в память и постоянно возобновляться, создавая впечатление чего-то естественного, постоянного и обязательного.

Наше внезапное музыкальное появление в Храме Христа Спасителя с песней "Богородица, Путина прогони" нарушило цельность этого, так долго создаваемого и поддерживаемого властями медийного образа, выявило его ложность. В нашем выступлении мы осмелились без благословения патриарха совместить визуальный образ православной культуры и культуры протеста, наведя умных людей на мысль о том, что православная культура принадлежит не только Русской православной церкви, патриарху и Путину – она может оказаться и на стороне гражданского бунта и протестных настроений в России. Возможно, такой неприятный масштабный эффект от нашего медийного вторжения в храм стал неожиданностью для самих властей. Сначала они попытались представить наше выступление как выходку бездушных воинствующих атеисток. Но сильно промахнулись, так как к этому времени мы уже были известны как антипутинская панк-феминистская группа, осуществляющая свои медианабеги на главные политические символы страны. В итоге, оценив все необратимые политические и символические потери, принесённые нашим невинным творчеством, власти всё-таки решились оградить общество от нас и нашего нонконформистского мышления. Так закончилось наше непростое панк-приключение в Храме Христа Спасителя.

У меня сейчас смешанные чувства по поводу этого судебного процесса. С одной стороны, мы сейчас ожидаем обвинительный приговор. По сравнению с судебной машиной мы никто, мы проиграли. С другой стороны, мы победили. Сейчас весь мир видит, что заведённое против нас уголовное дело сфабриковано. Система не может скрыть репрессивный характер этого судебного процесса. Россия в очередной раз выглядит в глазах мирового сообщества не так, как пытается её представить Владимир Путин на каждодневных международных

Implementing this thoroughly interesting political project has required considerable quantities of professional lighting and video equipment, air time on national TV channels for hours-long live broadcasts, and numerous background shoots for morally and ethically edifying news stories, where in fact the Patriarch's well-constructed speeches would be pronounced, helping the faithful make the right political choice during the election campaign, a difficult time for Putin. Moreover, all shooting has to take place continuously; the necessary images must sink into the memory and be constantly updated, to create the impression of something natural, constant and compulsory.

Our sudden musical appearance in the Cathedral of Christ the Savior with the song "Mother of God, Drive Putin Out" violated the integrity of this media image, generated and maintained by the authorities for so long, and revealed its falsity. In our performance we dared, without the Patriarch's blessing, to combine the visual image of Orthodox culture and protest culture, suggesting to smart people that Orthodox culture belongs not only to the Russian Orthodox Church, the Patriarch and Putin, that it might also take the side of civic rebellion and protest in Russia. Perhaps such an unpleasant large-scale effect from our media intrusion into the cathedral was a surprise to the authorities themselves. First they tried to present our performance as the prank of soulless militant atheists. But they made a huge blunder, since by this time we were already known as an anti-Putin feminist punk band that carried out their media raids on the country's major political symbols. In the end, considering all the irreversible political and symbolic losses caused by our innocent art, the authorities decided to protect the public from us and our nonconformist thinking. Thus ended our complicated punk adventure in the Cathedral of Christ the Savior.

I now have mixed feelings about this trial. On the one hand, we now expect a guilty verdict. Compared to the judicial machine, we are nobodies, and we have lost. On the other hand, we have won. Now the whole world sees that the criminal case against us has been fabricated. The system cannot conceal the repressive nature of this trial. Once again, Russia looks different in the eyes of the world from the way Vladimir Putin tries to present

встречах. Все обещанные им шаги на пути к правовому государству, очевидно, так и не были сделаны. А его заявление о том, что суд по нашему делу будет объективен и вынесет справедливое решение, является очередным обманом всей страны и мирового сообщества. Всё. Спасибо.

Последнее слово Марии Алёхиной
13 августа 2012 года

Этот процесс показателен и красноречив. Не раз ещё власть будет краснеть за него и стыдиться. Каждый его этап – квинтэссенция беспредела.

Как вышло, что наше выступление, будучи изначально небольшим и несколько нелепым актом, разрослось до огромной беды? Очевидно, что в здоровом обществе такое невозможно. Что Россия как государство давно напоминает насквозь больной организм. И эта болезнь взрывается с резонансом, когда задеваешь назревшие нарывы. Эта болезнь сначала долго публично замалчивается, но позже всегда находится разрешение через разговор. Смотрите: вот она форма разговора, на которую способна наша власть! Этот суд – не просто злая гротескная маска, это лицо разговора с человеком в нашей стране.

На общественном уровне для разговора о проблеме часто нужна ситуация – импульс. И интересно, что наша ситуация уже изначально диперсонифицирована. Потому что, говоря о Путине, мы имеем в виду, прежде всего, не Владимира Владимировича Путина, но мы имеем в виду Путина как систему, созданную им самим. Вертикаль власти, где всё управление осуществляется практически вручную. И в этой вертикали не учитывается, совершенно не учитывается мнение масс. И, что больше всего меня волнует, не учитывается мнение молодых поколений. Мы считаем, что неэффективность этого управления, она проявляется практически во всём.

И здесь в последнем слове я хочу вкратце описать мой непосредственный опыт столкновения с этой системой.

Образование, из которого начинается становление личности в социуме, фактически игнорирует особенности этой личности. Отсутствует индивидуальный подход, отсутствует изучение культуры, философии и базовых знаний о гражданском обществе. Формально эти предметы есть, но форма их преподавания наследует советский образец. И, как итог, мы имеем маргинализацию современного искус-

it at daily international meetings. All the steps toward a state governed by the rule of law that he promised have obviously not been made. And his statement that the court in our case will be objective and make a fair decision is another deception of the entire country and the international community. That is all. Thank you.

Maria Alyokhina's closing statement
August 13, 2012

This trial is illustratory and illuminating. Not once will the authorities blush over it and be ashamed of it. Every stage of it is quintesential of iniquity.

How has this happened that our performance being initially a small and somewhat awkward act has grown into a big disaster? Obviously in a healthy society that is impossible. As a state, Russia has long been akin to an organism ill to its core. And this morbidity explodes with resonance when you scrape a pointing abscess. This morbidity would get first publicly and lingeringly concealed but later would always get resolved through conversation. Behold, this is the form of conversation our authorities are capable of! This trial isn't just a mean grotesque mask, this is a face of conversation with a person in our country.

Often for a conversation about a problem on the public level an impetus incident is required. And it's interesting that our incident is depersonalized to begin with. Because speaking about Putin, we first of all mean not Vladimir Vladimirovich Putin, but Putin as a system created by him. The vertical power structure, where all governing is being carried out almost manually. And in this vertical power structure public opinion is completely disregarded. And what bothers me the most, is disregard for the opinion of the younger generations. In our opinion the ineffectiveness of this type of government gets revealed in almost everything.

And here, in my closing statement, I'd like to shortly describe my firsthand experience of clash with this system.

The education, from which the establishment of a person in a society begins, actually ignores the person's individuality. A personalized approach isn't applied, studies of culture, philosophy and basic principles of civil society are lacking. Officially these subjects are present in the curriculum but the form of their study follows the Soviet pattern. As a result we witness marginalization of modern art in a person's perception, lack of motivation

ства в сознании человека, отсутствие мотивации к философскому мышлению, гендерную стереотипизацию и отметание в дальний угол позиции человека как гражданина.

Современные институты образования учат людей с детства жить автоматически. Не ставят ключевых вопросов с учётом возраста, прививают жестокость и неприятие инакомыслия. Уже с детства человек забывает свою свободу.

У меня есть опыт посещения психиатрического стационара для несовершеннолетних. И я с уверенностью говорю, что в таком может оказаться любой подросток, более или менее активно проявляющий инакомыслие. Часть детей, находящихся там – из детских домов. И у нас в стране считается нормой ребёнка, пытавшегося сбежать из детдома, положить в психбольницу и осуществлять лечение сильнейшими успокоительными, такими, как, например, аминазин, который использовался ещё для усмирения советских диссидентов в 70-е годы. Это особенно драматично при общем карательном уклоне и отсутствии психологической помощи, как таковой. Всё общение там построено на эксплуатации чувства страха и вынужденного подчинения этих детей. И, как следствие, уровень их жестокости опять же вырастает в разы. Многие дети там безграмотны, но никто не делает попыток бороться с этим. Напротив, отбиваются последние капли мотивации к развитию. Человек замыкается, перестаёт доверять миру.

Хочу заметить, что подобный способ становления очевидно препятствует осознанию внутренней и, в том числе, религиозной свободы, и носит массовый характер, к сожалению. Следствием такого процесса, как я только что сказала, является онтологическое смирение, бытийное смирение в социализации. Этот переход – или перелом – примечателен тем, что, если воспринимать его в концепции христианской культуры, то мы видим, как изменяются смыслы, символы на прямо противоположные. Так, смирение – одна из важнейших христианских категорий – отныне понимается в бытийном смысле не как путь очищения, укрепления, конечного освобождения человека, а, напротив, как способ его порабощения. Цитируя Николая Бердяева, можно сказать, что "онтология смирения – это онтология рабов божьих". А не сынов божьих.

Когда я занималась организацией экологического движения, у меня окончательно сформировался приоритет внутренней свободы, как основы для действия. И также важность, непосредственная важность действия, как такового. До сих пор мне удивительно, что в нашей

for philosophical thinking, gender stereotyping and making a person's civic awareness take the backseat.

Modern education institutions teach people from their childhood to live automatically, do not introduce key issues appropriate to the age, foster cruelty and intolerance to dissent. From the childhood a person forsakes his liberties.

I have experience of visiting psychiatric clinic for minors. And I say with certainty that any teenager exhibiting a degree of dissent can find himself in such institution. Part of the patients come from orphanages. And in our country psychiatric hospitalization of a kid who tried to run away from orphanage, treatment with powerful tranquilizers, such as Aminasine, used on Soviet dissidents in the 70's, is regarded as a norm. This is especially dramatic due to general punitive slant and lack of psychological aid as such. Entire communication with children there is based on exploitation of the sense of fear and their enforced submission. As a result, the level of their cruelty grows manyfold. Many kids there are illiterate, but nobody attempts to fight this. To the contrary, the rinsings of motivation for development get put off. A person clams up and stops trusting the world.

I'd like to note that such way of growing up apparently impedes the realization of inner freedom, and religious freedom as well, and unfortunately it's a mass phenomenon. The consequence of the process I have just described is the ontological, existential submissiveness within socialization. This transition or breaking point if judged from the Christian culture standpoint is notable by the fact that meanings and symbols, as we see, are being turned around. Thus humility, one of Christian principal notions, is existentially understood not as a way of purification, empowerment and eventual deliverance of the person, but on the contrary as a way of his enslavement. Quoting Nikolai Berdyaev we may say that "ontology of humility is the ontology of God's slaves." And not God's children.

When I was organizing ecological movement, I finally developed a priority of inner freedom as a basis for action. And also the importance of action in itself. It still bewilders me that in our country a mass of a few thousands

стране требуется ресурс в несколько тысяч человек для прекращения произвола одного или горстки чиновников. Я хочу заметить, что наш процесс — очень красноречивое подтверждение тому. Требуется ресурс тысяч людей по всему миру, чтобы доказать очевидное: что мы невиновны втроём. Об этом говорит весь мир! Весь мир говорит на концертах, весь мир говорит в интернете, весь мир говорит в прессе! Об этом говорят в парламенте. Премьер-министр Англии приветствует нашего президента не словами об Олимпиаде, а вопросом, почему три невиновные девушки сидят в тюрьме. Это позор!

Ещё более удивительно для меня, что люди не верят в то, что могут как-либо повлиять на власть. Во время проведения пикетов и митингов, когда я собирала подписи и организовывала этот сбор подписей, многие люди меня спрашивали, притом спрашивали с искренним удивлением: какое им, собственно, может быть дело до, может быть, единственного существующего в России, может быть, реликтового, но какое им дело до этого леса в Краснодарском крае, небольшого пятачка? Какое им, собственно, дело, что жена нашего премьер-министра Дмитрия Медведева собирается построить там резиденцию и уничтожить единственный можжевеловый заповедник у нас в России? Вот эти люди… Ещё раз находится подтверждение, что люди у нас в стране перестали ощущать принадлежность территорий нашей страны им самим, гражданам. Эти люди перестали чувствовать себя гражданами. Они чувствуют себя просто автоматическими массами. Они не чувствуют, что им принадлежит даже лес, находящийся непосредственно у них около дома. Я даже сомневаюсь в том, что они осознают принадлежность собственного дома им самим. Потому что, если какой-нибудь экскаватор подъедет к подъезду, и людям скажут, что им нужно эвакуироваться, что, извините, мы сносим теперь ваш дом, здесь будет теперь резиденция чиновника — эти люди покорно соберут вещи, соберут сумки и пойдут на улицу. И будут там сидеть ровно до того момента, пока власть не скажет им, что делать дальше. Они совершенно аморфные. Это очень грустно.

Я почти полгода сижу, и я поняла, что тюрьма — это Россия в миниатюре. Начать даже можно с системы управления — это та же вертикаль власти, где решение любых вопросов происходит единственно через прямое вмешательство начальника. Отсутствует горизонтальное распределение обязанностей, которое заметно облегчило бы всем жизнь. И отсутствует личная инициатива. Процветает донос, взаимное подозрение. В СИЗО, как и у нас в стране, всё работает на обезличивание

people is required for putting a stop to iniquity of one or a handful of officials. I'd like to note that our trial is an illuminating confirmation of that. A mass of thousands of people all around the world is required for proving the obvious, that all three of us are innocent. The entire world says that! It's being said in concerts, on the Internet, the whole world says that in the press! It's being said in the parliament. British prime minister greets our president speaking not about the Olympics, but asking why three innocent girls are jailed. That's a shame!

What's more surprising is that people don't believe they can in any way affect the authorities. During pickets and rallies, when I was collecting signatures and organizing their collection, I was asked by many people, and they asked that with genuine surprise, what they have to do with the only Russian natural reserve or relict juniper in the Krasnodar region, with that small patch. Why they should be concerned that the wife of our prime-minister Dmitri Medvedev plans to build there a residency and destroy it. These people... This is another confirmation that people in our country stopped sensing ownership over their land. They stopped seeing themselves as citizens. They see themselves simply as robotic masses. They don't even feel they own a forest next to their house. I doubt they realize that their very house belongs to them. Because if an excavator comes to their driveway and they're told they need to evacuate, that their house should unfortunately be demolished to make space for a residency of an official, they will obediently pack up and go out to the street. And in the street they will sit until the authorities tell them what to do next. They're totally evertebrate. That's very sad.

I've been locked up for almost half a year and I realized that prison is Russia in miniature. For example the management is the same vertical power structure, where all decision making occurs through a direct involvement of the chief. Horizontal distribution of duties, which would make everybody's life considerably easier, is non-existent. Personal initiative is non-existent either. Snitching and mutual suspiciousness flourish. In the pre-trial detention center, as in our country, everything is aimed at depersonalization of a

человека, приравнивание его к функции: будь то функция работника или заключённого. Строгие рамки режима дня, к которому быстро привыкаешь, похожи на рамки режима жизни, в которые помещают человека с рождения. В этих рамках люди начинают дорожить малым. В тюрьме это, например, скатерть или пластиковая посуда, которую можно раздобыть только с личного разрешения начальника. А на воле это, соответственно, статусная роль в обществе, которой тоже люди очень сильно дорожат, что мне, например, всегда всю жизнь было удивительно.

Ещё один момент – это осознание этого режима, как спектакля, который на реальном уровне оказывается хаосом. Внешне режимное заведение обнаруживает дезорганизацию и неоптимизированность большинства процессов. И очевидно, что к управлению это явно не ведёт. Напротив, у людей обостряется потерянность, в том числе во времени и пространстве. Человек, как и везде в стране, не знает, куда обратиться с тем или иным вопросом. Поэтому обращается к начальнику СИЗО. На воле, считай, к начальнику Путину.

Выражая в тексте собирательный образ системы, который... Да, в общем, можно сказать, что мы не против... Что мы против путинского хаоса, который только внешне называется режимом.

Выражая в тексте собирательный образ системы, в которой, по нашему мнению, происходит некоторая мутация практически всех институтов, при внешней сохранности форм, и уничтожается такое дорогое нам гражданское общество, мы не совершаем в текстах прямого высказывания. Мы лишь берём форму прямого высказывания. Берём эту форму, как художественную форму. И единственное, что тождественно – это мотивация. Наша мотивация тождественна мотивации при прямом высказывании. И она очень хорошо выражена словами Евангелия: "Всякий просящий получает, и ищущий находит, и стучащему отворят". Я, и мы все, искренне верим, что нам отворят. Но, увы, пока что нас только закрыли в тюрьме. Это очень странно, что, реагируя на наши действия, власти совершенно не учитывают исторический опыт проявления инакомыслия.

"Несчастна та страна, где простая честность воспринимается в лучшем случае как героизм, а в худшем как психическое расстройство", – писал в 70-е годы диссидент Буковский. И прошло не так много времени, и уже как будто не было ни Большого Террора, ни попыток противостоять ему. Я считаю, что мы обвиняемы беспамятными людьми.

human being, reducing it to a function, whether it's a function of a worker or a prisoner. Strict limits of the daily schedule, which gets used to quickly, are akin to the life program imposed on a person from the birthday. Within these limits people start to appreciate trivial things. In prison that would be for example a table sheet or plastic dishware, which can only be gotten through a personal approval of the chief. In the outside life it's the status in society, which people hold dearly, something I have been fascinated with all my life.

Another point is the perception of this order as a show, which in reality turns out to be chaos. An orderly institution on the outside, inside it reveals total disorganization and lack of optimization of most processes. Obviously it doesn't help management. On the contrary, people start to feel increasingly lost in time and space. A person, as everywhere in the country, doesn't know whom to address his question. Therefore he addresses it to the chief of the pre-trial detention center. On the outside this chief is Putin.

Expressing in a text a collective image of the system that... Well, in general, I could say that we aren't against... That we're against Putin's chaos which is only called 'regime' formally.

Depicting in our lyric a collective image of the system, where in our opinion mutation of almost all institutions is taking place while their exterior is kept intact, and where civil society so dear to us is being destroyed, we don't make direct statement. We only use the form of direct statement as means of artistic expression. The only thing identical is the motivation. Our motivation is identical to motivation of direct statement. It's more eloquently expressed in the words of the Gospel: "For every one who asks receives, and he who seeks finds, and to him who knocks it will be opened." I, and all of us, sincerely believe that it will be opened for us. But alas so far the bars are closed on us. That's very weird that in their reaction to our actions the authorities totally disregard the historical experience of expression of dissent.

"Poor is the country where plain honesty is perceived as heroism at best and as a psychiatric disorder at worst" - wrote in the 70's dissident Bukovsky. Not so much time has passed since those days, but it appears as if neither the Great Terror nor the resistance did ever occur. I think that we're accused by people without memory.

"Многие из них говорили: "Он одержим бесом и безумствует. Что слушаете его"? Эти слова принадлежат иудеям, обвинившим Иисуса Христа в богохульстве. Они говорили: "Хотим побить тебя камнями за богохульство". (Иоанн 10.33). Интересно, что именно этот стих использует Русская православная церковь для выражения своего мнения на богохульство. Это мнение заверено на бумаге, приложено к нашему уголовному делу. Выражая его, Русская православная церковь ссылается на Евангелие как на статичную религиозную истину. Под Евангелием уже не понимается откровение, которым оно было с самого начала. Но под ним понимается некий монолитный кусок, который можно разодрать на цитаты и засунуть куда угодно, в любой свой документ, использовать для любых целей. И Русская православная церковь даже не озаботилась тем, чтобы посмотреть, в каком контексте используется слово "богохульство", что в данном случае оно было применено к Иисусу Христу.

Я считаю, что религиозная истина не должна быть статичной. Что необходимо понимание имманентных путей развития духа, испытаний человека, его раздвоенности, расщепления. Что все эти вещи необходимо переживать для становления. Что только посредством переживания этих вещей человек может к чему-то придти, и будет приходить постоянно. Что религиозная истина – это процесс, а не оконченный результат, который можно засунуть куда угодно. И все эти вещи, о которых я сказала, эти процессы, они осмысляются в искусстве и философии. В том числе, в современном искусстве. Художественная ситуация может и, на мой взгляд, должна содержать свой внутренний конфликт. И меня очень сильно раздражает вот эта "так называемость" в словах обвинения применительно к современному искусству.

Я хочу заметить, что во время суда над поэтом Бродским использовалось ровно то же самое. Его стихи обозначались как "так называемые стихи", а свидетели их не читали. Как и часть наших свидетелей не были очевидцами произошедшего, но видели в интернете клип.

Наши извинения, видимо, тоже обозначаются в собирательной обвиняющей голове как "так называемые". Хотя это оскорбительно и наносит мне моральный вред и душевную травму. Потому что наши извинения были искренними. Мне так жаль, что произнесено было такое количество слов, но вы до сих пор их не поняли. Или вы лукавите, говоря о наших извинениях, как не искренних извинениях? Я не понимаю, что вам ещё нужно услышать? Для меня лишь этот процесс имеет статус "так называемого процесса". И я вас не боюсь. Я

"Many of them said, "He has a demon, and he is mad; why listen to him?" These words belong to Jews accusing Jesus Christ of blasphemy. "The Jews answered him, "It is not for a good work that we stone you but for blasphemy" (John 10:33) It's interesting that it's this verse that Russian Orthodox Church uses to express its opinion about blasphemy. This opinion is committed to paper and added to the materials of our criminal case. Expressing this opinion, Russian Orthodox Church refers to Gospel as to a static religious truth. Gospel is no longer understood as revelation, which it was initially, but as a kind of solid block which can be torn up to quotations and tuck anywhere, into any document, used for any purpose. Russian Orthodox Church didn't even bother to examine the context in which the word 'blasphemy' is used, that in this case it is applied to Jesus Christ himself.

I think religious truth should not be static, that understanding of immanent ways of spiritual development, human adversities, his dualism, his sejunction is required, that all these experiences are essential for development, that only through these experiences a person can achieve something and keep achieving, that religious truth is a process and not accomplishment which can be tuck anywhere. And all these things I mentioned, all these processes are reflected upon in art and philosophy, modern art included. An artistic setting can and in my view must contain inner conflict. And I'm very annoyed by the phrase 'so-called' the prosecution uses in modern art's regard.

I'd like to point out that during the trial over the poet Brodsky exactly the same figure of speech was used. His poetry was labelled as 'so-called poetry' and the witnesses never read it. Just as some of our witnesses weren't the eyewitnesses of the event, but watched a video on the Internet.

Our apologies are probably also labelled as 'so-called' in the collective head of the prosecution, although it's insulting and causes me moral damage and emotional trauma. Because our apologies were sincere. I'm so sorry that after so many words uttered you still don't understand them. Or are you being cunning calling our apology insincere? I don't understand what else you want to hear. For me it's this very trial which is 'so-called'. And I'm not

не бою́сь лжи и фи́кции, пло́хо задекори́рованного обма́на в пригово́ре так называ́емого суда́, потому́ что вы мо́жете лиши́ть меня́ лишь так называ́емой свобо́ды. То́лько така́я существу́ет в Росси́йской Федера́ции. А мою́ вну́треннюю свобо́ду никому́ не отня́ть. Она́ живёт в сло́ве, она́ бу́дет жить благодаря́ гла́сности, когда́ э́то бу́дут чита́ть и слы́шать ты́сячи люде́й. Э́та свобо́да уже́ продолжа́ется с ка́ждым неравноду́шным челове́ком, кото́рый слы́шит нас в э́той стране́. Со все́ми, кто нашёл оско́лки проце́сса в себе́, как когда́-то нашли́ их Франц Ка́фка и Ги Дебо́р. Я ве́рю, что и́менно че́стность и гла́сность, жа́жда пра́вды сде́лают всех нас немно́го свобо́днее.

Мы э́то уви́дим.

▶ правосла́вный свяще́нник - Orthodox priest
▶ внедоро́жник - off-roader; SUV
▶ пути́ Госпо́дни неисповеди́мы - God's ways are inscrutable

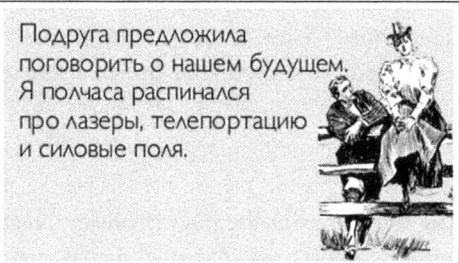

▶ подру́га - girlfriend
▶ бу́дущее - future
▶ полчаса́ - half an hour
▶ распина́ться - go all out
▶ ла́зер - laser
▶ телепорта́ция - teleportation
▶ силово́е по́ле - force field

▶ следи́ть - watch; monitor
▶ следи́ть за собо́й - look after oneself
▶ подозрева́ть - suspect

scared of you. I'm not afraid of lies and sham, poorly decorated lies in the verdict of this so-called court, because you only can deprive me of so-called freedom. This is the only type of freedom existing in the Russian Federation. My inner freedom no one can take from me. It lives and will live on through the word, thanks to openness, when thousands of people will read it and hear. This freedom persists with each concerned person, who hears us in this country. With everybody who found pieces of this trial in themselves, as once did Franz Kafka and Guy Debord. I believe that it's honesty and openness, thirst for truth which will make us a little freer.

We will see this.

Source: freepussyriot.org.

▶ возьми́ меня́ - take me
▶ спать - sleep
▶ мы никуда́ не е́дем - we ain't going anywhere

▶ у́гол - corner; nook; angle
▶ снима́ть у́гол - lodge
▶ любо́вный треуго́льник - love triangle

▶ лечь - lie down; go to bed
▶ о́коло двух - about two (o'clock); near two (men)
▶ не вы́спаться - not to get enough sleep
▶ о́коло одного́ - near one

Дмитрий Быков

Писа́тель, поэ́т, журнали́ст, член Координацио́нного сове́та росси́йской оппози́ции

Дми́трий Льво́вич Бы́ков роди́лся 20 декабря́ 1967 го́да в Москве́. Око́нчил факульте́т журнали́стики МГУ. Ча́сто выступа́ет в те́ле- и радиопрогра́ммах; его́ статьи́ печа́таются во мно́гих росси́йских изда́ниях. Преподаёт литерату́ру в сре́дних шко́лах. Лауреа́т не́скольких литерату́рных пре́мий. Оди́н из созда́телей популя́рного телевизио́нного шо́у "Граждани́н поэ́т", в кото́ром его́ стихи́ на "зло́бу дня", напи́санные в сти́ле ру́сских поэ́тов XIX-XX веко́в, чита́ет актёр Михаи́л Ефре́мов. Принима́ет акти́вное уча́стие в де́ятельности росси́йской оппози́ции. На вы́борах в Координацио́нный сове́т оппози́ции за́нял второ́е ме́сто, уступи́в то́лько Алексе́ю Нава́льному.

Блог в ЖЖ: ru_bykov.livejournal.com.
Блог на са́йте "Эха Москвы́":
www.echo.msk.ru/blog/bykov_d.

▶ писа́тель - writer
▶ поэ́т - poet
▶ журнали́ст - journalist
▶ факульте́т журнали́стики - School of Journalism
▶ МГУ - Моско́вский Госуда́рственный Университе́т - Moscow State University
▶ изда́ние - periodical; publication
▶ преподава́ть - teach
▶ сре́дняя шко́ла - secondary school; middle school
▶ лауреа́т - prize winner; laureate
▶ пре́мия - prize; bonus; premium
▶ созда́тель - creator; founder
▶ hot news comment
▶ в сти́ле - in the manner of; in the style of
▶ вы́боры - election; voting; ballot

Старые кля́чи
Эле́гия

Приезжа́ют к нам ста́рые ля́ди,
Помеша́вшись на ве́чной езде́:
Каббали́стская на́глость во взгля́де,
Финими́стская де́рзость (везде́).
Остальны́е же дря́хлые ля́ди –
Ти́па Сти́нга и ро́керши Бйорк, –
Про́сят пу́ссей прости́ть Бо́га ра́ди
И зову́т их в Пари́ж и Нью-Йо́рк.

Как же мно́го вас, ста́рые ля́ди!
И отку́да в вас ю́ная прыть?
На Росси́ю набро́сились сза́ди
И разну́зданно у́чите жить!
Не поймёте вы, ста́рые ля́ди,
Как росси́йская пра́вда проста́,
Как духо́вности мно́го в де Са́де
И как ве́ра чиста́ без Христа́.

Ско́лько мо́жно, уны́лые ля́ди,
Благоду́шно пуска́ть пузыри́,
Повторя́ть: "Не убий, не укра́ди
И куми́ра себе́ не твори́"?!
Повторя́ем, замо́рские ля́ди, –
Вы не зна́ли Росси́ю ничу́ть.
На́ша ве́ра – не про́пись в тетра́ди,
А бездо́нная про́пасть и жуть.
Вы бледне́ете, ста́рые ля́ди?
Вас пуга́ет тако́й оборо́т?
Ведь сама́ Мариа́нская впа́дина –
Не глу́бже росси́йских боло́т.

Как доста́ли вы, ста́рые ля́ди, –
Ты, Евро́па, и ты, Пиндо́сня!
Сги́ньте, гла́дкие тёти и дя́ди,
На́шу ве́ру себе́ уясня́:
Мы томи́мся во вра́жьей оса́де,

▶ ста́рая - old
▶ кля́ча - jade
▶ эле́гия - elegy
▶ приезжа́ть - arrive; come
♦ ля́ди - заменя́ет о́чень гру́бое сло́во "бля́ди" (whores)
▶ помеша́ться - go mad
▶ каббали́стская - Kabbalistic (намёк на певи́цу Мадо́нну)
▶ на́глость - audacity; insolence
▶ де́рзость - impudence
▶ дря́хлый - decrepit
▶ ро́керша - female rocker
♦ пу́сси - Pussy Riot
▶ ю́ная - young
▶ прыть - agility; speed
▶ набро́ситься - assault
▶ сза́ди - from behind
▶ разну́зданно - dissolutely
▶ духо́вность - spirituality
♦ де Сад - марки́з де Сад
▶ уны́лый - sad; dejected
▶ благоду́шный - benign; complacent
▶ доста́ли - sick and tired of
▶ Пиндо́сня, Пиндо́сия - *(презри́тельное)* США
▶ сги́нуть - disappear
▶ уясни́ть - understand

Нам почти́ уже́ не́чего есть,
Нас не тро́гают ста́рые ля́ди –
Со́весть, ми́лость, наде́жда и честь!
Разверни́тесь, ступа́йте суту́ло
Недоно́сков свои́х окормля́ть,
И́бо ста́рая ва́ша культу́ра –
То́же, в су́щности, ста́рая лядь.
Мы под му́зыку ва́шу не пля́шем,
На́ше "фэ" ва́шим дря́блым гру́дям,
Ва́ша ми́лость слюнтя́йская к па́дшим –
То́же, в су́щности, ми́лость к лядя́м.

Так ступа́йте же, ста́рые ля́ди,
Позабу́дьте про нас навсегда́
И оста́вьте Росси́ю в распа́де:
Э́то лу́чшая на́ша среда́.
Пусть её, притаи́вшись в заса́де,
Догрызу́т до мельча́йших часте́й
Молоды́е, упру́гие ля́ди
Из духо́вных и све́тских власте́й.
(Блог на са́йте "Э́ха Москвы́", а́вгуст 2012)

О го́лом Га́рри и оде́тых на́ших

Член короле́вской семьи́ принц Га́рри, изря́дно приня́в с друзья́ми на грудь, игра́л в билья́рд на раздева́ние – па́ра на па́ру. Проигра́лся. Разде́лся. Сни́мки го́лого брита́нского при́нца попа́ли в Сеть, разрази́лся стра́шный сканда́л...

Сего́дня го́лым при́нца Га́рри
Уви́дел ка́ждый ротозе́й.
На раздева́ние игра́ли
Они́ в компа́нии друзе́й.

Уэ́льский принц розоволи́цый
Стои́т неве́домо како́й,
Ещё и с го́лою деви́цей,

▶ не́чего есть - not a thing to eat
▶ тро́гать - touch; bother
▶ разверну́ться - turn
▶ ступа́ть - go; step
▶ суту́лый - stooped
▶ недоно́сок - bastard
▶ окормля́ть - give guidance
▶ в су́щности - in essence
▶ дря́блый - flabby
▶ ми́лость - mercy
▶ слюнтя́йская - wimpish
▶ па́дший - fallen
▶ распа́д - decay
▶ среда́ - environment
▶ притаи́ться - hide
▶ заса́да - ambush
▶ грызть - gnaw
▶ упру́гий - elastic; springy
▶ го́лый - naked
▶ оде́тый - dressed
▶ короле́вский - royal
▶ изря́дно - plenty
▶ приня́ть на грудь - have a drink
▶ раздева́ние - undressing
▶ сни́мок - photo
▶ разрази́ться - break out
▶ ротозе́й - gaper
▶ друзья́ - friends
▶ розоволи́цый - rosy-faced
▶ деви́ца - hussy

Прикрыв достоинство рукой.

Будь этот мэн не принц Уэльса,
А русской нации жених,
Уж он такого бы наелся
От верноподданных своих!

"Явить себя в подобном стиле
Способен разве что дебил!"
Ему б охотнее простили,
Когда бы он кого убил.

Но тут бы наши патриоты
Свой проявили резвый ум
И закричали: "Что ты, что ты!
На нём надет нанокостюм!

А если выглядит он голо
Пред вашим зрением косым,
То вы типичный враг престола,
Агент британцев, сукин сын!"

И весь бы телик жёг глаголом,
Что королевский отпрыск наш
Не может быть настолько голым,
А это всё фотомонтаж.

Как хорошо, что этот Гарри
Способен быть самим собой
Хоть на приёме, хоть в угаре,
Хоть с голой девушкой любой.

А наши, коль в порядке форса,
Для фотосъёмки иль кино
Покажут нам кусочек торса –
Пластмассовые всё равно.
    (Блог на сайте "Эха Москвы", август 2012)

▸ прикрыть - cover
▸ достоинство - dignity; virtue
▸ жених - fiance; groom
▸ наесться - eat one's fill
▸ верноподданный - loyal subject
▸ явить - present; show
▸ дебил - jerk; moron
▸ охотнее - rather
▸ простить - forgive; pardon
▸ проявить - display; manifest; demonstrate
▸ резвый - quick; lively
▸ ум - intellect; mind
▸ нанокостюм - nanosuit
▸ выглядеть - look
▸ зрение - sight
▸ косой - slanting; cross-eyed
▸ враг - enemy
▸ престол - throne
▸ сукин сын - son of a bitch
▸ телик - TV
▸ отпрыск - offspring; scion
▸ фотомонтаж - composite photograph
▸ быть самим собой - be one's own self
▸ приём - reception
▸ угар - intoxication
▸ в порядке форса - to show off
▸ торс - torso

Герой недели: Джулиан Ассанж

Отечество, друзья, не выбирают.
Полно своих дебилов там и тут.
У нас раздули дело Pussy Riot,
У них Ассанж до гения раздут.

Не то чтоб я большой фанат Ассанжа,
Который стал левачества лицом:
Я полагаю, он в душе и сам же
Себя не числит пламенным борцом.

Я не фанат его двойной природы,
Мне жаль, что шведок он осеменял,
И странно, чтоб такой фанат свободы
Работал с Маргаритой Симоньян.

Но это ладно. Речь не об Ассанже.
В несчастного не брошу помидор.
Другое важно: был бы он посажен,
Когда б не гордый крошка Эквадор.

Кто видел вообще его на карте?
Когда он прогремел в последний раз?
В Сети поройтесь, в памяти пошарьте –
У нас известней даже Гондурас!

А между тем начальство Эквадора
Ассанжу в трудный час не совралo:
Безбашенного гордого фрондёра
Оно берёт под верное крыло.

Ни мощью, ни деньгами не богаты –
Одни на всех пошли, каков пассаж!
Британия, и Швеция, и Штаты
Кричат: "Отдай Ассанжа! Наш Ассанж!"

Но Эквадор среди кипящей лавы,
В привычной всем латиносам борьбе

▶ герой - hero; character; protagonist
▶ отечество - fatherland
▶ полно - plenty of
▶ раздуть - overblow; exaggerate
▶ дело - case
▶ гений - genius
▶ фанат - fan
▶ левачество - leftism
▶ в душе - inwardly; at heart
▶ пламенный - ardent
▶ борец - fighter
▶ осеменять - inseminate
♦ Маргарита Симоньян - главный редактор телеканала Russia Today, на котором Ассанж вёл передачу
▶ гордый - proud
▶ крошка - baby
▶ прогреметь - thunder
▶ пошарить - rummage
♦ Своей известностью в России Гондурас обязан этому анекдоту: Один мужик говорит другому:
– Что-то меня Гондурас беспокоит.
– А ты его не чеши.
▶ безбашенный - reckless; turretless
▶ фрондёр - nonconformist; Frondeur
▶ кипящая лава - boiling lava

Спаса́ет челове́ка от распра́вы –
Хоть челове́к, поло́жим, так себе́.

Асса́нж обрёл надёжную опо́ру.
Така́я ми́лость – ре́дкость в на́ши дни.
Како́й пиа́р малю́тке Эквадо́ру,
Где лишь бана́ны во́дятся одни́!

Вот нам бы так, хотя́ бы ра́ди сла́вы!
Наш о́блик был бы све́том осия́н!
Спаси́ она́ кого́-то от распра́вы –
Я полюби́л бы да́же Симонья́н!

Ведь будь Асса́нж хотя́ б трёхгла́вым зме́ем,
Он всё-таки не власть и не режи́м...
Да где уж нам. Мы лишь болта́ть уме́ем
Да бить свои́х, чтоб насоли́ть чужи́м.
    (Блог на са́йте "Э́ха Москвы́", а́вгуст 2012)

Кита́йский путь

Начина́ется интенси́вная, хотя́ и не я́вная, борьба́ в верха́х.

Пу́тинская культу́рная револю́ция пройдёт под зна́ком распра́вы с прокля́тым либерали́змом, а любо́й, кто не одобря́ет распра́в, бу́дет запи́сан в преда́тели правосла́вных це́нностей.

Во вре́мя перестро́йки мно́го говори́лось о кита́йском пути́ как об оптима́льном спо́собе вы́хода из тоталитари́зма, и мно́гие впечатли́тельные лю́ди, ви́димо, пове́рили в его́ спаси́тельность. Во вся́ком слу́чае, сего́дня мы наблюда́ем и́менно кита́йский сцена́рий. Но сле́дует то́лько по́мнить, что пе́рвый его́ эта́п предполага́ет культу́рную револю́цию (да́лее КР). Без культу́рной револю́ции ничего́ не полу́чится.

▶ распра́ва - reprisal
▶ так себе́ - so so
▶ обрести́ - find; have
▶ надёжная опо́ра - secure foothold
▶ ре́дкость - rarity
▶ пиа́р - PR; promotion
▶ малю́тка - infant; pygmy
▶ води́ться - range; harbor
▶ хотя́ бы - for one thing
▶ о́блик - image
▶ осия́ть - shine
▶ трёхгла́вый - tricephalous
▶ змей - dragon; serpent
▶ болта́ть - babble; chatter
▶ насоли́ть - spite
▶ кита́йский путь - Chinese way
▶ интенси́вная - intensive
▶ культу́рная револю́ция - cultural revolution
▶ под зна́ком - under the sign
▶ прокля́тый - damned; accursed
▶ одобря́ть - approve
▶ оптима́льный спо́соб - optimal way
▶ впечатли́тельный - impressionable
▶ спаси́тельность - salvific nature
▶ предполага́ть - presuppose

А револю́ция э́та, в свою́ о́чередь, идёт по трём направле́ниям. Во-пе́рвых, начина́ется интенси́вная, хотя́ и не всегда́ я́вная, борьба́ в верха́х, свя́занная с тем, что положе́ние вла́сти неусто́йчиво: "большо́й скачо́к" провали́лся, на́до ка́к-то укрепля́ть режи́м ли́чной вла́сти. Во-вторы́х, в наро́де вся́чески се́ют вражду́ и раско́лы – в пе́рвую о́чередь, натра́вливая пролета́риев и селя́н на интеллиге́нцию.

А в-тре́тьих, организу́ются отря́ды радика́льно настро́енной молодёжи, на бесчи́нства кото́рой власть смо́трит сквозь па́льцы. Гру́бо говоря́, е́сли хунвейби́ны забью́т профе́ссора, э́то нежела́тельный, но, в о́бщем, прости́тельный эксце́сс. Как гова́ривал кита́йский мини́стр госбезопа́сности Се Фучжи, "ли́чно я не люблю́, когда́ убива́ют люде́й, но сто́ит ли наро́дной мили́ции сде́рживать гнев масс?"

Я далёк от мы́сли, что позднепу́тинская КР при́мет в Росси́и столь же монструо́зные фо́рмы, как в маои́стском Кита́е, – в си́лу ли мя́гкости и́ли бана́льной ле́ни, но нас ведь интересу́ет ве́ктор. А ве́ктор определи́лся. Пу́тинская консерва́ция страны́ не привела́ к ка́чественному рывку́ и не сняла́ эконо́мику с нефтяно́й иглы́. Полпре́д Холма́нских, гла́вный ру́пор "но́вого Пу́тина", дока́зывает, что у нас сли́шком мно́го образо́ванных люде́й и что пора́ повыша́ть прести́ж челове́ка труда́. Наконе́ц, отря́ды радика́льно настро́енной молодёжи тут как тут.

Из "На́ших" хунвейби́ны не получи́лись, но отря́ды правосла́вной мили́ции, искореня́ющей бесчи́нства, уже́ анонси́рованы. Сего́дня им не понра́вится ва́ша ма́йка, за́втра не понра́вится ми́ни-ю́бка, а послеза́втра им пока́жется, что у вас недоста́точно правосла́вное лицо́. Есте́ственно, на бесчи́нства

▶ в свою́ о́чередь - in its turn
▶ направле́ние - direction; trend
▶ интенси́вная - intensive
▶ "большо́й скачо́к" - "great leap forward"
▶ вся́чески - in every way; by all means
▶ се́ять - disseminate
▶ вражда́ - enmity; antagonism; feud
▶ раско́л - split
▶ в пе́рвую о́чередь - in the first place; above all
▶ натра́вливать - set; incite
▶ селя́не - country folk
▶ бесчи́нства - riots
▶ смотре́ть сквозь па́льцы - turn a blind eye
▶ хунвейби́н - Red Guard
▶ лень - laziness
▶ рыво́к - leap
♦ И́горь Холма́нских - полномо́чный представи́тель Пу́тина в Ура́льском федера́льном о́круге
▶ тут как тут - already there; right on cue
♦ "На́ши" - пропу́тинское молодёжное движе́ние
▶ отря́д - detachment; squad
▶ искореня́ть - eradicate

этой публики полиция будет смотреть сквозь пальцы.

КР в Китае, правда, происходила под лозунгом борьбы с проклятым прошлым, в условиях повальной и грубой дискредитации национальных традиций — от классической литературы до оперы. У нас борьба пойдёт как раз под знаком восстановления традиций и очередной расправы с модернизмом. Но ведь и Сталин в 1937 году, уничтожая ленинскую гвардию, разоблачал космополитические и русофобские перегибы 20-х и реабилитировал классику.

Путинская КР пройдёт под знаком расправы с проклятым либерализмом. Лоялистские идеологи сделают всё возможное, чтобы отождествить либерализм с гомосексуализмом и педофилией, — в этом направлении уже предприняты серьёзные усилия. Любой, кто не одобряет расправ, будет записан в предатели православных ценностей.

Правда, в России большая часть населения — особенно молодёжь — успела насладиться кое-какими благами свободного перемещения, а также умеренного потребления, и потому тотальная хунвейбинизация подростков маловероятна. Зато более чем вероятны ссылки интеллектуалов на производство либо на картошку, благо и работать, как повторяют сторонники Холманских, некому. Не можем мы себе позволить такое количество интеллигентов, пора им отказаться от белоручества и под одобрительное улюлюканье пролетариата показать себя у станка.

Если же православная милиция забьёт ногами какого-нибудь гастарбайтера, случайно приняв его за еврея, — не могут же силы правопорядка искусственно сдерживать гнев народа, желающего отмстить за распятие

▶ публика - audience; public
▶ правда - truth; it is true; tell the truth
▶ повальный - epidemic; general; total
▶ дискредитация - discrediting
▶ восстановление - reconstruction
▶ разоблачать - expose; unmask
▶ русофобия - Russophobia
▶ перегибы - extremity; excesses
▶ реабилитировать - exonerate; vindicate
▶ отождествить - identify
▶ предпринять усилия - make an effort
▶ насладиться - enjoy
▶ блага - benefits
▶ свободное перемещение - free travel
▶ умеренный - moderate
▶ потребление - consumption
▶ маловероятный - unlikely
▶ картошка - potato harvesting; potato
▶ белоручка - white hands; shirker
▶ улюлюканье - jeers
▶ гастарбайтер - migrant worker

Христа! Если вас интересует, что скажет Запад, – попытайтесь вспомнить, что говорил Запад, когда 20 миллионов китайских интеллектуалов, студентов и попросту горожан были публично оплёваны, избиты, а впоследствии сосланы в деревню в рамках программы "Выше в горы, ниже в сёла".

Утешает одно: случайно уцелевший во всей этой катавасии Дэн Сяопин, к тому времени уже 80-летний, вывел Китай к тому полутоталитаризму, который установился там сейчас. Несмотря на регулярные расстрелы и тотальную интернет-цензуру (а может, благодаря им), Китай сделался главным на планете производителем, обладателем самой стремительной экономики. Вероятно, 20 миллионов жертв КР очень обрадовались бы, узнав об этом. Остальные – которым повезло уцелеть – радуются до сих пор.

(Блог на сайте "Эха Москвы", август 2012)

Внос мозга

Интеллектуальность стала трендом ещё в прошлом году. Постепенно начинается и мода на интеллект.

Сегодня повод для оптимизма не надо долго искать: начался учебный год, и впервые за последние пять лет я вижу качественный скачок, революционное изменение студенческого уровня. Это, впрочем, и школьников касается. Мало того, что конкурс в лучшие вузы России доходил в этом году до 60 человек на место, в этом конкурсе действительно отобрали лучших.

Обычно бывает как: приходишь читать первую лекцию и для определения уровня аудитории задаёшь залу несколько простых вопросов по ходу изложения. Эти мини-

▶ интересовать - interest; concern
▶ попытаться - try; attempt
▶ попросту - merely; simply
▶ оплевать - spit over
▶ избить - beat up
▶ впоследствии - subsequently
▶ в рамках - in the frame of
▶ утешать - console
▶ уцелеть - escape; be spared
▶ катавасия - mayhem; confusion
▶ к тому времени - by that time
▶ расстрел - shooting; execution by a firing squad
▶ жертва - victim
▶ внос - introduction
▶ мозг - brain
▶ тренд - trend; fashion
▶ мода - fashion
▶ повод - cause; reason
▶ учебный год - school year; academic year
▶ качественный скачок - quantum leap
▶ впрочем - however; by the way
▶ мало того, что - besides that
▶ вуз - высшее учебное заведение - higher educational institution

опро́сы с нача́ла ве́ка пока́зывали стреми́тельную деграда́цию шко́льного образова́ния. Вчера́, чита́я вво́дную ле́кцию по исто́рии ру́сской литерату́ры в МГИМО, я по пе́рвым же отве́там по́нял, что с э́тим ку́рсом (междунаро́дная журнали́стика, но колле́ги расска́зывают то же и о други́х) расслабля́ться не придётся. Бо́льше того́, что́бы рассказа́ть им что́-то для них но́вое, мне на́до бу́дет всерьёз подтя́гивать со́бственный у́ровень. Они́ в ку́рсе но́вой и нове́йшей исто́рии, ру́сской и зарубе́жной литерату́ры, а вопро́сы их, задава́емые по́сле ле́кции, пока́зывают, что они́ ещё и ду́мают над всем э́тим. Не хочу́ ха́ять пре́жних свои́х выпускнико́в – среди́ них бы́ли весьма́ тала́нтливые лю́ди, сего́дня вполне́ успе́шно рабо́тающие. Но основна́я ма́сса студе́нчества всле́дствие ЕГЭ с трудо́м могла́ проче́сть наизу́сть хоть одно́ стихотворе́ние, испы́тывала серьёзные тру́дности с формули́рованием просте́йшей мы́сли и литерату́ру зна́ла е́ле-е́ле в объёме шко́льного ку́рса. Но́вые зна́ют не то́лько Пеле́вина и Соро́кина, но и Мережко́вского и Бе́лого; литерату́ра переста́ла для них быть шко́льным предме́том и ста́ла лека́рством, зе́ркалом, предсказа́телем бу́дущего – сло́вом, верну́лась в живо́й совреме́нный конте́кст.

Э́то впечатле́ние то́лько укрепи́лось на сле́дующий день, когда́ меня́ пригласи́ли с ле́кцией в Междунаро́дный университе́т. Его́ студе́нты оказа́лись в ку́рсе всех после́дних собы́тий, хотя́ ещё год наза́д аполити́чность счита́лась у них хоро́шим то́ном. Начи́танность их вы́ше вся́ких похва́л, а острота́ диску́ссии, Бог весть отку́да взя́вшаяся при по́лном отсу́тствии живо́го приме́ра на ТВ, заставля́ет вспомина́ть о лу́чших времена́х "Пресс-клу́ба". За всё э́то на́до сказа́ть спаси-

▶ опро́с - opinion poll
▶ стреми́тельная - sweeping; rash
▶ деграда́ция - degradation; decline
▶ шко́льное образова́ние - schooling
▶ вво́дная ле́кция - introductory lecture
▶ расслабля́ться - relax
▶ всерьёз - in earnest; seriously
▶ подтя́гивать - pull; tighten; raise
▶ со́бственный - own; personal
▶ у́ровень - level; standard
▶ в ку́рсе - aware; abreast
▶ ха́ять - speak ill; blast
▶ всле́дствие - thanks to; because of
▶ ЕГЭ - еди́ный госуда́рственный экза́мен - Uniform State Exam
▶ наизу́сть - by heart
▶ е́ле-е́ле - just barely
▶ лека́рство - medicine
▶ предсказа́тель бу́дущего - fortune-teller
▶ сло́вом - in short; in a word
▶ аполити́чность - indifference towards politics
▶ хоро́ший тон - good form
▶ начи́танность - extensive reading

бо никак не реформе образования, которая, по сути, ещё и не начиналась, а тому резкому всплеску общественной активности, который мы наблюдаем с сентября прошлого года, после известной рокировки. И дело опять-таки не в свободе, которая сама по себе может использоваться по-разному и в девяностые, например, вела к стремительному одурению большей части страны. Дело в мотивации, в ощущении, что заниматься собой — небезнадёжно, что от частного человека нечто зависит (как ни странно, в девяностых у меня такого ощущения почти не бывало). Сейчас оно вернулось. Почему — отдельный и долгий разговор, но, вероятно, прежде всего потому, что характер выковывается только в сопротивлении. А оно сегодня очень сильно — и не только со стороны власти или лоялистов, но и со стороны добровольного "коллективного Булгарина", полюбившего оплёвывать белоленточников за неэстетичность и отсутствие позитива.

Мне много раз приходилось говорить о том, что истинная оппозиционность сегодня состоит, конечно, не в хождениях на митинги, хотя и это дело хорошее; она сводится как раз не к протесту, а к вещам позитивным, тем самым, в недостатке которых нас так часто упрекают. Оппозиционность сегодня — это противостояние доминирующим, государственно одобренным трендам. Например: не расслабляться, живя на нефтяную ренту; искать, выдумывать, производить, конкурировать, не смиряться с тем интеллектуальным уровнем, который навязан стране системой государственного вранья и тотального запрета. Не опускаться до телевидения и ручной прессы, не сползать в оккультизм или государствославие, не сми-

▶ образование - education; formation
▶ по сути - in effect
▶ резкий - sharp
▶ всплеск - upsurge; splash
▶ рокировка - castling; job swap
♦ премьер-министр Путин вернулся на пост президента, а президент Медведев стал премьер-министром
▶ одурение - dumbing down
▶ мотивация - motivation
▶ зависеть - depend
▶ как ни странно - oddly enough
▶ характер - character
▶ выковывать - hammer out
▶ сопротивление - resistance
▶ добровольный - voluntary
♦ Фаддей Булгарин - писатель, журналист, критик в России XIX века; был агентом царских спецслужб
▶ неэстетичный - inaesthetic
▶ истинная - true; genuine
♦ государствославие - государство + православие

ряться с тем, что такова воля большинства. Большинство, кстати, ещё не определилось – оно всегда определяется постфактум. Сегодня высшая форма оппозиции – быть умным и не опускаться до уровня оппонента: не переходить на личности в дискуссиях, не ограничиваться школьной программой, вообще меньше развлекаться и больше работать над собой. Потому что больше работать в России сейчас не над чем – всё остальное прибрали к рукам. Но себя-то у тебя никто не отнимет. Впрочем, этот императив срабатывал и в те же самые проклятые девяностые, когда ваш покорный слуга писал: "Остаётся носом по тарелке скрести в общепитской столовой, и молчать, и по собственной резать кости, если нету слоновой". Лучшее, что мы можем сегодня сделать – себя; и только с этого начнётся другая страна.

Интеллектуальность стала трендом и модой ещё в прошлом году. Хорошо ли это? Плохо, как всякая мода, и хорошо по возможным последствиям: одно время программа "Взгляд" носилась с идеей сделать модным добро, но тогда это как-то не получилось. Добро стало модно значительно позже – когда в России возникла мода на благотворительность. Вероятно, многое в этом явлении было и лицемерно, и уродливо; к счастью, сейчас эти болезни роста преодолеваются, стало меньше бестактностей и самопиара (тем более что издержки этого самопиара мы в марте-феврале наблюдали по полной программе). Постепенно начинается и мода на интеллект, хотя у неё, увы, свои издержки: тут будет и неизбежный снобизм, и кружковщина, и интеллектуальная самодеятельность (что делать, мы сами истребили почти все среды, где могли собираться и спорить умные подростки).

▶ большинство - majority
▶ определяться - find a place; be defined
▶ постфактум - post factum; after the fact
▶ высшая форма - higher mode
▶ переходить на личности - get personal
▶ развлекаться - have fun
▶ работать над собой - refine oneself
▶ прибрать к рукам - get one's claws into
▶ отнять - take away
▶ ваш покорный слуга - yours truly
▶ скрести - scrape
▶ общепит - общественное питание - public catering
♦ "Взгляд" - популярная телепередача 1980-90-х годов
▶ носиться с идеей - fuss over an idea
▶ благотворительность - charity
▶ болезнь роста - development disease
▶ самопиар - publicity stunt
♦ в марте-феврале - имеется в виду самопиар Путина
▶ кружковщина - clanship

Но все эти болезни роста не должны заслонять от нас главного: в последние пять лет попросту неизбежны были сетования преподавателей на уровень абитуриентов, а работодателей – на уровень выпускников. Так вот, как всегда бывает при застое, самообразование стало главным занятием общества и принесло свои первые плоды. Молодёжи, требовательной попросту в силу неопытности, очень быстро стало скучно только потреблять и развлекаться. Может ли она на этом пути поиграть в революцию, заразиться радикализмом? Вполне, поскольку радикализм и подполье возникают там, где нет нормальной политики. Но поколения "присевших на школьной скамейке палачей", как называл Мандельштам комсомольскую поросль тридцатых, мы уж точно не получим.

Что сейчас нужнее всего, на мой взгляд, – так это учителя, которым бы эта молодёжь доверяла; педагоги, которые могли бы предупредить её о нескольких наиболее очевидных тупиках. И вот вопрос: есть ли у нас сегодня такие учителя? Можем ли мы быть достойны собственных детей, не остановился ли наш собственный интеллектуальный рост? Способны ли мы ещё с самих себя спросить по максимуму, а не с оглядкой на то, что другие ещё хуже? Не атрофировались ли мускулы за время вынужденного бездействия? Настало время умнеть вслед за нашими детьми. Это трудно – мы ведь, кажется, уже привыкли к мысли, что так и доживём в полусумраке. И, наверное, не заслуживаем ничего другого. Но дети, как выяснилось, на такой вариант не согласны. Более оптимистического вывода я не делал для себя уже давно.

(Блог на сайте "Эха Москвы", август 2012)

▶ заслонять - shield; obstruct
▶ сетование - lament
▶ абитуриент - applicant; prospective student
▶ работодатель - employer
▶ выпускник - graduate
▶ застой - stagnation
▶ самообразование - self-education
▶ занятие - occupation
▶ требовательный - demanding
▶ потреблять - consume
▶ заразиться - catch the bug
▶ подполье - underground
▶ поколение - generation
♦ Осип Мандельштам - поэт, погиб в ГУЛАГе в 1938 году
▶ комсомольская - Young Communist
▶ поросль - scrubs; growth
▶ на мой взгляд - in my opinion
▶ предупредить - warn
▶ тупик - dead end
▶ с оглядкой - with caution
▶ атрофироваться - atrophy
▶ бездействие - inaction
▶ умнеть - grow wiser
▶ привыкнуть - get used
▶ мысль - thought

Ждёмс

Не сбылось оптимистическое предсказание насчёт протестной активности.

Для эпохи реакции всегда характерна общественная пассивность, но сегодняшняя пассивность имеет особо злокачественный характер, потому что в основе её отнюдь не лояльность, не преданность Путину, а пассивное злорадство.

В прошлой колонке я пообещал признать себя очень плохим пророком, если на Марш несогласных 15 сентября выйдет меньше 120 000 участников.

Значительная часть читателей – не только проплаченных злопыхателей, радостно кричащих: "Провал!" после каждого митинга, но и вполне сочувствующих – отозвалась единодушным: "Ждём-с". С удовольствием признаю себя очень плохим пророком. С удовольствием – потому что большая часть предсказанного в колонке "Воронка" меня отнюдь не радует: более того, пугает.

Стало быть, не сбылось оптимистическое предсказание насчёт протестной активности – и это действительно очень грустно. Грустно прежде всего потому, что для эпохи реакции всегда характерна общественная пассивность, но это бы полбеды. Сегодняшняя пассивность имеет особо злокачественный характер именно потому, что в основе её отнюдь не лояльность, не преданность Путину, не восторг от текущего положения дел. В основе её – "чума на оба ваши дома", пассивное злорадство, любопытствующее ожидание, кто первым обгадится.

Разговоры о том, что подавляющему большинству населения стало при Путине значительно легче жить, могут вестись только

▶ ждать - wait
♦ У русских писателей можно встретить слова с окончанием "–с". Эта форма называется словоерс. Она употреблялась при обращении к человеку, стоявшему выше на социальной лестнице, например, при обращении слуги к хозяину. Другие случаи употребления – выделение важности высказывания, а также ирония и самоуничижение. Словоерс появился в результате сокращения слова "сударь", т.е. "да-с" означает "да, сударь".
▶ сбыться - come true
▶ предсказание - prediction
▶ пассивность - passivity
▶ злокачественный - malignant
▶ преданность - devotion
▶ злорадство - malevolence
▶ пророк - prophet
▶ проплаченный - paid
▶ злопыхатель - spiteful critic
▶ обгадиться - shit oneself

людьми́, кото́рые в са́мом де́ле давно́ не выезжа́ли из Москвы́.

Кро́ме того́, "ле́гче жить" – не зна́чит "ле́гче дыша́ть": наро́ду – и интеллиге́нции как его́ наибо́лее акти́вной ча́сти – небезразли́чна атмосфе́ра в о́бществе. Но э́та атмосфе́ра де́йствует, проника́ет в лёгкие, разлага́ет умы́ – и потому́ сего́дняшний тренд заключа́ется в бесполе́зности вся́кого де́йствия: сего́дня на гребне́ бу́дет не тот, кто говори́т, а тот, кто молчи́т, не де́йствующий, а выжида́ющий, не принадлежа́щий к конкре́тному ста́ну, а отва́жно критику́ющий с дива́на всех и вся.

Разуме́ется, така́я пози́ция на пра́ктике равна́ присоедине́нию к сильне́йшему – но власть ведь то́же не назовёшь си́льной: у неё свой кри́зис, незави́симый от проте́стного движе́ния. Пусть ты́сячу раз не пра́вы мы все, выходя́щие на ма́рши и́ли трибу́ны, – но незави́симо от на́ших мне́ний де́йствующая полити́ческая систе́ма близка́ к колла́псу, популя́рность её па́дает, а ре́йтинг обеспе́чен лишь ма́ссовым стра́хом пе́ред любы́ми переме́нами. У нас э́то, к сожале́нию, в крови́.

И в э́том принципиа́льное отли́чие но́вого засто́я от семидеся́тых: тогда́ существова́л вы́смеянный Михаи́лом Ми́шиным всенаро́дный пасси́вный "одобря́мс".

Сего́дня существу́ет "ждёмс" – совсе́м неодобри́тельный и куда́ ме́нее симпати́чный, поско́льку злора́дство вообще́ не принадлежи́т к числу́ челове́ческих доброде́телей. Э́тот "ждёмс" тота́лен и равно́ гото́в разрази́ться волно́й дово́льно ра́бских по су́ти смешко́в в отве́т на любо́е собы́тие, будь то полёт Пу́тина с журавля́ми и́ли Марш миллио́нов, встре́ча Пу́тина с Ма́шей Ге́ссен и́ли встре́ча Нава́льного с Удальцо́вым.

▶ в са́мом де́ле - indeed
▶ выезжа́ть - leave
▶ зна́чить - mean
▶ дыша́ть - breathe
▶ небезразли́чный - unindifferent
▶ проника́ть - penetrate
▶ лёгкие - lungs
▶ разлага́ть - corrode
▶ бесполе́зность - futility
▶ быть на гребне́ - ride the crest
▶ стан - camp; body
▶ отва́жно - courageously
▶ всех и вся - everyone and their brother
▶ разуме́ется - of course
▶ присоедине́ние - joining
▶ сильне́йший - strongest
▶ обеспе́чить - ensure
▶ к сожале́нию - unfortunately
♦ Михаи́л Ми́шин - писа́тель-сати́рик, сценари́ст
▶ одобря́мс - от слова "одобря́ть" - approve
▶ доброде́тель - virtue
♦ полёт с журавля́ми - экологи́ческая а́кция Пу́тина в 2012 году́
♦ Ма́ша Ге́ссен - росси́йский журнали́ст
♦ Нава́льный, Удальцо́в - ли́деры оппози́ции

Среда "ждёмса" не предполагает никакой общности – тут каждый сам за себя; это отражение ситуации, когда ни с одной общественной силой нельзя солидаризироваться.

Сегодня делать что-либо – вернейший путь к поражению. Лучший способ показаться умным – ничего не говорить. Простейший способ стать пророком – предсказывать крах любому начинанию. Гарантия нравственной чистоты – абсолютное бездействие.

Короче, у всех реакционных эпох есть общая доминанта: если героями пограничных, революционных либо попросту бурных времён становятся люди действия – пассионарии, в антинаучной терминологии Гумилёва, – то в эпохи реакции приходит время Молчацких.

Они ничем не рискуют, как Молчалины, и всех ругают, как Чацкие. А потом приходят катастрофы – пусть сегодня они, с поправкой на масштаб эпохи и страны, будут не особенно разрушительны. Кто-то их вообще не заметит, так и продолжит брюзжать, тысячу раз назвав крахом любую чужую победу и не заметив собственной гибели.

Я буду счастлив оказаться плохим пророком. Но не окажусь. Потому что уже сегодня число людей, готовых делать хоть что-то – не важно, охранительное или протестное, – скукоживается на глазах, отравляется сепсисом тотального скепсиса. И самое странное, что этот коллективный "ждёмс" кажется мне гораздо хуже не только оппозиции, но и Путина. Страшно сказать: я даже начинаю сочувствовать Путину – он хоть что-то делает.

Последняя фраза (как и большинство финалов моих колонок, если кто заметил) адресована именно коллективному "ждёмсу". Я

▶ предполагать - presuppose
▶ общность - community
▶ каждый сам за себя - every man for himself
▶ отражение - reflection
▶ солидаризироваться - associate oneself
▶ поражение - defeat
▶ начинание - undertaking
▶ чистота - purity
▶ доминанта - dominant idea
▶ пограничный - borderline
▶ антинаучный - unscientific
♦ Лев Гумилёв - историк, востоковед
♦ Молчалин, Чацкий - персонажи комедии Грибоедова "Горе от ума"
♦ Молчацкий = Молчалин + Чацкий
▶ с поправкой на - with allowance for
▶ разрушительный - destructive
▶ брюзжать - grumble
▶ охранительный - conservative
▶ скукоживаться - shrink
▶ сепсис - blood poisoning
▶ скепсис - skepticism

очень хочу́ почита́ть его́ комме́нты о том, как по́сле очередно́го оглуши́тельного кра́ха очередно́й проте́стной а́кции в очередно́й раз покупа́ю себе́ жизнь.

(Блог на са́йте "Э́ха Москвы́", а́вгуст 2012)

Сам дура́к

Ну, в о́бщем, они́ своего́ доби́лись – дураки́ составля́ют большинство́.

Я никогда́ ещё не жил в о́бществе, где дураки́ составля́ют большинство́, и э́то, на́до сказа́ть, соверше́нно но́вый, где́-то да́же револю́цио́нный о́пыт.

Мне возразя́т, что так э́то всегда́ и бы́ло, что дураки́ всегда́ составля́ют де́вять деся́тых любо́го соо́бщества, и сам я про э́то писа́л, но я ведь никогда́ не име́л в виду́ населе́ние в це́лом. Я говорю́ о той са́мой одно́й деся́той, кото́рая счита́ется мы́слящей ча́стью о́бщества: она́ чита́ет, пи́шет, хо́дит в кино́, следи́т за поли́тикой и комменти́рует её.

В ра́зные времена́ Росси́я производи́ла ра́зные това́ры неодина́кового ка́чества: автома́ты, та́нки, автомоби́ли, и́скренних лояли́стов, стукаче́й, дисседе́нтов, эмигра́нтов (э́та статья́ росси́йского э́кспорта у нас осо́бенно уда́чна), и всё э́то куда́-то дви́галось, верте́лось, вызыва́ло живе́йший интере́с.

Ны́нешняя Росси́я произво́дит почти́ исключи́тельно дурако́в, но в промы́шленных коли́чествах, превыша́ющих любо́й спрос. Э́ти дураки́ преоблада́ют во всех сфе́рах ру́сской жи́зни, включа́я интеллектуа́льную.

В оппози́ции они́, кста́ти, то́же в большинстве́, так что постоя́нные и однообра́зные прете́нзии к э́той са́мой оппози́ции уже́, на́до сказа́ть, не́сколько доста́ли.

▶ комме́нты *(slang)* - комме́нта́рии - comments
▶ очередно́й - regular; subsequent; latest
▶ оглуши́тельный - stunning
▶ дура́к - fool
▶ составля́ть большинство́ - be in the majority
▶ возрази́ть - object; return; retort
▶ соо́бщество - community
▶ населе́ние - population
▶ в це́лом - as a whole
▶ мы́слящий - thinking; rational
▶ неодина́ковый - distinct; unequal
▶ автома́т - submachine gun; robot
▶ стука́ч - informant; snitch
▶ верте́ться - revolve
▶ ны́нешняя - present; today's
▶ исключи́тельно - solely
▶ в промы́шленных коли́чествах - on an industrial scale
▶ превыша́ющий - exceeding
▶ спрос - demand
▶ преоблада́ть - prevail; predominate
▶ однообра́зный - monotonous

Ещё по Белоруссии было ясно, что ситуация не может быть иной: где катастрофически вырождается власть, там дуреет и оппозиция.

Если хотите другой оппозиции, с которой не стыдно солидаризироваться, — давайте для начала поменяем власть, но ведь этого вам не хочется. Тогда станет очевиден и собственный ваш идиотизм. Разве кто-нибудь, кроме идиота, может задавать вопрос, какая у вас позитивная программа, людям, которые убирают с дороги дохлую лошадь? Их позитивная программа заключается в том, чтобы не было дохлой лошади, а их спрашивают, зачем они рвутся во власть. Они никуда не рвутся, их функция гигиеническая, они просто немного чувствительнее к запаху дохлой лошади, вот и всё; но объяснить этого они тоже не могут, будучи дураками. Чувствительность к запахам ещё не означает ума.

Признаки дурака многообразны, но остановимся на сущностных.

Во-первых, дурак склонен обсуждать всерьёз очевидные вещи, то есть ставить под сомнение аксиоматику того общества, в котором живёт.

Мне возразят (ах, мне всегда возражают! Нет бы дослушать до конца), что и Лобачевский поставил под сомнение аксиоматику Евклида; отлично, скажу я, — давайте отменим плоский мир Евклида и создадим другой, тогда и поставим под сомнение все аксиомы; но вы же не хотите! Вы хотите жить в постиндустриальном мире и при этом горячо спорить о национальном вопросе; хотите свободно ездить за границу – и ностальгировать по Сталину; желаете благополучия – и всё-таки ненавидите свободу! Дураки спорят о том, хороши или плохи евреи, лучше ли всех русские, обязательно ли верить в Бога и не следует ли

▶ вырождаться - degenerate
▶ дуреть - grow stupid
▶ стыдно - shameful; embarrassing
▶ солидаризироваться - associate oneself
▶ для начала - begin with; for a start
▶ идиотизм - idiocy; idiotism
▶ задавать вопрос - ask a question
▶ дохлая - dead
▶ рваться - be eager to
▶ гигиеническая - hygienic; sanitary
▶ запах - smell; odour
▶ чувствительность - sensibility; sensitivity
▶ признак - characteristic; mark
▶ сущностный - essential
▶ склонен - inclined; prone
▶ ставить под сомнение - put in doubt
♦ Николай Лобачевский - русский математик
♦ Евклид - древнегреческий математик
▶ ностальгировать - be nostalgic about
▶ благополучие - well-being; prosperity
▶ обязательно - obligatory

выслать из столицы всех инородцев, – и не понимают, что это не обсуждается, поскольку на дворе не Средневековье и за окном не Саудовская Аравия.

Во-вторых, дурак не умеет спорить.

В споре его интересует только доминирование, аргументом ему служит только переход на личности, а точку зрения оппонента для него определяют только имманентные, врождённые признаки: живёт за границей (или в русской провинции), является евреем (казаком), воспитывает детей (кота). То, что можно быть евреем, жить в провинции и воспитывать детей либо быть заграничным казаком и растить кота, уже не укладывается в сознании дурака. Он мыслит паттернами.

В-третьих, дурак не способен взглянуть на процесс вне устоявшегося контекста: для либерального дурака СССР однозначно плох и не содержит ничего прогрессивного; для тоталитарного дурака все, кто жил в СССР после Сталина, разваливали великую империю.

В-четвёртых, дурак очень мало читал.

Он вообще мало знает, но чтение в принципе даётся ему с трудом: "Я этого не читал и не буду", "Это пусть читают п...сы", "Я лучше почитаю такого-то" (называется близкий друг или сосед, чаще всего завсегдатай стихов.ру).

В-пятых, дурак – почти всегда конспиролог.

Он не верит в ход вещей, но свято верит в мировые заговоры: "близнецов" взорвал Буш, Ельцин – масон, Путину мешают англосаксы. Большинство теорий, выработанных дураками, неопровержимы именно потому, что нельзя ни доказать, ни опровергнуть существование мирового заговора. Дурак не знает, что такое критерий Поппера. В его голове не может уместиться мысль о том, что

▶ выслать - deport; expel
▶ инородец - alien; outlander
▶ обсуждать - discuss
▶ Средневековье - Middle Ages
▶ спорить - argue; debate
▶ переход на личности - personal attacks
▶ точка зрения - point of view
▶ имманентный - immanent; inherent
▶ врождённый - innate; inborn
▶ еврей - Jew
▶ воспитывать - bring up; educate
▶ не укладывается в сознании - one can hardly take it in
▶ устоявшийся - established
▶ однозначно - unequivocally
▶ содержать - contain; hold
▶ п...сы - пидорасы (*очень грубое слово*) - faggots
▶ сосед - neighbour
▶ завсегдатай - frequenter
♦ стихи.ру - www.stikhi.ru
▶ конспиролог - conspiracy theorist
♦ "близнецы" - twin towers in New York

верной или неверной может быть только опровержимая теория – всё остальное не теория, а хер моржовый, который совершенно неопровержим в своей наглядности и простоте.

В-шестых, дурак никогда не видит себя со стороны.

Он не способен к самоиронии, но это бы пусть; большинство дураков – мономаны и теряют всякую критичность, садясь на своего конька. С ними даже можно общаться, но ровно до тех пор, пока речь не заходит о евреях, педофилах или эльфах.

Почему дураков стало так много – вопрос неоднозначный: проще всего сказать, что их продуцирует путинское начальство, заинтересованное в лёгкости управления. И это даже логично, как всякая теория дурака. На самом деле это процесс многофакторный, и факторов этих – вечное проклятие недураков! – знающие люди называют множество; от глобального потепления до всеобщего распространения интернета. Факт тот, что мыслящая часть России впервые деградировала до такого уровня, что дискуссии в этой среде сделались невозможны, прогнозы насчёт будущего бессмысленны, а бесконечные хождения по кругу и повторения пошлостей из эксцесса превратились в норму. Ни один кружок гимназистов, ни одна боевая группа террористов, ни одна компания подпивших вистующих чиновников не выглядела так безнадёжно, тупо и агрессивно.

Возникает естественный вопрос: зачем?

Мы часто задумываемся о целях Божьих, но не нашли ещё ответа на бёрнсовское вопрошание: Господь во всём, конечно, прав, но кажется непостижимым, зачем он создал прочный шкаф с таким убогим содержимым. Мы и, вообще-то, не знаем конечной цели

▶ опровержимая - refutable; disprovable
▶ хер моржовый - walrus's dick (nonsense)
наглядность - obviousness
▶ простота - simplicity
▶ видеть себя со стороны - see oneself as others see one
▶ самоирония - self-irony
▶ критичность - criticism
▶ сесть на своего конька - warm to one's subject
▶ общаться - converse
▶ неоднозначный - ambivalent
▶ продуцировать - produce
▶ лёгкость - lightness; easiness
▶ многофакторный - multifactorial
▶ проклятие - curse
▶ глобальное потепление - global warming
▶ всеобщее распространение - general distribution
▶ хождение - wandering
▶ подпивший - подвыпивший - drunk
▶ вистующий - playing whist (card game)
♦ бёрнсовское - Роберт Бёрнс, шотландский поэт

творения, но как-то нам нравилось думать, что одной из его возможных целей является прогресс. Однако каково это – вообразить, что регресс не менее важен, что без него мы, может быть, не ощутим должного смирения, что всякому Возрождению должны предшествовать тёмные века? А может, суть не в Возрождении вовсе, и у дурака есть столь мощный компенсаторный механизм, что нам и не снился? Вдруг это иррациональное чутьё, удивительное физическое совершенство или способность затормозить прогресс? Предсказал же Леонов в "Пирамиде", что человечество обречено на деградацию, иначе оно уничтожит себя и мир?

Казалось бы, в обстановке этой тотальной и нарастающей бессмыслицы всё труднее сохранять оптимистический взгляд на вещи (оптимизм как раз не является признаком дурака – дурак бывает оптимистом только на собственный счёт, а миру он чаще всего пророчит гибель; то, что в случае гибели мира погибнут и дураки, в их головы не вмещается).

Однако есть во всём этом и нечто действительно вдохновляющее: существует точка зрения, что Господа вообще не интересуют наши дела – его интересуют наши души, которые мы и должны вернуть, по Кушнеру, "умирая, в лучшем виде". Об этом писала Цветаева - вы, уверяла она Бессарабова, растрачиваете себя на мелкие добрые дела для недобрых людей, которые их не оценят, а надо над душой своей работать, другого смысла ни в чём нет! Это эгоистический, но здравый взгляд на вещи. Я не знаю, для чего предназначены наши души, – может, страшно подумать, для нас самих, ибо с воспитанной душой человеку легче, – но единственное,

▶ творение - creation
▶ вообразить - imagine
▶ должный - proper
▶ смирение - humility
▶ Возрождение - Renaissance
▶ предшествовать - precede
▶ тёмные века - Dark Ages
▶ компенсаторный механизм - compensatory mechanism
▶ физическое совершенство - physical perfectness
▶ затормозить - slow down
♦ Леонид Леонов - писатель
▶ обречено - doomed
▶ иначе - differently; otherwise
▶ бессмыслица - nonsense
▶ пророчить - prophesy; predict
▶ вдохновляющее - inspiring
♦ Александр Кушнер - поэт
▶ в лучшем виде - in fine fashion
♦ Марина Цветаева - поэтесса
▶ растрачивать - waste
▶ оценить - appreciate
▶ предназначен - destined

чем име́ет смысл занима́ться, по-мо́ему, э́то и́менно разнообра́зное разви́тие, зака́лка, шлифо́вка и про́чие поле́зные манипуля́ции с со́бственной душо́й.

Так вот, говорю́ я, есть мне́ние, что оди́н из са́мых о́стрых, то́нких и си́льных инструме́нтов, э́ту ду́шу обраба́тывающих, – как раз жизнь во времена́ дурако́в, без каки́х-ли́бо перспекти́в, с ощуще́нием по́лного истори́ческого тупика́.

Прихо́дится призна́ть, что меч закаля́ется не то́лько в огне́, но и в говне́.

(Блог на са́йте "Эха Москвы́", а́вгуст 2012)

▶ име́ет смысл - it is worth; it makes sense
▶ зака́лка - hardening
▶ шлифо́вка - grinding
▶ манипуля́ция - manipulation
▶ душа́ - soul
▶ обраба́тывающий - processing
▶ перспекти́ва - prospect; outlook
▶ говно́ - shit

▶ герои́ня - heroine
▶ герои́н - heroin
▶ си́льная шту́ка - strong stuff; great stuff

▶ жо́па - ass
▶ интерфе́йс - interface
▶ де́лать че́рез жо́пу - do through the ass (do poorly or carelessly)
▶ в зави́симости от интона́ции - depending on the intonation
▶ ма́терное сло́во - swear word
▶ автомеха́ник - car mechanic
▶ означа́ть - mean
▶ дета́ль - detail
▶ приспособле́ние - device

Ирина Прохорова

Литературовед, главный редактор журнала "Новое литературное обозрение"

Ирина Дмитриевна Прохорова родилась 3 марта 1956 года в Москве. Закончила филологический факультет Московского государственного университета имени М. В. Ломоносова, кандидат филологических наук (диссертация о литературе английского модернизма). Работала на телевидении, со второй половины 1980-х годов – редактор в журнале "Литературное обозрение". В 1992 году основала журнал "Новое литературное обозрение" и возглавила издательство. Активно занимается благотворительной деятельностью. В 2004 году по инициативе Ирины Прохоровой был создан благотворительный Фонд Михаила Прохорова. Михаил Прохоров – российский бизнесмен и политик, брат Ирины.

Блог на сайте "Эха Москвы": www.echo.msk.ru/blog/iprokhorova.
"Новое литературное обозрение": www.nlobooks.ru.

▶ литературовед - literary scholar
▶ главный редактор - editor-in-chief
▶ журнал - magazine; journal
▶ обозрение - review
▶ филологический факультет - Philology Department
▶ кандидат филологических наук - candidate of Philological Sciences
▶ диссертация - dissertation; thesis
▶ возглавить - head; take charge of
▶ издательство - publishing house
▶ благотворительная деятельность - charity work
▶ по инициативе - at the initiative of

Чему учит история: новый русский денди на рандеву

Мы редко вспоминаем историю, когда в отечестве или всё хорошо, или хотя бы сносно. Интерес к предшествующему опыту неизменно просыпается в эпоху социальных катаклизмов, когда мы ищем логику и смысл в чехарде событий и перемен. Неправда, что история ничему не учит. Она ничего не даёт тем, кто её просто не знает или не хочет знать, сочиняя взамен идеологические байки.

История вряд ли поможет тем, кто стремится найти в ней готовые рецепты спасения и конечные ответы на все насущные вопросы. Но прошлое как резервуар идей и прецедентов может оказаться важным инструментом для осмысления настоящего. Исторические параллели не помогут предсказать будущее, они ценны как симптомы сходных социальных процессов, неизменно возникающих в разные эпохи в разных странах и, как правило, имеющих разные сценарии развития в зависимости от сложившихся обстоятельств.

События последних месяцев были богаты на исторические аналогии. Назначение преданного вождю слесаря на пост полпреда напомнило всем знаменитый античный сюжет о введении императором Калигулой коня в сенат; нового министра культуры безжалостно окрестили мини-Сусловым, если не сказать хуже. Принятые законы об образовании воскресили память о крепостном праве и безграмотных средних веках и т.д. Но больше всего исторических дискуссий ведётся вокруг природы социальных волнений, охвативших крупные города с конца прошлого года.

С чем только не сравнивали этот феноменальный взлёт гражданской актив-

▶ денди - dandy
▶ рандеву - rendezvous
▶ сносный - tolerable; bearable
▶ предшествующий - preceding
▶ неизменно - invariably
▶ просыпаться - awake; wake up
▶ катаклизм - cataclysm; catastrophe
▶ чехарда - leapfrog; mess
▶ неправда - not true
▶ сочинять - invent; make up
▶ взамен - instead
▶ насущный вопрос - pressing question; urgent matter
▶ резервуар - basin; container
▶ прецедент - precedent
▶ осмысление - understanding
♦ назначение слесаря - имеется в виду назначение Игоря Холманских на пост полномочного представителя Путина в Уральском федеральном округе
♦ новый министр культуры - Владимир Мединский
♦ Михаил Суслов - идеолог КПСС

ности наших рассерженных горожан – и со студенческим бунтом 1968 года, и с предреволюционной ситуацией начала 20 века, и с перестройкой 1980-х и многими другими событиями. Все эти исторические параллели имеют право на существование, но я хочу указать на одну важную деталь современного движения, требующую специального осмысления. Несмотря на то, что демонстранты в целом представляют собой пёструю смесь всех поколений и политических пристрастий, смысловым ядром протеста выступают молодые стильные люди: утончённые девушки и щеголеватые юноши.

Именно их обвиняют в пресловутой гламуризации протестного движения, и именно их с безошибочным классовым чутьём выхватывают из толпы и запихивают в автозаки наши славные блюстители порядка. Эти фрондирующие, но вполне мирные городские жители с трогательными белыми ленточками почему-то вызывают у властей куда больше ненависти и страха, нежели брутальные националисты. В чём же причина столь странной фобии?

Она кроется в нашем не очень давнем прошлом, о коем нам напомнил отличный фильм "Стиляги" – в отчаянной кампании против пижонов и стиляг, развернувшейся в стране в послевоенные годы. Это была борьба дряхлеющего архаичного режима против нарождающейся современной городской культуры, новой социальной страты, требующей гуманизации среды обитания и элементарных гражданских свобод.

На ум приходит знаменитая фраза писателя Андрея Синявского о том, что его разногласия с советской властью были не политического, а эстетического свойства. Юные советские

▶ бунт - revolt; mutiny
▶ предреволюционная - prerevolutionary
▶ право на существование - right to exist
▶ демонстранты - protesters
▶ пёстрая смесь - motley mixture
▶ поколение - generation
▶ пристрастие - predilection
▶ смысловое ядро - conceptual core
▶ стильный - stylish
▶ утончённый - sophisticated
▶ щеголеватый - smart; swanky
▶ пресловутый - infamous; proverbial
▶ безошибочный - unmistakable
▶ классовое чутьё - class instinct
▶ выхватывать - snatch out
▶ запихивать - stuff; box in
▶ блюститель порядка - law enforcement officer
▶ нежели - rather than
▶ крыться - lie in; be at the bottom of
▶ стиляга - mod; hipster
▶ пижон - fop
▶ дряхлеющий - decрепit
▶ страта - strata; level

денди критически переосмысливали трагический опыт своих отцов путём создания альтернативного стиля жизни, который стал языком социального протеста и поколенческой самоидентификации и, в конечном счёте, привёл к глубокой трансформации всего общества.

Неудивительно, что при громогласных призывах к радикальной модернизации страны наша квазисоветская власть так агрессивно реагирует на чуждую ей стилистику, будь то выставки современного искусства, новый разговорный сленг или вестернизированный облик городской молодёжи. И нападки на "новую интеллигенцию" ведутся по знакомым риторическим пропагандистским канонам: её обвиняют в подрывной деятельности, покушении на основы государственного устройства, антипатриотизме, бездуховности, безнравственности.

Поколение советских Браммеллей дорого заплатило за тягу к "красивой жизни": одни эмигрировали, другие ушли в андерграунд или диссидентство, многие были морально раздавлены гонениями. Но я свято верю, что сегодня возможен иной – позитивный – сценарий, и на очередном рандеву с историей новый русский денди покажет себя во всём блеске.

(Блог на сайте "Эха Москвы", июнь 2012)

Чему учит история: что общего у Pussy Riot с Адамом Смитом?

…Зато читал Адама Смита
И был глубокий эконом…

К нам просвещенье не пристало,
И нам досталось от него

▶ переосмысливать - rethink; redefine
▶ трагический опыт - tragic experience
▶ путём создания - through the creation of
▶ альтернативный стиль жизни - alternate life style
▶ поколенческий - generational
▶ самоидентификация - self-definition
▶ в конечном счёте - eventually; in the end
▶ громогласный - vociferous
▶ чуждый - strange; alien
▶ нападки - assault; attacks
▶ канон - canon
▶ подрывная деятельность - subversive activity
▶ покушение - attempt
▶ бездуховность - soullessness
▶ безнравственность - immorality
♦ Джордж Браммел - George Bryan "Beau" Brummell, an iconic figure in Regency England, the arbiter of men's fashion
♦ Адам Смит - Adam Smith, a pioneer of political economy

> Жеманство – больше ничего…
> А.С.Пушкин

Август в русской истории – традиционно роковой месяц, период социальных волнений и катаклизмов. И в этом году он не обманул наших ожиданий, начавшись с суда над Pussy Riot.

С точки зрения элементарного здравого смысла раздувание ничтожного инцидента до громкого международного политического процесса воспринимается как заведомый абсурд, кафкианская фантасмагория.

Не будем, однако, забывать, что в кажущемся социальном безумии всегда есть жёсткая внутренняя логика, и расколовшееся общественное мнение по вопросу о судьбе Pussy Riot тому самое яркое подтверждение. Если одна часть граждан считает уголовный суд над молодыми женщинами и нависший над ними жестокий приговор средневековым варварством, то вторая полагает саму провокационную акцию кощунством, заслуживающую самого сурового наказания. Налицо столкновение двух принципиально разных ментальностей и ценностных систем, двух картин мира.

Понять глубинную суть происходящих процессов поможет нам историческая аналогия, для чего предлагаю всем перенестись в Западную Европу XVIII века.

Это был сложный переходный период в истории европейского модерного времени. После свирепых и изнурительных религиозных войн XVII века все интеллектуальные силы были направлены на осмысление и преодоление травматического опыта, на поиск основ нового социального порядка. Во Франции энциклопедисты развивают идею "респуб-

- ▶ жеманство - prudery; affectation
- ♦ Александр Пушкин - русский поэт, писатель
- ▶ традиционно - traditionally
- ▶ роковой - fatal
- ▶ социальные волнения - social unrest
- ▶ обмануть ожидания - disappoint one's expectations
- ▶ элементарный - elementary
- ▶ здравый смысл - common sense
- ▶ раздувание - blowing up
- ▶ ничтожный - tiny, trivial, petty
- ▶ кафкианская - Kafkaesque
- ▶ фантасмагория - phantasmagoria
- ▶ безумие - madness
- ▶ внутренняя логика - internal logic
- ▶ яркое подтверждение - dramatic confirmation
- ▶ провокационная акция - provocative act
- ▶ кощунство - blasphemy; sacrilege
- ▶ суровое наказание - severe punishment
- ▶ налицо - we have here
- ▶ столкновение - clash
- ▶ ценностная система - value system

лики слове́сности" и "граждани́на ми́ра"; в Герма́нии Иммануи́л Кант иссле́дует грани́цы ра́зума и о́пыта, а теоре́тик иску́сства Готхо́льм Ле́ссинг размышля́ет о конфли́кте ве́ры и догма́тов Свяще́нного писа́ния; в А́нглии фило́соф Дэ́вид Хьюм и экономи́ст Ада́м Смит разраба́тывают филосо́фию мора́ли.

Я неда́ром упомяну́ла и́мя Ада́ма Сми́та, кото́рый широ́кой обще́ственности ста́ршего поколе́ния в основно́м изве́стен как оди́н из "основны́х исто́чников" маркси́зма, а поколе́ния мла́дшего – как оте́ц либера́льной эконо́мики, созда́тель конце́пции всеси́льной "невиди́мой руки́ ры́нка".

Но хотя́ всеми́рно изве́стным Сми́та сде́лала его́ кни́га "Иссле́дование о приро́де и причи́нах бога́тства наро́дов" (1776 г.), сам а́втор счита́л свои́м гла́вным трудо́м "Тео́рию нра́вственных чувств" (1759). В нём Смит иссле́довал причи́ны вну́тренней челове́ческой потре́бности в мора́льном сужде́нии, в созда́нии нра́вственных систе́м це́нностей вопреки́ врождённому ли́чному эгои́зму. Отдава́я предпочте́ние свое́й бо́лее ра́нней кни́ге, Смит по су́ти был прав, поско́льку центра́льным не́рвом эпо́хи был по́иск филосо́фской и нра́вственной легитима́ции нарожда́ющегося све́тского (т.е. гражда́нского) о́бщества.

Моралисти́ческие тракта́ты, спо́ры о приро́де иску́сства и происхожде́нии госуда́рства, столкнове́ния нау́чных и религио́зных взгля́дов – всё бы́ло подчинено́ вы́работке эти́ческого обоснова́ния но́вой конце́пции челове́ка: автоно́мии от дикта́та госуда́рства и це́ркви, расшире́ния гражда́нской и ча́стной инициати́в, преодоле́ния сосло́вных перегоро́док, свобо́ды вероиспове́дания и т.д.

▶ слове́сность - literature; philology
▶ граждани́н ми́ра - citizen of the world
▶ иссле́довать - explore
▶ догма́т - dogma
▶ Свяще́нное писа́ние - holy scripture
▶ разраба́тывать - work out
▶ неда́ром - not for nothing
▶ упомяну́ть - mention
▶ широ́кая обще́ственность - general public
▶ исто́чник - source
▶ невиди́мая рука́ ры́нка - invisible hand of the market
▶ вну́тренняя потре́бность - internal necessity
▶ мора́льное сужде́ние - moral judgement
▶ вопреки́ - contrary to; in spite of
▶ отдава́ть предпочте́ние - give preference
▶ легитима́ция - legitimation
▶ нарожда́ющийся - nascent; emerging
▶ моралисти́ческий - moralistic
▶ тракта́т - treatise
▶ происхожде́ние госуда́рства - origin of state
▶ вероиспове́дание - religious denomination

И только в свете утверждения нравственности и "естественности" нового модуса существования становится понятной смитовская метафора "невидимой руки рынка". Это не универсальная отмычка для решения любых социальных проблем любого государства, как наивно полагали российские реформаторы начала 1990-х годов. Это один из экономических механизмов, приводимых в действие людьми, объединёнными "сочувствием и симпатией" друг к другу, что позволяет ограничивать индивидуальный эгоизм и приумножать общественное благо.

Я прошу прощения у просвещённого читателя за перечисление азбучного набора истин, но мне повторение пройденного важно для размышления о российской современности.

Парадокс нашего молодого гражданского общества состоит в том, что оно существует как бы "вопреки всему", т.е. фактически незаконно с точки зрения нынешних государственных и религиозных деятелей. Нашей светской культуре явно не хватает весомых аргументов в защиту своих прав и свобод, способа и стиля жизни.

Показательные процессы последнего десятилетия, начиная с дела Ходорковского и судьбы выставки "Осторожно, религия!" и кончая нынешним судом над Pussy Riot, показывают, что все экспертные оценки экономической эффективности предприятия, художественной значимости произведений, апелляции к Конституции и правам человека легко побиваются одним-единственным аргументом: оскорблением чувств верующих/ветеранов/простых граждан и т.д.

Получается, что мораль и нравственность оказываются безраздельной собственностью авторитарной системы, а сторонники демо-

▶ в свете - in the light of
▶ утверждение - affirmation; consolidation
▶ нравственность - morals
▶ естественность - naturalness
▶ модус - mode
▶ существование - existence
▶ отмычка - picklock; masterkey
▶ ограничивать - limit
▶ эгоизм - egoism
▶ приумножать - increase
▶ общественное благо - public good
▶ просить прощения - beg pardon; apologize
▶ просвещённый - enlightened
▶ перечисление - recitation
▶ азбучная истина - commonplace truth; copybook maxim
▶ набор - selection
▶ вопреки всему - against all odds
▶ показательный процесс - show trial
▶ экспертная оценка - expert judgement
▶ оскорбление чувств - violation of smb's feelings
▶ безраздельный - unchallenged; undivided

кратического, гражданского общества выступают в незавидной роли смутьянов, развратников, вольнодумцев, короче – "вольтерьянцев". В некотором смысле, мы сейчас находимся в том самом западноевропейском XVIII веке, когда жизненно необходимо сформулировать новую гуманистическую систему ценностей, сделать её этической нормой для всего общества и тем самым оградить светскую культуру от клерикальных нападок. Почему этого не происходит, если мы так легко усвоили современную политическую риторику?

Дело в том, что российское образованное сословие, воспитанное на шедеврах европейской мысли и искусства, неосознанно закрывает глаза на очевидный печальный факт: в России никогда не было автономной светской культуры, полноценного гражданского общества.

История государства российского – это мучительная борьба за существование гуманистической светской культуры в глубоко религиозном обществе. Так было в императорской России, так было в России Советской. (Ведь Советский Союз был классическим фундаменталистским государством, где функцию тотальной агрессивной религии выполняла коммунистическая доктрина.) Воздух свободы 1990-х сыграл-таки с нами злую шутку: запустив рыночные механизмы экономики, демократически настроенная часть общества не позаботилась о подведении прочного этического фундамента под новое социальное здание.

Жонглируя заимствованным западноевропейским политическим лексиконом, мы вырываем его из исторического контекста, забывая, каким сложным и порой причудливым

▶ незавидная - unenviable
▶ смутьян - troublemaker
▶ развратник - philanderer
▶ вольнодумец - freethinker
▶ вольтерьянец - Voltairian
▶ в некотором смысле - in a sense
▶ жизненно необходимо - vital
▶ сформулировать - conceive; formulate
▶ этическая норма - ethical norm
▶ оградить - protect; shield
▶ клерикальный - clerical
▶ сословие - estate; class
▶ шедевр - masterpiece
▶ неосознанно - unwittingly
▶ закрывать глаза - turn a blind eye to
▶ полноценный - full-fledged
▶ мучительная - painful
▶ запустить - start; set going
▶ рыночный - market
▶ демократически настроенная - democratically spirited
▶ жонглировать - juggle
▶ контекст - context

образом в разных странах складывалась своя социальная метафорика, описывающая новое общество: в одних случаях "свобода-равенство-братство", в другом "невидимая рука рынка" и т.п.

Не найдя понятных и убедительных для постсоветского общества аргументов для обоснования нового порядка вещей, мы оставили его без нравственных опор. Не удивительно, что дезориентированное и раздражённое общество охотно приняло привычную религиозную картину мира, услужливо предложенную путинским режимом. На наших глазах вываривается адская смесь, составленная из обломков тоталитарного сознания и ненаучно-фантастических представлений о "традиционных ценностях". В этой этической системе нет места милосердию, состраданию, уважению к личности, к её жизни и достоинству, праву на радостное и полноценное существование. Главными добродетелями вновь провозглашаются способность терпеть и государя любить. Что ж удивляться, если глупый и бестактный демарш Pussy Riot наш самый гуманный суд в мире квалифицирует не как мелкое хулиганство, за которое полагается штраф или неделя общественных работ (например, уборка в том самом храме, где по недомыслию набедокурили), а как тягчайшее преступление, сопоставимое с убийством и насилием.

Если не противопоставить новоиспечённому мракобесию иные твёрдые ценностные ориентиры, то скоро эта "старо-новая нравственность" станет единственной и безальтернативной общественной моралью.

Не пора ли нам, опираясь на европейскую интеллектуальную традицию и собственный опыт последнего двадцатилетия, внима-

▶ складываться - form; fold up
▶ описывать - describe
▶ свобода - liberty
▶ равенство - equality
▶ братство - brotherhood
▶ понятный - plain; comprehensible
▶ убедительный - convincing
▶ обоснование - justification
▶ опора - prop
▶ раздражённое - annoyed
▶ услужливо - obligingly
▶ на наших глазах - before our eyes
▶ адская смесь - devil's brew
▶ обломок - fragment; wreckage
▶ уважение к личности - respect for the individual
▶ полноценное существование - life worth living
▶ терпеть - endure
▶ государь - czar; monarch
▶ глупый - foolish; silly; stupid
▶ бестактный - tactless; tasteless
▶ демарш - move
▶ недомыслие - folly; thoughtlessness
▶ набедокурить - get into mischief

тельно и непредвзя́то пересмотре́ть двухвекову́ю оте́чественную исто́рию борьбы́ за гражда́нское о́бщество, возда́в до́лжное тем, чей вклад в созда́ние обще́ственного бла́га был ли́бо не по́нят, ли́бо недооценён (наприме́р, сове́тским правозащи́тникам)? Собы́тия после́дних ме́сяцев пока́зывают, что здравомы́слящая часть о́бщества гото́ва к э́той серьёзной рабо́те.

Коне́чно, заба́вно, что катализа́тором назрева́ющей интеллектуа́льной револю́ции выступа́ют не основополага́ющие труды́ росси́йских Ка́нтов, Вольте́ров и Ада́мов Сми́тов, а проде́лки де́вушек из Pussy Riot. Что ж тут поде́лаешь, в постмоде́рную эпо́ху живём…

(Блог на са́йте "Э́ха Москвы́", а́вгуст 2012)

Но́вая Росси́я и ве́чные ста́рцы
Рожде́ственская ска́зка про оте́чественную геронтокра́тию

Неумоли́мы вре́мени зако́ны.
Где мо́лодость и комсомо́л?
В карма́не, где носи́л гондо́ны,
Тепе́рь ношу́ я валидо́л.

Влади́мир Ко́шелев

Е́сли вы хоти́те поня́ть ситуа́цию после́дних ме́сяцев в Росси́и, вспо́мните изве́стный библе́йский сюже́т "Суса́нна и ста́рцы", кото́рый вдохнови́л мно́гих вели́ких европе́йских живопи́сцев. На поло́тнах Ван Де́йка, Тициа́на, Ру́бенса ста́рые сладостра́стники подгля́дывают за обнажённой краса́вицей, изныва́я от со́бственного бесси́лия и за́висти к её мо́лодости и красоте́. Как ина́че мо́жно объясни́ть о́стрый при́ступ законода́тельного безу́мия, похо́же, наце́ленный на умерщвле́ние всего́ живо́го?

▶ непредвзя́то - open-mindedly
▶ пересмотре́ть - revise
▶ оте́чественная исто́рия - national history
▶ возда́ть до́лжное - give somebody his due
▶ вклад - contribution
▶ недооценённый - undervalued
▶ правозащи́тник - human rights activist
▶ здравомы́слящая - sober-minded
▶ заба́вный - funny
▶ основополага́ющий - fundamental
▶ проде́лки - hanky-panky
▶ ста́рец - elder
▶ рожде́ственская ска́зка - Christmas fairy tale
▶ геронтокра́тия - gerontocracy; rule by elders
неумоли́мый - relentless
▶ гондо́н (*о́чень гру́бое сло́во*) - condom
▶ валидо́л - validol
▶ библе́йский - biblical
▶ живопи́сец - painter
▶ полотно́ - canvas
▶ сладостра́стник - voluptuary
▶ подгля́дывать - peep
▶ бесси́лие - impotence
▶ за́висть - envy
▶ при́ступ - spasm
▶ умерщвле́ние - killing

Этот болезненный процесс начался с почти комических эпизодов: со взрыва сексуальной озабоченности наших слуг народа и отцов церкви, бросившихся в последний и решительный бой с телесностью. В сентябре вступил в силу федеральный закон № 436 "О защите детей от информации, причиняющей вред их здоровью и развитию"; в нём нет ни слова о вреде ксенофобии, религиозной и расовой нетерпимости, предательстве, доносительстве, зато на каждой странице смакуется описание запрещённой продукции "порнографического" содержания, под которую можно подвести всё что угодно, вплоть до обнажённого мизинца. Как говорят в народе, Фрейд отдыхает.

Вслед за этим последовали новые сюрпризы: то невесть откуда взявшиеся в Питере казаки потребовали запрещения театральной постановки "Лолиты" Набокова (за что город тут же окрестили "культурной станицей"), то некоторые церковные иерархи предложили одеть наших женщин в "православные" одеяния, а то, видите ли, лицезрение сексуально одетых женщин склоняло их к грешным мыслям. (Неплохо бы напомнить этим "реформаторам", что плоха та добродетель, которая не поддаётся искушению, да и служителям церкви более пристало смотреть в небо, нежели на женские пупки.)

Многие аналитики справедливо связывают это наступление на телесность со стремительной ресоветизацией общественной жизни в России, возвращением к типично тоталитарным принципам цензуры. В пользу этого говорит октябрьский курьёз с временным запрещением в Ростове постановки рок-оперы "Иисус Христос-суперзвез-

▶ болезненный процесс - painful process
▶ комический эпизод - comic episode
▶ озабоченность - anxiety; concern
▶ слуга - servant
▶ отцы церкви - church fathers
▶ броситься - dash
▶ последний и решительный бой - ultima battle
▶ телесность - fleshliness; physicality
▶ нетерпимость - intolerance; bigotry
▶ доносительство - snitching
▶ смаковать - savour
♦ "Фрейд отдыхает" - "кто-либо отдыхает" означает "он такого не мог себе представить (сделать)"
▶ невесть - God only knows
♦ Питер - Петербург
▶ станица - Cossack village
♦ "культурная станица" - игра слов: "культурная столица" (Петербург)
▶ иерарх - hierarch
▶ лицезрение - sight
▶ добродетель - virtue
▶ искушение - temptation
▶ пупок - belly button

да". Совершенно очевидно, что сработала культурная память: поскольку в Советском Союзе опера была запрещена, то и сейчас нужно её немедленно запретить. Бывший парткомовский работник, разумеется, забыл, что в своё время запрет на произведение был наложен из-за неприятия содержавшейся в нём "религиозной пропаганды". Впрочем, подобные мелочи не имеют значения для запретительного типа сознания, всё эстетически непривычное автоматически объявляется опасным для общественной нравственности и целостности государства.

Однако вернёмся к сюжету о Сусанне и старцах, который может служить прекрасной иллюстрацией к российской истории всего XX века. Воинственное неприятие большевиками широкой сферы материальной и телесной культуры, их многолетняя агрессивная борьба с "мещанством", "безыдейностью", "пижонством", "прожиганием жизни", иными словами, с радостью бытия; их свирепое принуждение к страданию, самоотречению, кровавому жертвоприношению ради "высших" целей объясняется совокупностью многих причин, но не в последнюю очередь, причинами вполне физиологического порядка. Как справедливо отмечают многие исследователи, один из парадоксов советской жизни состоял в том, что вопреки бесконечным декларациям типа: "Коммунизм – это молодость мира, и его возводить молодым", – страной всё время правили пожилые и старые люди.

Вот несколько самых ярких примеров: в момент захвата власти в 1917 году Ленину и его соратникам было далеко за сорок, что по тем временам считалось весьма почтенным возрастом. 50-тилетие Сталина отмечали в 1929 году, а 70-тилетие – в 1949

▶ совершенно очевидно - perfectly obvious
▶ сработать - snap into action
▶ бывший - former
▶ парткомовский работник - Party Committee official
♦ партком - партийный комитет
▶ наложить запрет - put under a ban; put a veto on
▶ неприятие - antagonism; rejection
▶ непривычное - unusual; novel
▶ целостность - integrity
▶ воинственное - belligerent
▶ мещанство - petty bourgeoisie; philistinism
▶ безыдейность - lack of ideals
▶ прожигание жизни - living fast; wasting life
▶ радость бытия - zest for life
▶ свирепое - fierce
▶ принуждение - compelling
▶ самоотречение - renunciation
▶ жертвоприношение - sacrifice
▶ совокупность - complex
▶ возводить - erect
▶ возраст - age

году, причём после каждого юбилейного торжества сразу наступала эпоха "великих переломов", репрессий и погромных кампаний. Краткий период оттепели с надеждами на выход молодого поколения на политическую сцену сменился торжеством новых старцев во главе с Леонидом Ильичом Брежневым, увековечившим свою немощь в бесчисленных анекдотах. Многолетнее засилье кощеев бессмертных породило одну из самых популярных КВНовских шуток эпохи перестройки; на дежурный вопрос партийного наставника: "О чём мечтаешь, молодёжь?", – ему отвечают: "Партия, дай порулить!".

Увы, славная традиция старчества продолжилась и в 1990-е годы, когда молодые реформаторы, не успев толком начать преобразования, были быстро оттеснены старой партийной верхушкой сначала в лице Черномырдина, а затем Примакова. Сразу предвижу возражения, что возраст не обязательно синонимичен ретроградству, а молодость вовсе не залог прогресса. Спешу согласиться с этими доводами; действительно, человеческая зрелость предполагает наличие и жизненного опыта, и большей терпимости, и широты взглядов на жизнь. Однако в нашей советской и постсоветской политической истории безотказно действующий принцип "негативной селекции" поставляет на руководящие посты людей вполне определённого типа: если они даже крепки телом, то в душе они злобные старцы.

Данный тезис как нельзя более точно определяет стиль правления путинского режима, в своё время получившего ироническое название "режима нуво". Вспомним, какова была первая символическая акция пришедшего к власти в начале 2000-х мрачного

▶ юбилейное торжество - jubilee celebration
▶ наступать - arrive
▶ перелом - watershed; turning point; fracture
▶ погромная кампания - massacre campaign
▶ оттепель - thaw
▶ торжество - triumph
▶ увековечить - immortalize
▶ немощь - infirmity
▶ бесчисленный - countless
▶ засилье - dominance
▶ Кощей Бессмертный - Koschei the Immortal (a character in Russian fairy-tales)
▶ КВН - Клуб весёлых и находчивых - Club of the Merry and Inventive (популярное телешоу)
▶ наставник - mentor
▶ порулить - drive; rule
▶ толком - in earnest
▶ преобразования - reforms
▶ партийная верхушка - party Big League
♦ Виктор Черномырдин, Евгений Примаков - премьер-министры РФ
▶ ретроградство - misoneism
▶ залог - guarantee
▶ зрелость - maturity
♦ "режим нуво" - regime nouveau

клана – возвращение советского гимна. Эта установка на свёртывание, выдавливание, подавление новых форм социальной жизни и мышления последовательно проводилась в жизнь в течение последней декады людьми вполне физически молодыми, но морально уставшими уже с начального момента правления. И сейчас мы наблюдаем финал этой драмы, когда партийно-комсомольско-кгбешные дорианы греи осознают неумолимое наступление телесной старости. (Обратите внимание, как в согласии с доброй старой традицией, законодательная вакханалия развернулась сразу же после празднования 60-тия президента.)

Не отсюда ли такая жгучая ненависть к оппозиции, флагманом которой выступают молодые люди? Ничем не оправданные жестокие расправы с правозащитниками, активистами, актуальными художниками (Сергей Магнитский, Pussy Riot, Михаил Лузянин, продолжите список далее), преследование волонтёров, изничтожение НКО, короче всего, что дышит и движется, не есть ли верный признак вампирической сущности дряхлеющей власти, жаждущей молодой крови для поддержания слабых сил? Но все эти славные деяния меркнут перед последним актом политической агонии – запретом на усыновление российских детей-сирот гражданами США. Какая уж тут Сусанна со своими старцами, это поистине доисторический сюжет в духе древнегреческих мифов: кровожадный бог Кронос, пожирающий своих детей…

Рождественские сказки не должны заканчиваться на грустной ноте. Напомним, что оклеветавшие Сусанну похотливые старцы были посрамлены, а мерзкий Кронос был оскоплён

▶ гимн - hymn; anthem
▶ установка - installation, setting, setup
▶ свёртывание - wind-down; closure
▶ выдавливание - expulsion
▶ подавление - suppression
▶ последовательно - consistently
▶ проводить в жизнь - put into life; implement
▶ декада - decade (ten years)
♦ дорианы греи - Dorian Grays (Oscar Wilde)
▶ вакханалия - Bacchanalia; orgy
▶ жгучая ненависть - bitter hatred
▶ флагман - flagship, leader, flagman
▶ волонтёр - volunteer
▶ изничтожение - obliteration
▶ НКО - некоммерческая организация - nonprofit organisation
▶ вампирическая - vampiric
▶ жаждущий - avid; yearning
▶ меркнуть - fade
▶ кровожадный - bloodthirsty
▶ посрамить - bring to shame

Зе́всом и бро́шен в мра́чный Та́ртар. И в куда́ бо́лее мра́чные времена́ большо́е коли́чество люде́й находи́ло в себе́ си́лы и досто́инство, что́бы, объедини́вшись, противостоя́ть геронтологи́ческому мракобе́сию.

Да и у жи́зни есть своя́ непрело́жная ло́гика; как проница́тельно заме́тил во́все не положи́тельный персона́ж в пье́се Евге́ния Шварца́ "Тень": "За до́лгие го́ды мое́й слу́жбы я откры́л оди́н не осо́бенно прия́тный зако́н. Как раз тогда́, когда́ мы по́лностью побежда́ем, жизнь вдруг поднима́ет го́лову".

Так вы́ше го́лову, друзья́! С Но́вым го́дом!
(Блог на са́йте "Эха Москвы́", дека́брь 2012)

▶ мра́чный - dark; obscure; gloomy
▶ противостоя́ть - withstand; resist
▶ мракобе́сие - obscurantism
▶ непрело́жная - invariable
▶ проница́тельно - shrewdly
♦ Евге́ний Шварц - сове́тский писа́тель, драмату́рг

♦ "...Коня́ на скаку́ остано́вит,/ В горя́щую и́збу войдёт!"
(Н. А. Некра́сов о ру́сских же́нщинах)
▶ разогна́ть - accelerate
▶ подже́чь - set on fire
▶ изба́ - hut; log cabin

▶ Ба́ба с во́зу - кобы́ле ле́гче - it's easier for the horse when the woman gets off the cart (good riddance!)
▶ посло́вица - proverb
▶ ландо́ - landau
▶ облегче́ние - relief

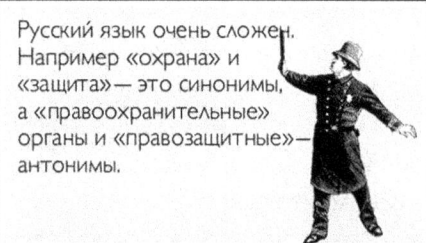

▶ охра́на - protection; security
▶ защи́та - defense
▶ правоохрани́тельные о́рганы - law-enforcement agencies
▶ правозащи́тные - human rights

▶ провести́ ночь - spend the night
▶ незабыва́емая - unforgettable
▶ кро́шки - babes; crumbs
▶ суха́рик - rusk; crouton

▶ телегра́мма - cable
▶ перевести́ - transfer; translate
▶ начи́стить ре́пу (изби́ть) - beat up; thrash
▶ ре́па - turnip; *(slang)* head
▶ хрен - horse radish; *(slang)* dick, guy

▶ настуча́ть по ты́кве (изби́ть) - beat up
▶ ты́ква - pumpkin; *(slang)* head
▶ пе́рец - pepper; *(slang)* guy, dude

▶ молодо́й челове́к - young man
▶ смея́ться - laugh
▶ без конца́ - endlessly
▶ коне́ц - end; dick

▶ Све́та - female name
▶ коне́ц све́та - doomsday; end of time

Эдуард Лимонов

Политик, писатель, поэт

Эдуард Вениаминович Лимонов (настоящая фамилия Савенко) родился 22 февраля 1943 года в городе Дзержинск. В 1974 году эмигрировал из СССР. Жил в США, работал корректором в нью-йоркской газете "Новое русское слово". В русской эмигрантской прессе писал обличительные статьи о капитализме и буржуазном образе жизни. Принимал участие в деятельности Социалистической рабочей партии США. В 1980 году переехал во Францию, участвовал в деятельности Французской коммунистической партии. В 1987 году Лимонов получил гражданство Франции. В начале 1990-х гг. восстановил советское гражданство и возвратился в Россию. Участвовал в событиях 21 сентября–4 октября 1993 года в Москве. Принимал участие в боевых действиях в Югославии на стороне сербов. В 1993 году основал Национал-большевистскую партию (НБП), которая позднее была запрещена. В настоящий момент является председателем партии "Другая Россия".

Сайт: http://limonov2012.ru.
Блог в ЖЖ: limonov-eduard.livejournal.com.
Youtube: www.youtube.com/user/nazbolru.

- ▶ политик - politician
- ▶ настоящая фамилия - autonym; true name
- ▶ эмигрировать - emigrate
- ▶ корректор - proofreader
- ▶ обличительный - accusatory; incriminating
- ▶ буржуазный - bourgeois; middle-class
- ▶ образ жизни - way of life
- ▶ получить гражданство - gain citizenship
- ▶ восстановить - restore; renew
- ▶ возвратиться - come back
- ▶ события - events
- ▶ боевые действия - combat actions; hostilities
- ▶ сербы - Serbs
- ▶ основать - found
- ▶ запретить - ban
- ▶ в настоящий момент - currently
- ▶ являться - be; turn up

Ста́рый бесполе́зный амора́льный тип

"Лимо́нов ста́рый бесполе́зный амора́льный тип" – написа́л анони́мный (ну, под ни́ком) коммента́тор в моём ЖЖ.

Я согла́сен, то́лько за исключе́нием "бесполе́зный". Де́вка моя́ так не ду́мает. Ухо́дит со счастли́вым горя́чим лицо́м и мно́го целу́ется у две́ри, глаза́ тума́нные. Я ей поле́зный.

И со "ста́рым" согла́сен. Бо́лее того́, я не про́сто ста́рый, я дре́вний. Я как Гильгаме́ш из шуме́рского э́поса. Но э́то хорошо́, мне нра́вится быть в анти́чном во́зрасте. Пока́ у меня́ ничего́ не боли́т, да́же зу́бы. Хочу́ ещё похуде́ть вот, чтоб то́щим как черепо́к шуме́рской ва́зы быть, как гли́няная табли́чка с кли́нописью.

Друго́й ниспроверга́тель меня́, тако́й же анони́мный бедня́га, с ни́ком как у соба́ки, написа́л, что "Лимо́нов был писа́телем". И ещё доба́вил траги́чески – "исписа́лся."

О́лух, то, что напи́сано перо́м, того́ не вы́рубишь топоро́м. Напи́санные мно́ю я́ркие кни́ги никуда́ не дева́ются, не уничтожа́ются, они́ остаю́тся мои́м сокро́вищем, надёжнее бума́г ГосБа́нка. Так что я не "был", но я "есть". Вас уже́ всех не бу́дет, а я бу́ду э́тими кни́гами.

Я вот что заме́тил. Совреме́нникам больши́х писа́телей ча́сто не нра́вятся их (э́тих писа́телей) по́здние кни́ги. Обыва́тель объясня́ет свои́ прете́нзии ослабева́нием тала́нта у писа́теля, обыва́тель выска́кивает со свое́й торжеству́ющей рема́ркой "Исписа́лся!".

На са́мом де́ле больши́е творцы́ в по́зднем во́зрасте страда́ют нараста́нием безразли́чия к обы́денной де́ятельности челове́ка. Стано́вятся таки́ми Мо́нстрами, без жа́лости и сострада́ния, мно́гое челове́ческое им уже́ чу́ждо...

▶ бесполе́зный - useless
▶ амора́льный - immoral
▶ тип - type; bozo
▶ анони́мный - anonymous
▶ ник - (slang) nickname; user name
▶ де́вка - broad; wench
▶ счастли́вый - happy
▶ горя́чий - hot
▶ целова́ться - kiss; make out
▶ поле́зный - useful
▶ дре́вний - ancient; antique
♦ Гильгаме́ш - Gilgamesh
▶ шуме́рский - Sumerian
▶ э́пос - epos; epic
▶ похуде́ть - lose weight
▶ то́щий - skinny, thin
▶ черепо́к - shard
▶ гли́няная - clay
▶ кли́нопись - wedge writing
▶ ниспроверга́тель - subverter; debunker
▶ бедня́га - wretch
▶ о́лух - blockhead
▶ сокро́вище - treasure
▶ ГосБа́нк - Госуда́рственный Банк - State Bank
▶ совреме́нник - contemporary
▶ ослабева́ние - weakening; fade-out

Мои последние книги тоже холодноваты. На них спустился такой уже космический туман безразличия. Я это понимаю. Всё идёт, как тому следует быть.

Это была проповедь о литературе в четверг 24 мая.

(Блог в ЖЖ, 2012.)

God save the queen...

"Боже, спаси королеву,
она не человеческое существо!"
– бросили когда-то в мир Sex Pistols, кричал талантливый юный Джонни Роттен. И вот она шестьдесят лет на троне, эта посредственная старуха, похожая на спятившую консьержку. Сегодня "вся Англия", сообщают нам, сядет единовременно за столы, чтобы в "королевском" ланче выпить чаю и наглотаться "королевского" торта, ну в честь королевы, она 1926 года рождения.

Неужели вся? Надеюсь, найдётся несколько миллионов тех, кто не сядет жрать торт. Несколько миллионов, которые верят, что по приказу старухи убили принцессу Диану. За то, что стала спать с арабом-миллиардером, опозорила королевскую семью, Доди Аль Файед, помните его?

Между тем Европа разваливается. На всех не хватило благосостояния в Европе. Первыми вытесняются из Европы южные ленивые страны, живущие за счёт туристов, Греция – первая, за ней последуют Португалия и Испания, Италия, а там и Франция. Их северные соседи, стальная Германия и скучная Англия ("есть блуд труда, и он у вас в крови!" – вспомните, в Германии и Англии именно процветает шизофренический блуд труда) хмуро поглядывают на южно-европейских

▶ холодноватый - coldish; coolish
▶ туман - fog; mist
▶ безразличие - indifference
▶ как тому следует быть - as it should be
▶ проповедь - sermon
▶ бросить - throw; cast
▶ талантливый - talented
▶ трон - throne
▶ посредственная - mediocre
▶ старуха - old woman
▶ спятившая - barmy
▶ консьержка - concierge
▶ единовременно - simultaneously
▶ наглотаться - swallow
▶ жрать - gobble
▶ торт - cake; pie
▶ по приказу - by order of
▶ миллиардер - billionaire
▶ опозорить - disgrace
▶ разваливаться - fall to pieces; come apart
▶ благосостояние - wealth
▶ вытеснять - force; push out; oust
▶ ленивый - lazy
▶ живущие за счёт - dependent
▶ блуд - fornication
▶ шизофренический - schizophrenic

бездельников. А южные скоро начнут торговать своими солнечными территориями.

Интересно жить, а будет ещё интереснее, потому что наступил не очередной экономический кризис, но кризис цивилизации. Цивилизации безлимитной эксплуатации планеты, цивилизации жадного производства и жадного потребления. Короче, либерализм накрывается медным тазом, Адам Смит переворачивается в гробу, а за ним Рикардо и даже Карл Хэйнриш Мордехай Маркс, кердык котёнку и Бобик скоро сдохнет...

God save the queen,
She isn't human being...

Это была короткая воскресная проповедь в день юбилея королевы.

(Блог в ЖЖ, 2012.)

Aliens

Проповедь будет посвящена прозападничеству отечественной буржуазии и интеллигенции. Но начну я с другого…

В конце 80-х–начале 90-х Сербия стала для меня чуть ли не родным домом. Я разделял в те годы и тревоги сербов, и их войны. Им не повезло, их буржуазия, и особенно интеллигенция, были прозападными. Потому за интересы страны, за земли предков на окраинах Югославии воевали простые ребята – крестьяне, военные, полицейские, члены националистических партий, а интеллигенция облаивала их со страниц газет и журналов и с экранов теле, финансируемых по большей части Германией. (Германия после своего воссоединения занялась энергично расчленением Югославии.) Мне тоже доставалось, называли "наёмником". Результат этого трагического развода между

▶ бездельник - idler
▶ торговать - trade; sell
▶ солнечный - sunny
▶ экономический кризис - economic crisis
▶ безлимитный - unlimited
▶ жадный - greedy; avid
▶ накрыться медным тазом - go down in flames; bite the dust
▶ накрыться - cover
▶ таз - basin; bowl
▶ перевернуться в гробу - turn over in one's grave
▶ кердык - game over
♦ "кердык котёнку и Бобик скоро сдохнет..." - вся фраза имеет значение "game over"
▶ прозападничество - pro-western stance
▶ отечественный - homegrown
▶ чуть ли не - all but
▶ разделять - share; divide
▶ тревога - anxiety
▶ не повезло - out of luck
▶ предки - ancestors
▶ облаивать - bark
▶ по большей части - for the most part
▶ расчленение - dismemberment
▶ наёмник - mercenary
▶ развод - divorce

прозападной интеллигенцией и народом получился печальным. Сербию лишили территорий, где жили десятки поколений их предков, и обрезанная со всех сторон страна превратилась на десяток лет в сателлита Запада. Только сейчас, кажется, Сербия начинает просыпаться, президентом избрали очень умеренного националиста.

В России откровенно прозападная интеллигенция, и это очень опасно. Потому что Большой Народ у нас, как и любой Большой Народ, ощущает себя отдельным и самостийным, отдельной группой человечества, и преклонять колени перед чужой цивилизацией не намерен. Угрюмо не хочет.

Давайте признаем, что интеллигенция и богатые люди у нас лишь иногда русские, а большую часть года они – aliens, чужие. Они живут по чужому катехизису, и если не молятся чужим богам, то исправно исполняют чужие заповеди. Во всех случаях жизни они ссылаются и кивают на Запад. Это касается обоих враждующих лагерей буржуазии, и путиновцев, и тех, у кого на стене Навальный с Чириковой. Исключения, к сожалению, редки.

Основной аргумент в пользу прозападничества такой – если мы не европейцы, то обречены стать азиатами.

Ну, это, конечно же, дурь. Нам не следует быть ни европейцами, ни азиатами. В течение всей тысячи лет российской государственности мы как-то умели быть самими собой, и ни при последних царях, ни при первых большевистских цезарях никакого повального поклонения Западу у нас в России не наблюдалось. И только последние двадцать лет нас ежедневно стыдят и отсылают к Западу как к эталону и идеалу.

▶ печальный - dismal
▶ лишить - deprive
▶ поколение - generation
▶ обрезанная - clipped
▶ сателлит - client state; satellite
▶ просыпаться - wake up
▶ умеренный - moderate
▶ откровенно - blatantly; frankly
▶ отдельный - separate; distinct
▶ самостийный - independent
▶ преклонять колени - kneel down
▶ не намерен - does not intend to
▶ катехизис - catechism
▶ исправно - without fail
▶ ссылаться - refer to
▶ кивать - nod; beckon
▶ враждующий - antagonistic
♦ путиновцы - сторонники Путина
♦ Евгения Чирикова - оппозиционный политик
▶ исключение - exception; exclusion
▶ основной аргумент - main argument
▶ обречены - doomed
▶ дурь - nonsense
▶ повальный - endemic
▶ поклонение - worship
▶ стыдить - shame

Эталон на самом деле столь же не идеален, как и мы. Только простые души интеллигенции этого не понимают. Я тут недавно поведал одному простодушному защитнику прав человека поразительную для него информацию. Я ему сообщил, что, по результатам исследований историков, с 1945 по 1952 годы в лагерях для немецких военнопленных, расположенных на территории Западной Европы, погибли полтора миллиона немецких военнопленных. Не по приговорам судов, а в результате репрессий администрации лагерей, от жестокого обращения, от голода. Не какие-то эсэсовцы погибли, а простые солдаты и офицеры войны. Когда он спросил у меня, откуда у меня эта информация, я сослался на исследования канадского историка Ричарда Бака. Такие шокирующие сведения о европейской, якобы гуманной, цивилизации не выпячиваются самой этой цивилизацией. Но их можно раздобыть, только ослеплённые Западом наши aliens не расположены к таким, неприятным для их веры, информациям.

Когда им говоришь, что во время войны во Вьетнаме погибли три с половиной миллиона человек, из них американцев пали всего 95 тысяч, мне обычно парируют с улыбкой: "Так это когда было! Вы бы ещё уничтожение американских индейцев вспомнили!" (А стоит вспомнить, по самым новым данным, в момент вторжения европейцев в Северную Америку там жили не пять, как ранее считалось, но целых 18 миллионов американских индейцев, а к началу 20-го века уже жили меньше трёх миллионов, следовательно, уничтожены были 15 миллионов. Когда бы это ни было, это геноцид!) При завоевании Филиппин в самом

▶ эталон - standard of comparison; model
▶ на самом деле - actually
▶ поведать - tell, narrate
▶ простодушный - simple-minded
▶ поразительный - astonishing
▶ военнопленный - prisoner of war
▶ приговор суда - court verdict
▶ жестокое обращение - cruel treatment
▶ голод - hunger; famine
▶ эсэсовец - SS-man
▶ погибнуть - die; perish
▶ исследование - research
▶ историк - historian
▶ шокирующий - shocking
▶ сведения - facts; data
▶ выпячиваться - protrude
▶ раздобыть - procure
▶ ослеплённый - blinded; infatuated
▶ не расположены - indisposed
▶ неприятный - unpleasant
▶ парировать - retort; parry
▶ уничтожение - extermination
▶ геноцид - genocide

начале 20-го века американцы оставили после себя 600 тысяч трупов.

СССР упрекают до сих пор за подавление венгерского восстания в 1956 году. Ну да, подавили. А свободная прекрасная Франция, те же бойцы, что участвовали в движении Сопротивления против немцев, подавила в 1947 году национальное восстание мальгашей на Мадагаскаре, погибли 70 тысяч человек.

Так что свирепым Запад был всегда, а не только стал сейчас, когда бомбил Ирак, Сербию, Ливию и сейчас организовал гражданскую войну в Сирии.

Считаю ли я себя врагом Америки или Европы? Нет. Меня восхищает старая европейская культура, в Америке культуры нет, это алчная страна, империализм её ненасытен и горбатого могила исправит, однако я не называю себя антиамериканским политиком. Я реалист, я прагматик. Нужно понимать, что мы имеем дело с хищниками.

Тем более опасны вот эти настроения восхищения хищниками в нашей стране. Оглянитесь на бледную бескровную Сербию. С нами тоже может такое случиться.

Это была проповедь вторника 3 июля.

(Блог в ЖЖ, 2012.)

Вот что я пророчествую: эру озверения

Я не знаю, что видите вы в современности, какую тенденцию, но вот что пророчествую я, основываясь на тех крупицах будущего, которые уже живут с нами.

Хотите вы этого или нет, но демократиям приходит конец.

Общий кризис мировой экономики и одновременное резкое ухудшение экологического состояния планеты совсем скоро приведёт

▶ оставить - leave
▶ труп - cadaver; carcass
▶ упрекать - reproach
▶ подавление - suppression
▶ восстание - rebellion
▶ боец - fighter
▶ движение Сопротивления - Resistance movement
▶ свирепый - fierce
▶ гражданская война - civil war
▶ восхищать - fascinate
▶ алчная - greedy
▶ ненасытный - insatiable
▶ горбатого могила исправит - only the grave will straighten out a hunchback (a leopard cannot change its spots)
▶ прагматик - pragmatist
▶ хищник - predator
▶ опасный - dangerous
▶ настроение - sentiment
▶ оглянуться - look back
▶ бледная - pale
▶ бескровная - bloodless
▶ случиться - happen
▶ пророчествовать - prophesy
▶ озверение - brutality
▶ современность - modern times
▶ крупицы - grains
▶ резкое - sharp; sudden

к возникновению в Европе жёстких и даже впоследствии жестоких режимов. Сокращение производства и общее обеднение приведёт к тому, что благ цивилизации станет на всех не хватать даже в европейских странах. Потому возникнут жёсткие режимы, которые оттеснят от кормушки цивилизации какое-то количество несчастливых. Речь пойдёт прежде всего о трудовых мигрантах.

Жёсткие режимы возникнут прежде всего в Венгрии, в Италии, Испании, может быть Греции, в Хорватии и Словении, в Литве, Латвии, Эстонии, то есть в странах, где у власти были когда-то национал-социалисты. Таким странам будет легче нарушить моральный кодекс демократии. За ними сдадутся и бастионы демократии: Франция, Великобритания и Германия. Им придётся с кровью выдирать из своих стран мигрантов, так как демократические нравы этих стран способствовали притоку туда мигрантов в огромном количестве. Этим странам не обойтись без гражданских войн с мигрантами, поскольку всё запущено.

Кто будет уничтожать демократии и ставить на их место жёсткие режимы? Более выгодного для себя распределения благ потребуют коренные населения перечисленных стран, и таким образом все недавно пришедшие к кормушке демократии мигранты будут вытеснены. С воплями и столкновениями, но вытеснены.

Будет нестабильность. В результате, может быть, уменьшится империалистический пыл европейских стран и постепенно прекратятся их военные походы в страны-изгои, не до того будет.

Россия и сейчас не демократия, и может быть, именно потому, что для неё состояние

▶ возникновение - emergence
▶ впоследствии - subsequently
▶ сокращение производства - cutback in production
▶ обеднение - impoverishment
▶ кормушка - feeder
▶ количество - number; quantity
▶ несчастливый - unlucky
▶ трудовые мигранты - migrant workers
▶ нарушить - break
▶ моральный кодекс - code of ethics
▶ бастион - bastion
▶ им придётся - they will have to
▶ выдирать - tear out
▶ нравы - customs
▶ приток - influx
▶ обходиться - do without
▶ поскольку - since
▶ запустить - neglect; start
▶ распределение благ - distribution of benefits
▶ коренное население - indigenous population
▶ вытеснить - drive out
▶ вопли - outcries
▶ столкновение - clash
▶ страны-изгои - rogue states

бе́дности – перманёнтное состоя́ние, а её коренно́е населе́ние испоко́н веко́в состоя́ло как ми́нимум из двух наро́дов – ру́сских и тата́р-мусульма́н, Росси́я войдёт в э́ту э́ру озвере́ния ле́гче други́х и с ме́ньшими потеря́ми.

Росси́я как всегда́ запа́здывает по отноше́нию к мирово́й тенде́нции. В то вре́мя как в европе́йских стра́нах всё бо́льше ви́ден запро́с на жёсткие режи́мы, росси́йская интеллиге́нция живёт ещё в друго́й фа́зе Исто́рии, у неё ещё запро́с на демокра́тию, кото́рой она́ по су́ти де́ла не успе́ла вкуси́ть. К сожале́нию, я уве́рен, что истори́чески её стремле́ние к демокра́тии обречено́. Режи́м Танде́ма непреме́нно падёт, одна́ко на сме́ну ему́ придёт о́чень че́стный, аскети́чный и жёсткий режи́м, вероя́тнее всего́, он по истори́ческим причи́нам бу́дет не мононациона́льным, как бу́дет в европе́йских стра́нах обяза́тельно.

Э́то была́ про́поведь пя́тницы 10 а́вгуста.

(Блог в ЖЖ, 2012.)

Оба́ма той же кро́ви, что и сомали́йские пира́ты

По ра́дио сообщи́ли, что победи́л уже́ президе́нт Оба́ма. Сказа́ли, что у него́ 274 го́лоса вы́борщиков, а для побе́ды доста́точно 270 голосо́в. Так что Оба́ма на сле́дующие четы́ре го́да.

У Оба́мы ма́ленькая кру́глая голова́, он высо́к и тощ, о́пытный этно́граф то́тчас определи́т его́ как чёрного па́рня из Восто́чной А́фрики, он из Ке́нии, но по физи́ческому ти́пу он принадлежи́т и к сомали́йцам, э́ти две страны́ – сосе́ди, так что он той же кро́ви, что и сомали́йские пира́ты, а в Ке́нии живу́т са́мые высо́кие африка́нцы.

▶ бе́дность - poverty
▶ перманёнтное состоя́ние - permanent state
▶ испоко́н веко́в - from time immemorial
▶ как ми́нимум - at the very least
▶ с ме́ньшими потеря́ми - with smaller losses
▶ запа́здывать - lag behind
▶ в то вре́мя как - while
▶ запро́с - demand; request
▶ фа́за - phase; stage
▶ вкуси́ть - taste
◆ режи́м Танде́ма - име́ется в виду правле́ние Влади́мира Пу́тина и Дми́трия Медве́дева
▶ танде́м - tandem
▶ пасть - fall
▶ аскети́чный - ascetic
▶ вероя́тнее всего́ - most probably
▶ мононациона́льный - mononational
▶ пира́т - pirate
▶ сообщи́ть - report
▶ победи́ть - win
▶ вы́борщик - electoral delegate; elector
▶ го́лос - vote; voice
▶ кру́глая голова́ - round head
▶ тощий - lean; lank
▶ этно́граф - ethnographer

В первые свои четыре года правления этот лауреат премии мира, вылитый голубь мира, помог Франции с компанией европейских стран-гангстеров превратить в кровавое месиво Ливию, и уже полтора года перекручивает через окровавленную мясорубку старейшую в мире христианскую страну Сирию.

Результаты выборов свидетельствуют, что Америка прочно разделена на две Америки. И несмотря на все предвыборные ханжеские улыбки, две Америки не очень любят друг друга, я бы сказал, им противно даже смотреть друг на друга.

Ромни с мясным именем Митт представляет алкоголизированный клан белых, а к Обаме, как к магниту металлические опилки, притягиваются сторонники цветных, голубых, розовых, сбившихся с пути белых, правозащитники, профессура, левые, короче, "прогрессивные" слои общества...

Это была проповедь с этнографическим уклоном от 7 ноября.

(Блог в ЖЖ, 2012.)

Бонд, Джеймс Бонд...

В прошлое воскресенье я увидел новейший фильм Бондианы с мускулистым Крейгом в главной роли бессмертного агента 007. Я, подруга Фифи, три нацбола, утренний сеанс. Поп-корн, я пил пиво, как полагается.

Джеймс Бондиана – это логическое продолжение романтики колониализма, продолжение Киплинга и нашего Гумилёва в Африке или Эрнст Юнгер в Анголе, навещающий друзей-нацистов, сбежавших туда после 45 года и ставших плантаторами. Колониализм был

▶ правление - rule
▶ лауреат - laureate
▶ вылитый - every bit; exactly like
▶ голубь мира - dove of peace
▶ кровавое месиво - bloody mess
▶ полтора года - a year and a half
▶ окровавленный - bloodstained
▶ мясорубка - mincing machine
▶ старейшая в мире - world's oldest
▶ христианская - Christian
▶ предвыборный - pre-election
▶ ханжеский - sanctimonious, hypocritical
▶ противный - disgusting
▶ смотреть друг на друга - look at each other
▶ мясной - meat
▶ представлять - represent
▶ металлические опилки - metal filings
▶ притягиваться - gravitate; be drawn to
▶ голубой - gay; homosexual; blue
▶ сбиться с пути - lose one's way
♦ нацбол - национал-большевик

хорош своей экзотикой. Экзотики в мире всё меньше.

В последнем фильме неустрашимый колонизатор Бонд всё же треснул. У него появились сомнения в том, стоит ли далее нести бремя белого человека.

В какой-то момент он обижается на свою британскую пулю, от которой еле выжил, пьёт, отходит от дел, выпендривается в далёкой стране со смуглокожими обитателями. Потом всё же возвращается в Британию, поскольку теперь враги – не страны-изгои (их успешно закатывают в асфальт Соединённые Штаты), но отдельные нестандартные личности. Противник Бонда в фильме – маньяк, бывший британский агент с такими же, как у Бонда, нулями, гомосек и компьютерный гений. Он, конечно же, дьявольски могуч, дьявольски силён и слизан с Ганибалла Лектора в "Молчании ягнят", но Лектора, снабжённого гениальным пониманием виртуального пространства.

В фильме девки есть, но Бонд с ними работает, но не спит. Заканчивается фильм не happy end (ом), но смертью "М" – седовласой начальницы британской разведки. И смурной Бонд сжимает старушку в руках и чуть не плачет. Капут для доброй старой Англии, где гомосек-маньяк запросто взрывает офис разведки и убивает начальницу. Он там ещё и на парламентские слушания, как к себе домой, является, сея смерть.

Сентименты и слюни – верный признак надлома европейской цивилизации. Скоро их слопают смуглокожие и черноглазые народы. А мы улыбнёмся…

Ещё чего я подумал? О девках, которые, хотя и есть в последнем фильме об агенте 007, но не в роли девок, а как сотрудники.

▶ экзотика - exotic
▶ неустрашимый - intrepid
▶ колонизатор - colonialist
▶ треснуть - crack
▶ сомнение - doubt
▶ бремя белого человека - white man's burden
▶ в какой-то момент - at some point
▶ обижаться - take offence
▶ выжить - survive
▶ отходить от дел - retire
▶ выпендриваться - show off
▶ смуглокожий - olive-skinned
▶ закатывать в асфальт - roll into the asphalt (destroy)
▶ маньяк - maniac
▶ гомосек - fag
▶ слизать - *(slang)* copy
▶ снабжённый - equipped with
▶ виртуальное пространство - cyberspace
▶ седовласый - silver-haired
▶ смурной - sullen
▶ капут - ruin; end
▶ запросто - easily
▶ слюни - saliva
▶ надлом - breakdown
▶ слопать - devour
▶ сотрудник - officer

Так вот, о де́вках. Я внеза́пно поду́мал, что де́вки куда́ бо́лее революцио́нный пол. Потому́ что они́ бо́лее скло́нны к мечта́м. И всегда́ гото́вы приня́ть но́вую жизнь. Это отли́чный революцио́нный класс, де́вки. Парне́й ле́гче разда́вливает жизнь, а ина́я тёлка и в со́рок с наде́ждой вгля́дывается в федера́льную тра́ссу, не е́дут ли Степа́н Тимофе́евич и́ли же Емелья́н Ива́нович с хлопцами-при́нцами.

Это была́, вы́званная нове́йшим фи́льмом о Дже́ймсе Бо́нде, про́поведь от 9 ноября́.

(Блог в ЖЖ, 2012.)

Ночны́е мы́сли

Рабо́чий мы́слит мра́чно. Он полу-мона́х. Он во́ин за хлеб и рожде́ние дете́й. Он а́дски серьёзен. У него́ ка́ждая пелёнка на счету́.

Буржуа́ мы́слит пёстро, капри́зно и несерьёзно. Ему́ доста́лось то, что не до́дали рабо́чему. Потому́ он живёт, как все три и́ли пять и́ли де́сять рабо́чих не живу́т. Он пра́зднующий и пиру́ющий. Он не несёт серьёзной но́ши жи́зни.

20-й век, его́ пе́рвая полови́на уж то́чно, был ве́ком рабо́чих. Это они́ мра́чно драли́сь на берли́нских мостовы́х ме́жду собо́й, и поздне́е в подва́лах ВЧК и гестапо расстре́ливали из нага́нов враго́в. Мир рабо́чего — мир уби́йства. Физи́ческая рабо́та с маши́нами ведь результа́том свои́м име́ет гру́бые физи́ческие отноше́ния изно́са, уничтоже́ния и ликвида́ции.

Мир буржуа́ — весёленький, это мир моше́нничества и обма́на. Притво́рства и преда́тельства. Мир безотве́тственных и пове́рхностных отноше́ний. Многосло́вие прису́ще буржуа́зному кла́ссу.

Тогда́ как рабо́чий класс молчали́в и хмур.

▶ внеза́пно - suddenly
▶ куда́ бо́лее - far more
▶ пол - gender; sex; floor
▶ скло́нный - inclined; disposed
▶ мечты́ - dreams
▶ приня́ть - accept
▶ разда́вливать - crush
▶ вгля́дываться - gaze; peer into
▶ федера́льная тра́сса - federal highway
♦ Степа́н Тимофе́евич Ра́зин, Емелья́н Ива́нович Пугачёв - предводи́тели восста́ний в 17-18 века́х
▶ хло́пцы - lads
▶ мы́слить - think
▶ мона́х - monk
▶ во́ин - warrior
▶ пелёнка - diaper
▶ пёстрый - motley
▶ капри́зный - capricious
▶ но́ша - burden
▶ мостова́я - pavement
▶ подва́л - basement
▶ ВЧК - Всеросси́йская чрезвыча́йная коми́ссия - the All-Russian Extraordinary Commission (Cheka)
▶ нага́н - revolver
▶ изно́с - wear and tear
▶ моше́нничество - fraud
▶ прису́щий - inherent

Ста́рый рабо́чий, куря́щий свою́ воню́чую папиро́су, углова́т, мускули́ст, сух, в нём ма́сса сухожи́лий и паруси́ны рабо́чей ку́ртки.

От буржуа́ рази́т полиэсте́ром и ше́рстью, как пре́жде рази́ло шелка́ми не́сколько веко́в наза́д. Буржуа́, как гомосексуали́ст экзоти́чен, прогресси́вен, совреме́нен, намека́ет сра́зу на многообра́зие смы́слов.

Тогда́ как рабо́чий всем свои́м ви́дом утвержда́ет: жизнь страшна́ и однозна́чна.

Но уби́йство честне́е преда́тельства.

(Блог в ЖЖ, 2012.)

Мы ждём тебя́, Жера́р!

У меня́ с Жера́ром Депардье́ ма́ло о́бщего.

Но есть ко́е-что́, и о́чень ре́дко встреча́ющееся.

И я, и он отказа́лись от францу́зского гражда́нства.

Обыва́тель, наве́рное, ду́мает, вот идио́ты, отморо́зки и тот, и друго́й! Кто же от францу́зского, с Пари́жем, отка́зывается...

Я отказа́лся ра́ньше, чем он, ещё о́сенью 2011 го́да.

Посчита́л, что это моё обяза́тельство сдать стране́, кото́рая мне его́ дала́ в тот пери́од, когда́ я был беспа́спортным бродя́гой, её гражда́нство, пе́ред тем как я заявлю́ себя́ кандида́том в президе́нты Росси́йской Федера́ции. И я сдал гражда́нство. Бу́дучи твёрдо уве́ренным, что к вы́борам в президе́нты РФ меня́ не подпу́стят.

Я поступи́л мора́льно поря́дочно по отноше́нию к стране́, кото́рой сдал гражда́нство, поблагодари́л за по́мощь в тру́дные го́ды.

И я поступи́л поря́дочно по отноше́нию к мое́й родно́й стране́; двоемы́слия в тако́м

▶ воню́чая - stinking
▶ папиро́са - cigarette
▶ углова́тый - angular; awkward
▶ мускули́стый - muscular; beefy
▶ сухожи́лие - tendon
▶ паруси́на - canvas; sailcloth
▶ рази́ть - smell; strike
▶ полиэсте́р - polyester
▶ шерсть - wool
▶ многообра́зие смы́слов - diversity of meanings
▶ однозна́чный - unambiguous
♦ Жера́р Депардье́ (Gérard Depardieu) - францу́зский актёр; в 2012 году́ отказа́лся от гражда́нства Фра́нции и получи́л гражда́нство Росси́и
▶ обыва́тель - average man
▶ отморо́зок - wacko
▶ обяза́тельство - obligation
▶ бродя́га - tramp
▶ гражда́нство - citizenship
▶ кандида́т в президе́нты - presidential candidate
▶ подпусти́ть - let approach
▶ двоемы́слие - double think

серьёзном деле, как выборы на должность руководителя России, быть не должно.

У Депардье по сравнению с моей не такая сильная позиция. Рангом пониже. Он отказался от гражданства, обидевшись на непосильные финансовые поборы со стороны французского государства. Президент Путин, не давший мне руками Центральной Избирательной Комиссии конкурировать с ним на выборах, даёт теперь паспорт Депардье, с широкой улыбкой, называя его Жерар.

Я тоже назову его Жерар.

Жерар, приходи с новым российским паспортом в кармане на Триумфальную площадь 31 января! Каждое 31 число с 18 часов на площади этой российские граждане традиционно требуют свободы мирных собраний, требуем реализации статьи 31-й Конституции Российской Федерации.

Мы ждём тебя, Жерар! Если я не ошибаюсь, ты ведь играл в одном из фильмов великого французского революционера Дантона? Вот тебе, наш французский друг, приглашение на реальную историческую роль защитника российской свободы.

Это была проповедь о французском гражданстве от 03 января 2013 года.

(Блог в ЖЖ, 2013.)

Немцов – американская подстилка

Позвонили из "Аргументов недели".

Вас, говорят, Борис Немцов подонком назвал.

Проверил, действительно да.

Я, между прочим, о нём не вспоминал нигде и его не упоминал последнее время. Но знает кошка, чьё мясо съела.

▶ серьёзное дело - grave matter
▶ ранг - rank; grade
▶ обидеться - take offence
▶ непосильный - unbearable
▶ поборы - exactions
▶ Центральная Избирательная Комиссия (ЦИК) - Central Electoral Commission
▶ конкурировать - compete
▶ Триумфальная площадь - Triumphal Square
▶ традиционно - traditionally
▶ свобода собраний - freedom of assembly
▶ если я не ошибаюсь - if I am not mistaken
▶ приглашение - invitation
▶ защитник - defender
♦ Борис Немцов - российский политик, член Координационного совета российской оппозиции
▶ подстилка - freebee; bedding
♦ "Аргументы недели" - еженедельная газета
▶ подонок - scumbag
▶ знает кошка, чьё мясо съела - well knows the kitten whose meat it has eaten

Я уже́ два поста́ посвяти́л гото́вящемуся 13 января́ позо́рному ше́ствию, назва́л его́, как припеча́тал, пря́мо и простоду́шно по-наро́дному: проамерика́нским. Я же не буржуа́ сало́нов, я заика́ться не бу́ду.

А Немцо́в ведь, и́менно он, и организова́л приня́тие в Шта́тах "зако́на Магни́тского", и всё, что пото́м закрути́лось, в су́щности его́ рук де́ло.

А тут Лимо́нов влез и объясни́л всем, кто слу́шать хо́чет, что впервы́е буржуа́зные ли́деры оппози́ции скати́лись столь ни́зко, что организо́вывают открове́нно проамерика́нскую а́кцию в Москве́.

Я вообще́ ве́жливый, но руга́ться уме́ю лу́чше всех Бори́сов. И в де́тстве в рабо́чем посёлке вы́учился, и пото́м по жи́зни пришло́сь бага́ж накопи́ть. Я таки́е руга́тельства зна́ю, от кото́рых бума́га свора́чивается. Поэ́тому меня́ лу́чше бы́ло не тро́гать.

На подо́нка отвеча́ю "америка́нской подсти́лкой". Немцо́в – америка́нская подсти́лка.

(Блог в ЖЖ, 2013.)

Уще́рб госуда́рственным, национа́льным интере́сам

...Меня́ об Аме́рике просветля́ть не на́до.

Я там свы́ше пяти́ лет оттяну́л, трина́дцать мест рабо́ты смени́л, со вся́кими людьми́ обща́лся, от шпаны́, га́нгстеров и панк-музыка́нтов до профессоро́в, конгрессме́нов, сена́торов, нобелевских лауреа́тов и миллиарде́ров. Я Аме́рику изнутри́ изучи́л, и в психоло́гию её прони́к.

Я Аме́рике це́ну зна́ю. Это страна́ агресси́вная, империалисти́ческая, копи́ровавшая с са́мого своего́ возникнове́ния Ри́мскую Импе́рию.

▶ посвяти́ть - dedicate
▶ позо́рный - disgraceful
▶ ше́ствие - march
▶ простоду́шно - artlessly
▶ заика́ться - stutter; stammer
▶ закрути́ться - spin
▶ влеза́ть - get in; climb
▶ объясни́ть - explain
▶ скати́ться - tumble
▶ открове́нно - blatantly
▶ ве́жливый - polite
▶ руга́ться - swear; curse
▶ де́тство - childhood
▶ рабо́чий посёлок - workers' settlement
▶ вы́учиться - be trained; learn
▶ бага́ж - baggage
▶ накопи́ть - accumulate
▶ руга́тельство - curse
▶ свора́чиваться - congeal; roll
▶ тро́гать - touch
▶ уще́рб - damage
▶ просветля́ть - illuminate; brighten
▶ оттяну́ть - stay; retract
▶ ме́сто рабо́ты - job; work place
▶ смени́ть - change
▶ шпана́ - hooligans; riffraff
▶ изнутри́ - inside and out
▶ прони́кнуть - find way
▶ знать це́ну - know the worth

Недаром у них и Сенат, и Капитолий есть, и себя они masters of the Universe называют и чувствуют.

I am roman! – гордо сказал мне в 1975 году один выдающийся журналист в Нью-Йорке. Я запомнил.

Америка – самая могучая страна современного мира. Мы ревнуем её, и правильно. Мы могли быть самой могучей страной…

Америку ненавидеть не надо, её нужно понимать. Америка экстремально опасна, как был опасен чудовищный спрут древнего Рима, сжавший в своих смертельных объятиях весь тогдашний мир. Так же как с древним металлическим Римом, с Америкой дружить на равных невозможно. Любая близость с Америкой оборачивается подчинением. И подавлением.

То, что у нас появились в стране граждане, ориентирующиеся на Соединённые Штаты, – очень нехорошо. То, что часть этих граждан в нашей стране влиятельны, – очень плохо. Чревато последствиями…

(Блог в ЖЖ, 2013.)

"Худые" люди

…Когда "креативный класс" из-за вздорных панк-девок рассорился с народом России, я говорил и писал и убеждал, что не нужно лезть в бутылку, нужно выйти из истерики и не раздражать собой народ. Так же как и вы, господа буржуазия, народ имеет право на свои верования и предрассудки. Оставьте его в покое, не задирайте. Нет, шипели, вопели, вели себя неразумно и не остановились. Если бы в этот момент были свободные выборы, стало бы на следующий день понятно, что сотворили трагическую глупость, народ, придя к

▶ недаром - not for nothing
▶ гордо - proudly
▶ выдающийся - distinguished
▶ могучая - mighty
современный мир - modern world
ревновать - be jealous
▶ и правильно - and rightly so
▶ чудовищный - monstrous
▶ спрут - octopus
▶ объятия - embrace
▶ тогдашний - of that time
▶ на равных - on equal terms
▶ близость - closeness
▶ оборачиваться - turn; rotate
▶ подчинение - subjection
▶ подавление - suppression
▶ влиятельный - influential
▶ чревато последствиями - fraught with consequences
▶ худые - bad; lean
▶ вздорный - whacky
♦ панк-девки - имеются в виду участницы группы Pussy Riot
▶ лезть в бутылку - be confrontational; hit the ceiling

урнам, показа́л бы ва́шим Парна́сам и Я́блокам свой заскору́злый ку́киш. Наро́д и сам пло́хо ве́рующий в Бо́га, он, я́сно, не набо́жный, но вы ж как ничево́ки, как хулига́ны ста́ли защища́ть пра́во нечистопло́тных де́вок справля́ть свою́ нужду́ в хра́ме. А наро́д-то счита́ет храм свое́й тради́цией и су́тью свое́й, пусть он в храм и не хо́дит, но счита́ет, ведь у него́ бо́льше ничего́ нет, нет! Ско́льких вы оттолкну́ли, вы посчита́ли?! Скажу́ вам, что оттолкну́ли большинство́.

И вот тепе́рь вы опя́ть сма́чно се́ли в лу́жу с исто́рией об усыновле́нии. Ещё раз за како́й-то всего́ год продемонстри́ровали свою́ чужу́ю мора́ль. Бо́лее того́, вы факти́чески при́няли в э́том конфли́кте сто́рону чужо́й страны́ – Соединённых Шта́тов. Слезли́вые голоса́, упо́р на чу́вства, разъярённые, вы ста́ли а́рмией слегка́ пошатну́вшихся в уме́. Нет, вы придёте в созна́ние, я в вас ве́рю, найдёте доро́гу. Но как бы не́ было по́здно!

Вы непра́вы! Ну непра́вы!..

Оста́вим за ско́бками режи́м. Э́тот уйдёт, бу́дет друго́й.

Дела́ ва́ши обстоя́т куда́ ху́же. Вы создаёте себе́ худу́ю сла́ву в наро́де. Копа́ете са́ми себе́ я́му. Он ва́шего буржуа́зного индивидуали́зма не понима́ет. Наро́д счита́ет и бу́дет счита́ть: "они́ за Аме́рику!" "Они́ за Аме́рику, а сле́довательно про́тив Росси́и!" Про́тив Росси́и мо́гут быть то́лько "худы́е" лю́ди, – счита́ет наро́д.

Впро́чем, вам жить, как говоря́т в тюрьме́ ("тебе́ жить!"). Не говори́те, что я вас не предупрежда́л…

(Блог в ЖЖ, 2013.)

♦ Парна́с, Я́блоко - назва́ния полити́ческих па́ртий
▶ заскору́злый - hardened; crusty
▶ ку́киш - fig; fico
▶ набо́жный - pious
▶ ничево́к - nothingarian
▶ нечистопло́тный - dirty
▶ справля́ть нужду́ - ease oneself
▶ суть - essence
▶ оттолкну́ть - push away
▶ сма́чно - with relish
▶ сесть в лу́жу - put one's foot in it
▶ лу́жа - puddle
▶ приня́ть сто́рону - come over to smb.'s side
▶ слезли́вый - tearful
▶ упо́р на чу́вства - emphasis on feelings
▶ разъярённый - furious
▶ прийти́ в созна́ние - regain one's senses
▶ ско́бки - brackets
▶ копа́ть я́му - dig a hole
▶ буржуа́зный индивидуали́зм - bourgeois individualism
▶ предупрежда́ть - warn

Оппози́ция в дублёнках

Я уве́рен, что среди́ э́тих ты́сяч, проше́дших сего́дня от Пу́шкинской до Са́харова, большинство́ составля́ли це́лые се́мьи, живу́щие по хоро́шим адреса́м. Ну, Куту́зовский там, Арба́т, Тверска́я у́лица, кварта́лы у Аэропо́рта, Мосфи́льмовская у́лица, лю́ди из тво́рческих сою́зов, пото́мственная, коро́че, обеспе́ченная моско́вская интеллиге́нция. Да и пото́мков сове́тской партийной аристокра́тии, я ду́маю, бы́ло среди́ них нема́ло сего́дня на ше́ствии. Ренега́тство – явле́ние нере́дкое. Их и бо́льше могло́ вы́йти в не́сколько раз в Москве́, отчего́ нет. У нас в ка́ждом из тво́рческих сою́зов состои́т по деся́тку ты́сяч. А уж насле́дников сове́тских вельмо́ж с хруста́льными лю́страми полны́м-полно́, СССР-то был огро́мный, сове́тские вельмо́жи со всей страны́ пото́м здесь осе́ли. Вы когда́-нибу́дь бы́ли в высо́тке на пло́щади Восста́ния, наприме́р, ви́дели, каки́е там кварти́ры, да что там кварти́ры, како́й вестибю́ль, как во дворце́ Тутанхамо́на?! Я был оди́н раз. Поучи́тельно.

Коренны́е москвичи́ давно́ име́ют преиму́щества пе́ред остально́й страно́й. Мно́гие из них ста́ли "рантье́", живу́т на дохо́ды со сдава́емых в наём кварти́р, населе́ние ведь уменьша́ется, ба́бушки умира́ют, кварти́ры оставля́ют. Моско́вская интеллиге́нция это осо́бая ка́ста. Я хорошо́ зна́ю э́ту сре́ду, у меня́ в про́шлом там бы́ло мно́жество знако́мых. Они́ не о́чень у́мные, не осо́бо тала́нтливые, но бы́стро воспламеня́ющиеся, и подве́ржены ста́дным предрассу́дкам своего́ кла́сса. Но сла́бость вла́сти они́ хорошо́ чу́вствуют, чуть бедо́й запа́хнет, вы их не уви́дите. А власть сейча́с сла́бая, Пу́тин сла́бый прави́тель.

▶ дублёнка - sheepskin coat
▶ кварта́л - quarter; neighbourhood
▶ тво́рческий - creative
♦ тво́рческие сою́зы - име́ются в виду́ организа́ции писа́телей, худо́жников и т.п.
▶ пото́мственная - hereditary
▶ обеспе́ченная - well-to-do
▶ пото́мок - descendant
▶ аристокра́тия - aristocracy
▶ ренега́тство - defection
▶ явле́ние - phenomenon
▶ нере́дкое - not infrequent
▶ насле́дник - heir
▶ вельмо́жа - nobleman
▶ хруста́льная лю́стра - cut-glass chandelier
▶ осе́сть - settle
▶ высо́тка - multistoried building; skyscraper
▶ вестибю́ль - entrance hall
▶ дворе́ц - palace
▶ поучи́тельный - instructive
▶ коренно́й москви́ч - native of Moscow
▶ преиму́щество - advantage
▶ сдава́ть в наём - let
▶ прави́тель - ruler

Одна из журналисток сообщила, что "все тепло оделись в дублёнках". И это, собственно, ключевое слово, спецодежда российской буржуазии. Оппозиция в дублёнках.

Несколько тысяч состоятельных москвичей, около десятка тысяч, из числа потомственной московской интеллигенции и наследственной советской номенклатуры, устроители выманили-таки, сыграв на чувствах, использовав детей-инвалидов (больше воображаемых, чем реальных) в качестве приманки.

Воспалённые детьми-инвалидами между тем перешли сегодня в своих дублёнках Рубикон, ушли от страны и народа.

Дума будет в конце концов другая, президент будет другой, но то, что вышли за продажу российских детей Америке, никто уже не сотрёт со страниц Истории.

Ошиблись. Не надо было ошибаться.

Это была проповедь воскресенья 12 января 2013 года.

(Блог в ЖЖ, 2013.)

К ночи отца вспомнил

Отец мой был до болезненности честный советский офицер. Однажды он уступил очередь на квартиру младшему по званию.

Мать бранила его и плакала.

– Что ты наделал, Веня!

– У них трое детей, – сказал отец хмуро. Пошёл, умылся и лёг спать. Приподнял голову, сказал:

– А у нас один только.

И накрыл голову подушкой.

Квартиры мы так и не получили. Уйдя на пенсию, отец купил на окраине, за заводами,

▶ собственно - actually
▶ ключевое слово - keyword
▶ спецодежда - специальная одежда - workwear
▶ состоятельный - well-to-do
▶ номенклатура - nomenclature; governing establishment
▶ устроитель - organizer
▶ выманить - entice, draw
▶ сыграть на чувствах - strike the right chord
▶ воображаемый - imaginary
▶ приманка - bait
▶ воспалённый - inflamed
▶ перейти Рубикон - cross the Rubicon
▶ ошибаться - make mistake
▶ к ночи - by night
▶ до болезненности - painfully
▶ честный - honest
▶ однажды - once
▶ уступить - yield; give way
▶ очередь на квартиру - accommodation waiting list
▶ младший по званию - junior officer
▶ бранить - scold
▶ подушка - pillow

дешёвую двушку. Там он и умер. И мать там умерла.

Когда в полк привозили новобранцев из Москвы, отец сердился.

— Опять прислали нам говнюков.

И объяснял матери:

— Понимаешь, они все слишком грамотные. Права качать начинают. Проблем с ними много. Говнюки, одним словом. Хорошего солдата из них не выходит.

Солдаты его за что-то любили. Многие потом, через много лет с жёнами уже, с детьми заезжали. Махитарьян из Армении каждый отпуск приезжал. И даже западенцы что-то в отце находили. Письма писали долго потом.

Отец за солдатами с любопытством наблюдал. Рассказывал дома:

— Вот из далёкой деревни пацан, а ест так деликатно. И не слышно его, как жуёт. А у нас офицеры есть, академию кончили, а чавкают, как свиньи...

У отца был старшина. Хитрый чёрт хохол. Жена приезжала в день получки, чтоб у кассы его перехватить, чтоб не напился. Так он приспособился. Денег займёт, водку в чайник сольёт и ходит у неё на глазах, прямо из чайника, из носика отхлёбывает. Домой идут, а его заносит.

— Вениамин Иваныч, как он так умудряется?!

Отец посмеивался, но старшину не предал. Уж очень крепкий был старшина, солдат в кулаке держал.

В 1992-ом, пробираясь из Приднестровья через Донбасс вместе с приятелем капитаном, я прожил четыре дня у родителей в Харькове.

— Батя, отчего армия разваливается?

▶ дешёвая - cheap
▶ двушка - one-bedroom flat; two-copeck coin
▶ полк - regiment
▶ новобранец - recruit
▶ говнюк - asshole
▶ слишком грамотный - too clever
▶ грамотный - literate
▶ качать права - demand one's rights
▶ отпуск - leave; vacation
◆ западенцы - уроженцы Западной Украины
▶ уроженец - native
▶ любопытство - curiosity
▶ наблюдать - observe
▶ пацан - lad; kid
▶ деликатно - delicately
▶ жевать - chew
▶ чавкать - champ; slurp
▶ старшина - master sergeant
▶ хохол - Ukrainian; crest
▶ получка - pay day; pay cheque
▶ перехватить - intercept
▶ напиться - get drunk
▶ приспособиться - get adjusted
▶ занять денег - borrow money
▶ чайник - kettle
▶ умудряться - contrive; manage

– А потому́ что отмени́ли политру́ков и старши́н, Э́дик. На них всё и держа́лось, весь поря́док в а́рмии.

Отцу́ тогда́ уже́ бы́ло под во́семьдесят.

Э́то была́ не про́поведь, про́сто к но́чи отца́ вспо́мнил.

(Блог в ЖЖ, 2013.)

Нужна́ смерть, адеква́тная преступле́нию

Жи́рный мужи́к тридцати́ лет, в Набережных Челна́х, похи́тил, износи́ловал и уби́л беспо́мощное существо́ – восьмиле́тнюю Васили́су.

Сме́ртная казнь – э́то обы́чно небо́льно, дли́тся недо́лго. Восто́чная тради́ция лише́ния жи́зни престу́пников предлага́ет бо́лее боле́зненные и потому́ стра́шные для воображе́ния потенциа́льных престу́пников ви́ды ка́зни. Ска́жем, побива́ние камня́ми – кра́йне тяжёлая для престу́пника казнь. (Практику́ется у мусульма́н, широко́ применя́лась у евре́ев когда́-то.) Э́та сме́ртная казнь дли́тся до́лго, и смерть мучи́тельна.

Не ну́жно боя́ться упрёков в ва́рварстве. Ну́жно дости́чь результа́та, что́бы вся́кая жи́рная тварь трепета́ла при одно́й заро́дышевой мы́сли о преступле́нии про́тив беспо́мощного существа́.

Па́рень э́тот ублю́дочный, пи́шут СМИ, узбе́к. Ну что ж, пусть и́менно его́ соотве́ственники казня́т его́ побива́нием камня́ми.

И со всей диа́споры вину́, е́сли не уберу́т, то дока́жут, как они́ ненави́дят подо́бных и́звергов да́же свое́й национа́льности. Одновреме́нно така́я казнь соотве́тствует зако́нам шариа́та.

▶ отмени́ть - abolish
▶ политру́к - полити́ческий руководи́тель - political commissar
▶ держа́ться - hold on
▶ поря́док - order
▶ а́рмия - army
▶ под во́семьдесят - about eighty
▶ смерть - death
▶ адеква́тная - adequate, appropriate
▶ преступле́ние - crime
▶ жи́рный - fat
▶ мужи́к - man; dude
▶ похи́тить - kidnap
▶ износи́ловать - rape
▶ уби́ть - kill
▶ беспо́мощное - helpless
▶ существо́ - creature
▶ сме́ртная казнь - execution
▶ воображе́ние - imagination
▶ потенциа́льный - potential
▶ престу́пник - criminal
▶ побива́ние камня́ми - stoning
▶ ва́рварство - barbarism
▶ дости́чь - achieve
▶ трепета́ть - tremble
▶ заро́дышевая - primordial; embryonic
▶ ублю́дочный - mongrel
▶ узбе́к - Uzbek
▶ и́зверг - monster

Не нужно бояться упрёков в варварстве. Нужно покарать в соответствии с чудовищным преступлением. Расстрел – это мгновенный выход из положения, как бы избавление от мучений. А вот побивание, когда он будет медленно подыхать, соответствует вине.

Что там Европа скажет или правозащитница Ганнушкина, не нужно реагировать. Нужна смерть, адекватная преступлению.

Это была воскресная проповедь 10 февраля.

▶ упрёк - reproach
▶ покарать - punish
▶ чудовищный - monstrous
▶ расстрел - execution by a firing squad
▶ избавление - deliverance
▶ подыхать - die; peg out; kick the bucket

▶ Дедушка Мороз, Дед Мороз - Santa Claus; Grandfather Frost
▶ исполнить мечту - fulfill the dream
▶ мудак - moron

▶ лечение травами - herbal treatment
▶ крапива - nettle
▶ жопа - ass

▶ больной - patient
▶ идти на поправку - be on the mend
▶ идти - go; walk
▶ дойти - reach

Валерия Новодворская

Политик, правозащитница

Валерия Ильинична Новодворская родилась 17 мая 1950 года в городе Барановичи Белорусской ССР. Училась в Московском институте иностранных языков имени Мориса Тореза. Организовала подпольную студенческую группу, в которой обсуждалась необходимость свержения коммунистического режима путём вооружённого восстания. В декабре 1969 года была арестована КГБ по обвинению в антисоветской агитации и пропаганде за распространение листовок с критикой ввода советских войск в Чехословакию (осуждена не была). С июня 1970 по февраль 1972 года находилась на принудительном лечении в психиатрической больнице с диагнозом "вялотекущая шизофрения, параноидальное развитие личности". С 1975 по 1990 год работала переводчицей медицинской литературы. В 1990 году крестилась. Принадлежит к Украинской автокефальной православной церкви, выступает с резкой критикой Русской православной церкви.

Блог в ЖЖ: vnovodvorskaia.livejournal.com.
Блог на сайте радиостанции "Эхо Москвы": www.echo.msk.ru/blog/novodvorskaya.
Твиттер: twitter.com/Vnovodvorskaia.
Youtube: www.youtube.com/borovonovodvo.

▶ правозащитница - human rights activist
▶ подпольный - underground
▶ необходимость - need
▶ свержение - overthrow
▶ вооружённое восстание - armed uprising
▶ листовка - leaflet
▶ принудительное лечение - compulsory treatment
▶ психиатрическая больница - mental hospital
▶ диагноз - diagnosis
▶ вялотекущая шизофрения - continuous sluggish schizophrenia
▶ параноидальное - paranoid
▶ креститься - take baptism; cross oneself
▶ Украинская автокефальная православная церковь - Ukrainian Autocephalous Orthodox Church

Олимпи́йские и́гры не должны́ стать позо́ром Росси́и

Меня́ забо́тит не коли́чество золоты́х меда́лей, кото́рые увезёт с собо́й обра́тно сбо́рная Росси́и. Это пусть Пу́тина забо́тит, он там де́нежки гото́вит за ка́ждую меда́ль.

Меня́ волну́ет коли́чество национа́льного позо́ра, кото́рое вы́льется на на́шу го́лову вме́сте с ка́ждой но́ткой сове́тского ги́мна, кото́рый бу́дет исполня́ться в честь на́ших побе́д.

Хотя́ росси́йские спортсме́ны мо́гут, абсолю́тно не затра́чивая никаки́х уси́лий, вы́ручить свою́ страну́ и сниска́ть себе́ бессме́ртную сла́ву.

Дороги́е спортсме́ны.

Вы победи́ли, вы заня́ли пе́рвое ме́сто, у вас есть по́лная возмо́жность вы́вернуться из э́того неприя́тного положе́ния – что́бы гимн, чудо́вищный гимн, кото́рый перечёркивает вообще́ само́ существова́ние на́шей страны́, не звуча́л. Вы идёте к пьедеста́лу, то́лько вы не стано́витесь на него́. Вы вразва́лочку уса́живаетесь на него́, принима́ете са́мую оскорби́тельную для ги́мна по́зу и полулёжа всё э́то слу́шаете. Жела́тельно и глаза́ закры́ть.

Уверя́ю вас, что э́то "лека́рство" про́тив сове́тского ги́мна мо́жет быть о́чень эффекти́вным.

Во-пе́рвых, к вам нельзя́ бу́дет име́ть никаки́х прете́нзий. Стреля́ете вы хорошо́, бе́гаете бы́стро, ло́вите мя́чик – каки́е прете́нзии? Где они́ найду́т друго́го на ва́ше ме́сто? Пу́тин, что ли, побежи́т вме́сто вас? Мо́жет не добежа́ть. Или Се́чин с Ивано́вым? Други́х спортсме́нов нет, вас замени́ть не́кем, э́то не Меди́нского в министе́рство культу́ры посади́ть.

То есть с ва́ми ничего́ сде́лать не мо́гут. И да́же не мо́гут лиши́ть награ́ды, а то бе́гать

▶ Олимпи́йские и́гры - Olympic Games
▶ позо́р - shame
▶ забо́тить - concern
▶ коли́чество - number; quantity
▶ золота́я меда́ль - gold medal
▶ де́нежки - money
▶ исполня́ться - be performed; come true
▶ затра́чивать - spend
▶ уси́лия - efforts
▶ вы́ручить - help out
▶ сниска́ть бессме́ртную сла́ву - attain immortal glory
▶ вы́вернуться - writhe oneself free; pull through
▶ неприя́тное положе́ние - unpleasant situation
▶ перечёркивать - strike out
▶ существова́ние - existence
▶ пьедеста́л - pedestal
▶ вразва́лочку - waddling
▶ уса́живаться - settle down
▶ оскорби́тельный - insulting
▶ полулёжа - in reclining posture
▶ лека́рство - medicine
▶ прете́нзия - complaint
♦ Се́чин, Ивано́в, Меди́нский - чле́ны руково́дства Росси́и

перестанете. А вы за несколько таких "уроков" отучите их играть советский гимн. И они будут играть Глинку, то самое, что играли при Ельцине.

Вы знаете, это предметные уроки. Подражайте эстонцам, которые без всякого скандала, без взрывов, ещё в советское время избавились от памятника Ленину перед райкомом партии в Таллинне. Они что сделали? Они купили много-много валерьянки и поливали этот ленинский памятник каждую ночь. Все таллиннские коты сбегались к этому памятнику и начинали лизать этого Ленина во все места, душераздирающе мяукая. И партийные функционеры на всё это из окна глядели. Они выдержали неделю, через неделю памятник демонтировали и поставили его во внутренний двор.

Так что советую разлечься на пьедестале и полёживать там под звуки советского гимна. Конечно, к вам прибегут журналисты, немедленно начнут брать у вас интервью.

А вы говорите – что вот, не могу этого допустить. Есть российский гимн, вот, хочу его послушать. Совершенно не желаю, чтобы моя спортивная карьера служила политическим целям, грязным политическим целям. Я не гражданин Советского Союза, я гражданин России. Я играю за Россию.

А команды Советского Союза на этих состязаниях нет. Если вы её выкопаете из какой-нибудь могилы, то пусть она поучаствует в Олимпийских играх, гремя костями.

(Блог на сайте "Эха Москвы", 2012.)

Россию спасут добровольцы

Эмиграция растёт. Понятно, что не от хорошей жизни все разбегаются. Как Гоголь бы

♦ После распада СССР в 1991 году гимном России стала мелодия русского композитора Михаила Глинки (1804-1857), которая исполнялась без слов. В 2000 году был утверждён новый гимн с мелодией советского гимна и новыми словами.

▶ отучить - wean, disaccustom
▶ предметный урок - object lesson
▶ подражать - copy
▶ памятник - monument
▶ райком - районный комитет - district committee
▶ валерьянка - valerian
▶ поливать - irrigate; water
▶ лизать - lick
▶ душераздирающий - heartrending
▶ мяукать - meow
▶ демонтировать - dismantle
▶ внутренний двор - inner courtyard
▶ разлечься - sprawl
▶ допустить - allow
▶ состязание - contest
▶ выкопать - dig out
▶ могила - grave
▶ доброволец - volunteer
▶ разбегаться - scatter

сказа́л: "Ру́сские доро́ги располза́ются, как ра́ки".

В страну́ чуде́с, в страну́ дурако́в…

Э́то о́чень пло́хо. Себя́ ли́чно они́, скоре́е всего́, спасу́т, но э́то гу́бит Росси́ю. Они́ де́лают вы́бор эгоисти́ческий. Никто́ их за э́то не мо́жет осуди́ть, они́ име́ют пра́во.

Уже́ пятьсо́т лет мно́го поколе́ний свои́ ко́сти скла́дывают в на́ше боло́то, и оно́ всё поглоща́ет, а воз и ны́не там, и в поря́дке благода́рности от соотечественников они́ име́ют: ви́селицы, расстре́лы, конфиска́ции.

В лу́чшем слу́чае – брань, и э́та брань одного́ челове́ка на на́ших глаза́х уже́ уби́ла. Зва́ли его́ Его́р Тиму́рович Гайда́р.

Кто́-то до́лжен спаса́ть Росси́ю (коне́чно, доброво́льно). Е́сли не найдётся доста́точно доброво́льцев, как не нашло́сь во вре́мя Гражда́нской войны́, когда́ доброво́льцы отбы́ли туда́, за Босфо́р, в тарака́ньих бега́х уча́ствовать, в Пари́ж, такси́ води́ть, зна́чит, бу́дет то же са́мое, и во ве́ки веко́в.

Здесь я могу́ как исто́рик изре́чь пригово́р, что быть им ве́чными эмигра́нтами, ве́чными беглеца́ми, а на истори́ческую ро́дину мо́гут да́же в туристи́ческую пое́здку не пусти́ть че́рез не́которое вре́мя.

Их всегда́ бу́дут рассма́тривать как люде́й сла́бых, ро́бких, худосо́чных, чуть что – на За́пад, чуть что – про́сим полити́ческого убе́жища.

Кто не мо́жет обеспе́чить норма́льную обстано́вку у себя́ на Ро́дине и хо́чет воспо́льзоваться чужи́ми города́ми, чужи́ми конститу́циями, ему́ таку́ю возмо́жность предоста́вят, но челове́ческого уваже́ния э́то не вы́зовет.

(Блог на са́йте "Э́ха Москвы́", 2012.)

▶ располза́ться - creep away
▶ рак - crawfish; cancer
▶ чу́до - miracle
▶ дура́к - fool
▶ спасти́ - save
▶ губи́ть - destroy; ruin
▶ эгоисти́ческий - selfish; egoistic
▶ осуди́ть - condemn; criticize
▶ поколе́ние - generation
▶ скла́дывать - pile up
▶ боло́то - swamp
▶ поглоща́ть - swallow up; consume
▶ а воз и ны́не там - things aren't moving
▶ воз - cart; wagon
▶ ви́селица - gallows
▶ брань - abuse
♦ Его́р Гайда́р (1956-2009) - госуда́рственный де́ятель, оди́н из а́второв экономи́ческих рефо́рм в Росси́и
▶ тарака́ньи бега́ - roach races
▶ изре́чь - utter
▶ пригово́р - verdict
▶ ве́чный - eternal
▶ бегле́ц - fugitive
▶ ро́бкий - shy; timid
▶ худосо́чный - weedy; cachectic
▶ чуть что - at the slightest provocation

Мне стыдно жить в России

В нашей стране пароксизм клерикализма совпал с "девятым валом" неприятия секс-меньшинств.

Знак сочувствия Мадонны к секс-меньшинствам называется теперь у нас пропагандой гомосексуализма.

Разгромлен гей-клуб. Разгромили всё оборудование, побили геев, и девушка-бармен в больнице.

Полиция не очень торопилась их защитить, хотя им сразу же дали знать. Я думаю, на каждом углу специально останавливались.

Где безопасность, где равенство всех перед законом? Получается, что теперь гей-клубы не могут существовать, небезопасно себя обнаружить, небезопасно признать свою нетрадиционную ориентацию, небезопасно вместе провести время. Потому что придут какие-то негодяи и начнут тебя убивать и калечить.

Боюсь, мы скоро дойдём до уголовной статьи в Уголовном Кодексе, по которой когда-то сидел Параджанов. То есть, людей будут обвинять в нетрадиционной сексуальной ориентации и затем сажать на 7 лет.

Это варварство, это нецивилизованность, это азиатчина.

Мне стало стыдно жить в России.

Геев немного, в конце-концов, они могут уехать.

А куда денется вся страна под названием Россия?

Отношение к секс-меньшинствам – это индикатор.

Не обязательно ходить на гей-парады, но страна, где гей-парады запрещают, – это нездоровая страна, это очень зажатая страна.

- ▶ пароксизм - fit; paroxysm
- ▶ клерикализм - clericalism
- ▶ совпасть - coincide
- ▶ девятый вал - ninth wave; highest wave
- ▶ неприятие - antagonism; rejection
- ▶ секс-меньшинство - sex-minority
- ▶ сочувствие - sympathy
- ▶ разгромить - destroy
- ▶ оборудование - equipment
- ▶ побить - beat
- ▶ торопиться - hurry
- ▶ защитить - defend
- ▶ дать знать - let know
- ▶ останавливаться - stop
- ▶ безопасность - security
- ▶ равенство всех перед законом - equality of all before the law
- ▶ обнаружить - find out; reveal
- ▶ небезопасно - unsafe
- ▶ провести время - pass the time
- ▶ негодяй - scoundrel
- ▶ калечить - cripple
- ▶ Уголовный Кодекс - Criminal Code
- ♦ Сергей Параджанов - советский кинорежиссёр
- ▶ азиатчина - asiaticism (barbarism)

Это страна, где нет не только секса и нетрадиционного секса, это бы ещё полбеды. Это страна, где нет свободы.

(Блог на сайте "Эха Москвы", 2012.)

Такой народ пусть вымирает, не жалко

Я считаю результаты выборов плачевными. И, как всегда, как любой грамотный народник, во всём виню народ. А не буржуев, не пятую колонну и не теневое проамериканское правительство.

Почему народ голосует за начальство? Потому что они считают, что начальство что-нибудь им отломит и отрежет. Нищенская психология. Народ хочет корочку с барского стола, народ хочет косточку. Никаких европейских порядков не хочет. Даже новых людей не хочет, незапятнанных членством в партии жуликов и воров.

Это очень плохой прецедент. Это отсутствие тренинга, это отсутствие привычки выбирать для себя адекватных представителей.

Вроде бы хомяки выпросили выборы губернаторов, выстояли на Болоте. Вот вам выборы губернаторов.

При таком народном настроении нам не помогут никакие выборы, в том числе и честные.

Вот, как в советское время, народ тупо пёрся на выборы и голосовал за блок коммунистов и беспартийных, и ничего другого не мыслил, а потом стоял в очередях в разных приёмных, писал письма, просил разобраться (пустить отопление, перекрыть крышу).

При таком положении никакие либеральные реформы никому ни в чём не помогут.

И Ельцина-то выбрали поначалу, потому что он казался отцом отечества, Pater Patriae.

▶ полбеды - half-trouble
▶ вымирать - become extinct
   результаты выборов - election results
▶ плачевный - deplorable
▶ грамотный - expert; literate
▶ народник - populist
▶ винить - blame
▶ буржуй - bourgeois
▶ пятая колонна - fifth column
▶ теневое правительство - shadow government
▶ голосовать - vote
▶ начальство - superior; brass
▶ отломить - break off
▶ отрезать - slice; carve out; cut off
▶ нищенская - beggarly
▶ корочка - crust
▶ барский - lordly
▶ косточка - bone; stone
♦ партия жуликов и воров - название, которое оппозиционеры придумали для правящей партии "Единая Россия"
♦ хомяки, хомячки - офисные работники (white-collars)
▶ хомяк - hamster
♦ Болото - Болотная площадь в Москве
▶ переться - drag oneself

И ходил в стоптанных ботинках, и выгребал дефицит из-под прилавка, и обещал ездить на троллейбусе. А как только поняли, что Ельцин – это Гайдар и реформы, так сразу рейтинг упал до 6%.

И здесь уж Евгения Чирикова точно ни в чём не повинна. И Владимир Рыжков тоже. Есть у них грехи, но это не их зона ответственности. Они честно представили свои кандидатуры. А народ плюнул и пошёл голосовать за партию власти. Потому что она ближе к "солнышку", выпросит для него чего-нибудь, что-нибудь отремонтирует.

Мне противно на это смотреть. И, если таковой народ вымрет, то, честное слово, наплевать и забыть. История не отметит их ни в каких списках, и надгробного памятника не будет. На "обломках самовластья" их имена точно не напишут.

Если человек не является гражданином, то, простите – пусть вымирает. Меня это уже не касается.

(Блог на сайте "Эха Москвы", 2012.)

Дорога от Храма, где Бога нет

Pussy Riot оказались лакмусовой бумажкой, на которую среагировал наш окрепший клерикализм. Свобода совести не имеет к клерикализму никакого отношения. Свобода совести предполагает, что человек не только может исповедовать свободно свою религию, но и не исповедовать никакой.

Тот закон, который сейчас готовится вывалиться из этой "духовки" заржавленной, Государственной Думы, "о кощунствах", ценой в 5 лет – этот закон не может быть законом ни в одной цивилизованной стране.

► стоптанные - down-at-heel
► выгребать - rake out
► дефицит - deficit; consumer goods in short supply
► из-под прилавка - from under the counter
♦ Евгения Чирикова, Владимир Рыжков - оппозиционные политики
► грех - sin; fault; error
► зона ответственности - zone of responsibility
► плюнуть - spit
► выпросить - solicit; elicit
► отремонтировать - repair
► таковой - such; like
► надгробный памятник - gravestone monument
► обломки самовластья (цитата из стихотворения Пушкина) - wreckage of autocracy
► лакмусовая бумажка - litmus paper
► окрепший - strengthened
► свобода совести - freedom of conscience
► исповедовать - profess; worship
► духовка - oven
► заржавленная - rusty
► кощунство - sacrilege

То, что является кощунством с точки зрения верующих, – с точки зрения атеиста это нормальный образ действий. Под этот закон можно подогнать любого атеиста, который заявит, что Бога нет. Такой закон свидетельствует о том, что государство перестаёт быть светским, что оно становится теократией. И что мы уже где-то на полпути к Ирану, где побивают каменьями за Магомета.

Не надо входить на территорию храмов РПЦ, это территория самой примитивной части христиан, они не стесняются там молиться за Патриарха Алексия покойного и Кирилла.

Раз в России, кроме путинизма, случился клерикализм, значит, надо бороться и с клерикализмом. Лучше никакой религии, чем такая. К христианству она не имеет никакого отношения.

Нам теперь надо вытаскивать из тюрьмы остальных девочек. Они не занимались политикой, они не подписывались заниматься политикой, но они жертвы, политика пришла за ними. Совершенно неожиданно за невинную детскую шалость они получают уголовный срок, и ни один христианин, который предан не кесарю, а Христу, этого терпеть не должен.

Многие священники уже отмежёвывались, некоторые даже приходов лишались.

Мы сейчас стоим на распутье. Станет ли клерикализм нашей официальной идеологией?

Путину это очень подойдёт. И я даже знаю, что из Библии они выберут: "Несть власти, аще не от Бога". Всё остальное останется за скобками.

А это не интересно – для тех, кто читал Владимира Соловьёва, кто стал христианином, читая в первоисточниках Библию и Евангелие; для светских людей XXI века, ко-

▶ с точки зрения - from the viewpoint of
▶ верующий - believer
▶ атеист - atheist
▶ подогнать - adjust
▶ свидетельствовать - prove; testify
▶ государство - state
▶ светский - secular; worldly
▶ теократия - theocracy
▶ на полпути - half-way
▶ примитивная - primitive
▶ стесняться - have scruples; be ashamed of
▶ молиться - pray
▶ случиться - happen; befall
▶ не иметь никакого отношения - bear no relation to
▶ вытаскивать - take out
▶ заниматься политикой - be engaged in politics
▶ подписываться - subscribe; sign; take up
▶ детская шалость - childish prank
▶ кесарь - Caesar
▶ отмежёвываться - dissociate from
▶ приход - parish
▶ лишиться - lose
▶ распутье - crossroad
▶ несть власти, аще не от Бога - There is no power, if not from God

торые выбирают себе в религии моральные принципы, принципы гуманизма, принципы свободы – но уж никак не манеру разбивать себе лоб.

Дуракам нельзя давать религию, для многих россиян, похоже, она противопоказана.

Сначала они себе разбивали лбы в церквях, анафемствуя Льва Толстого, а потом они разбили себе лбы, головы, стены, перебили кучу народа, уверовав в большевизм.

Нет. Нам нужна диктатура разума, а не диктатура любого государственного института. А Церковь у нас именно государственный институт.

Мне лично это всё претит настолько, что я даже куличи больше святить не буду под сводами РПЦ. Лучше это сделать в католическом храме.

Пока девушки сидят в тюрьме, мы все за это отвечаем. То есть, у нас уже свобода совести оказалась ликвидированной.

У нас в ходу появился термин "запрещённая ваххабитская литература", хотя никто не знает, как может быть литература запрещённой.

У нас ведь дошло уже и до того, что снова "Свидетелей Иеговы" именуют преступной организацией. Совсем как при советской власти.

Уже и до баптистов добрались – как-то они себя странно ведут…

Мы постепенно попадаем в ситуацию 70-80 годов, когда "Свидетели Иеговы" оказывались в тюрьме, когда разгоняли пятидесятников. Когда, кроме официально дозволенной, сотрудничающей с КГБ Церковью, всё остальное было под запретом.

Мы пошли по нехорошей дорожке, и эта дорожка нас к Храму не приведёт.

(Блог на сайте "Эха Москвы", 2012.)

▶ принципы - principles; values
▶ разбивать себе лоб - smash one's forehead (pray fervently)
▶ противопоказанный - counter-indicative
▶ анафемствовать, придавать анафеме - give anathema
▶ большевизм - Bolshevism
▶ диктатура разума - dictatorship of reason
▶ государственный институт - state institution
▶ претить - disgust; sicken
▶ святить - hallow, sanctify
▶ кулич - Easter cake
▶ под сводами - under the roof
▶ отвечать - be responsible; answer
▶ ликвидированный - liquidated
▶ запрещённая - forbidden; illegal
▶ ваххабитская - Wahhabi
▶ литература - reading matter; literature
▶ Свидетели Иеговы - Jehovah's Witnesses
▶ баптисты - Baptists
▶ пятидесятники - Pentecostals
▶ разгонять - chase

Демократия для бедных... хомячков

Большинство тех, кого принято называть "креативным классом", избрали себе особый вид демократии – демократии без ответственности.

Виртуальная демократия. Садимся перед компьютером и начинаем регистрироваться и судорожно голосовать. Голосуем за коммунистов, голосуем за социалистов, за нацистов. Либералы голосуют за либералов. Потом всё это хорошенечко перемешиваем ложкой и называем это Координационным Советом оппозиции.

Что должен координировать такой Совет? Возможен ли у лебедя, рака и щуки Координационный Совет? Причём, заметьте, что лебедь, рак и щука – довольно мирные животные и они съесть друг друга совсем не хотели, хотели просто разбежаться.

А вот если вы волка и ягнёнка попытаетесь в одну и ту же оппозицию впрячь? При этом волк будет очень хотеть съесть ягнёнка. Как вы считаете, чем дело кончится?

Наши дорогие либералы думают, что они самые хитрые. Но коммунисты злее, и у них есть опыт. И у фашистов тоже есть опыт. Так что мечта, которая присутствует на сцене, – "Свалим Путина, а там… ", она будет реализована, разумеется, только в одном виде, в одном масштабе.

То, что голову открутят демократам, это и к бабке не ходи.

Ведь смотрите, как у нас получилось в первый раз. По-видимому, только Николай II мешал большевикам дорваться до всех остальных и открутить им головы.

Эсеры, может быть, и хотели бы, но слишком поздно сообразили, что пора крутить головы

▶ креативный класс - creative class
▶ избрать - choose; elect
▶ регистрироваться - register; check in
▶ судорожно - jerkily; spasmodically
▶ нацисты - Nazis
▶ хорошенечко, хорошенько - properly; well
▶ перемешивать - mix; stir
▶ ложка - spoon
▶ называть - call; name
▶ лебедь - swan
▶ щука - pike
▶ довольно - enough
▶ животные - animals
▶ съесть - eat
▶ друг друга - each other
▶ разбежаться - disband; take a run
▶ волк - wolf
▶ ягнёнок - lamb
▶ впрячь - harness
▶ хитрый - cunning
▶ злой - malicious
▶ опыт - experience
▶ свалить - bring down
▶ разумеется - certainly
▶ открутить - unscrew
▶ это и к бабке не ходи - there is no prize for guessing (бабка - гадалка - fortuneteller)
♦ Николай II - последний царь России

большевикам. Восстание левых эсеров – это 6 июля, это уже поздно, это 18-й год. Надо было раньше подумать. Я уже не говорю про всех остальных, которые не успели и начать.

Поэтому Борис Немцов и Роман Доброхотов напрасно думают, что в этой междоусобице, в этом Армагеддоне, который они обещают на следующий день после ликвидации кровавого путинского режима, "на сладкое" у них есть хотя бы один шанс.

У них ни одного шанса нет.

И у свободных справедливых выборов тоже. Потому что дальше уже решать будут не бюллетени. Как справедливо заметил Эдуард Лимонов: "выборы, которые мы выиграем, будут последними". Дальше – "ваше слово, товарищ маузер".

Кто мне не верит – пусть почитает Владимира Ильича Ульянова, любимого автора Сергея Удальцова.

Мне совершенно не понятно, как бедные хомяки (к которым я принадлежу сама), как они могли попасть в такую ловушку? Ну, кажется, от этих лис и хорьков они должны бежать просто на максимальную дистанцию, чтобы, не дай Бог, их не догнали эти "спасители".

Мы не хотим, чтобы нами правил Путин? Не хотим.

Давайте изберём себе других прохвостов! Вы хотите, чтобы вами правил Дёмушкин или Белов? Вы хотите, чтобы фашисты вами командовали? Или из "Левого фронта" – Пономарёв и Сергей Удальцов?

Пономарёв уже сейчас посчитал деньги Ксюши Собчак, и решил, что у неё их очень много, и что это предосудительно – иметь столько денег. А представляете себе, что будет, когда он ваши деньги начнёт считать?

▶ эсер - социалист-революционер - socialist-revolutionary
♦ Борис Немцов, Роман Доброхотов - оппозиционные политики
▶ междоусобица - strife, infighting
▶ Армагеддон - Armageddon
▶ на следующий день - the next day
▶ ликвидация - liquidation
▶ кровавый режим - bloody regime
▶ на сладкое - for dessert
▶ шанс - chance
▶ бюллетень - bulletin; ballot
▶ ваше слово, товарищ маузер - your word, comrade Mauser (Mauser - a German arms manufacturer, a gun) - цитата из стихотворения Маяковского
▶ прохвост - scoundrel
♦ Дмитрий Дёмушкин, Александр Белов - оппозиционные политики-националисты
♦ Илья Пономарёв, Сергей Удальцов - оппозиционные политики левых взглядов
▶ предосудительный - reprehensible

Люди добрые, объясните мне эту степень безответственности. И почему эта безответственность, и это наплевательское отношение к стране, к своим детям, к будущему, к своим гражданским обязанностям называется этими наивными хомячками демократией?

(Блог на сайте "Эха Москвы", 2012.)

Русский язык как военно-политический таран

Русский язык очень хорош для чтения нашей великой литературы, и для нас он весьма подходит, но при чём здесь всё остальное человечество?

Если кто-то учит русский язык, то отнюдь не от восторга перед нашими политическими и экономическими достижениями.

Украины не будет, если большая часть её населения предпочитает говорить на иностранном языке, а не на своём родном.

И здесь, конечно, не Пушкин виноват и не Достоевский, а те, кто когда-то сделал выбор, отчасти с помощью войск НКВД, в пользу объединения с московитами, которых на западе Украины и сегодня не жалуют, кроме зла мы им ничего не принесли.

И в Латвии создавались целые команды по перезаселению Латвии, депортации лучших граждан независимой Латвии и заселению мигрантами.

Сегодня русский язык служит в Латвии вовсе не инструментом культуры.

Это военно-политический таран, которым вышибается членство Латвии в НАТО, её западные ориентиры, её приверженность своей истории, её ненависть к поработителям.

Создаётся ситуация, при которой компактно проживающие русские следом за проигрышем

▶ люди добрые - good people
▶ безответственность - irresponsibility
▶ наплевательское отношение - I-couldn't-care-less attitude
▶ гражданские обязанности - civil obligations
▶ наивный - naive
▶ таран - battering ram
▶ подходить - suit; approach
▶ отнюдь не - by no means
▶ восторг - delight
▶ достижение - achievement
▶ Украина - Ukraine
▶ предпочитать - prefer
▶ иностранный язык - foreign language
▶ родной язык - mother tongue
▶ отчасти - partly
▶ московит - Muscovite
▶ жаловать - like; bestow
▶ зло - evil, harm
▶ приносить - bring
▶ депортация - deportation
▶ заселение - colonization; inhabitation
▶ вышибать - knock out
▶ членство - membership
▶ приверженность - devotion

лингвисти́ческого рефере́ндума уже́ тре́буют рефере́ндума о нулево́м гражда́нстве. Я́сно, что ско́ро они́ потре́буют территориа́льного рефере́ндума.

Когда́-то э́то пыта́лись дви́нуть в Эсто́нии, но там не вы́шло.

На фо́не Пу́шкина мо́жно мно́го фи́льмов наснима́ть, е́сли Пу́шкин — э́то не вели́кий поэ́т, а троя́нский конь, за кото́рым иду́т та́нки.

Все латыши́, по-мо́ему, э́то прекра́сно по́няли, и голосова́ли они́, коне́чно, не про́тив того́, что́бы ру́сские говори́ли на своём языке́, а про́тив того́, что́бы Ла́твия была́ наве́чно раско́лота и две полови́ны ненави́дели бы друг дру́га, и плоды́ от э́той не́нависти доста́лись бы и росси́йским империали́стам.

(Блог на са́йте "Э́ха Москвы́", 2012.)

Национали́зм и патриоти́зм

В сове́тской шко́ле учи́ли, что национали́зм — э́то мрак и тума́н.

Но почему́-то всегда́ забыва́ли сказа́ть, что есть национали́зм, а есть патриоти́зм угнетённых окра́ин.

Кто бы сказа́л, что По́льша, оккупи́рованная и разделённая Пру́ссией, А́встро-Ве́нгрией и Росси́ей, проявля́ет национали́зм, когда́ она́ восстава́ла с Костю́шко, когда́ она́ восстава́ла в 30-м году́, когда́ она́ восстава́ла вме́сте с Наполео́ном, когда́ она́ восстава́ла в 63-ем году́, когда́ сопротивля́лась в 20-м году́ ле́нинским войска́м?

Нет, э́то называ́ется ина́че. Ина́че нам придётся назва́ть национали́стами францу́зских макиза́ров, кото́рые не хоте́ли быть гра́жданами Тре́тьего ре́йха.

▶ лингвисти́ческий - linguistic
▶ рефере́ндум - referendum; plebiscite
▶ нулево́е гражда́нство - zero citizenship
▶ потре́бовать - demand
▶ пыта́ться - try
▶ дви́нуть - move; get off the ground; set in motion
▶ наснима́ть - photograph; shoot
▶ троя́нский конь - Trojan horse
▶ латы́ш - Latvian
▶ наве́чно - forever
▶ раско́лотый - split
▶ полови́на - half
▶ ненави́деть - hate
▶ не́нависть - hatred
▶ достава́ться - go to
▶ империали́ст - imperialist
▶ национали́зм - nationalism
▶ патриоти́зм - patriotism
▶ угнетённый - oppressed
▶ окра́ина - outskirts
▶ проявля́ть - display
▶ восстава́ть - rebel
♦ Таде́уш Костю́шко (1746-1817) - по́льский полити́ческий и вое́нный де́ятель
▶ сопротивля́ться - resist; oppose

А они́ боро́лись за национа́льную незави́симость Фра́нции и за освобожде́ние от фаши́зма.

Никогда́ не забыва́йте про на́шу истори́ческую вину́.

Почему́ ме́рзок великодержа́вный шовини́зм в Росси́и? Потому́ что для него́ нет ни мале́йших основа́ний и оправда́ний – как в XIX ве́ке, так и в XXI.

Ти́тульная на́ция – 80% населе́ния. Если она́ говори́т, что ей угрожа́ет Кавка́з и́ли, как кака́я-то рок-гру́ппа написа́ла, что Канза́с, и не на́до корми́ть свои́м пи́вом и свое́й во́блой э́тот са́мый Канза́с, то э́то абсу́рд.

Мы должны́ склони́ть го́лову в раска́янии пе́ред те́ми, кого́ мы лиши́ли вы́бора, лиши́ли национа́льной незави́симости и, кро́ме ярма́ и ра́бства, не да́ли ничего́.

Если англича́не да́ли И́ндии парла́мент, их вдов переста́ли сжига́ть на костра́х, то, скажи́те, пожа́луйста, что мы да́ли По́льше, кро́ме аре́стов и избие́ний? Что мы да́ли, кро́ме депорта́ции и истребле́ния, Ла́твии, Эсто́нии и Литве́? Что мы да́ли Молдо́ве, Гру́зии, Арме́нии?

Поэ́тому мы должны́ забы́ть про своё и́мперское про́шлое, соскрести́ его́ с себя́. И иску́пать свою́ вину́.

И никогда́ не ста́вьте знак ра́венства ме́жду на́шими со́бственными преступле́ниями и же́ртвами э́тих преступле́ний.

(Блог на са́йте "Эха Москвы́", 2012.)

Напу́тствие про́тив идиоти́зма

Молодёжь о́чень па́дка на вне́шние эффе́кты.

Лю́ди – пре́дки обезья́н,
губерна́тор – лесбия́н,

- ▶ боро́ться - fight; struggle
- ▶ незави́симость - independence
- ▶ освобожде́ние - liberation
- ▶ истори́ческая вина́ - historical guilt
- ▶ ме́рзкий - vile; odious
- ▶ великодержа́вный шовини́зм - great-power chauvinism
- ▶ основа́ние - ground; reason
- ▶ оправда́ние - justification; excuse
- ▶ ти́тульная на́ция - titular nation
- ▶ угрожа́ть - threaten
- ▶ рок-гру́ппа - rock band
- ▶ корми́ть - feed
- ▶ пи́во - beer
- ▶ во́бла - roach
- ▶ склони́ть го́лову - bow one's head
- ▶ раска́яние - repentance
- ▶ ярмо́ - yoke
- ▶ ра́бство - slavery
- ▶ вдова́ - widow
- ▶ сжига́ть - burn
- ▶ избие́ние - beating
- ▶ истребле́ние - extermination
- ▶ соскрести́ - scrape down
- ▶ знак ра́венства - equal sign

непеча́тное – в печа́ть,
запрети́ть всё запреща́ть.
Make love not war.
Но не́которые так и не выраста́ют из э́тих коро́тких штани́шек.

Оди́н знако́мый демокра́т то́же начина́л с того́, что ходи́л в ке́пке-куби́нке с кра́сной звездо́й и у него́ в штаб-кварти́ре висе́л портре́т Че Гева́ры.

Э́то пове́рхностность, э́то пустота́, э́то недомы́слие и, е́сли хоти́те, ка́жущееся просто́е реше́ние са́мых сло́жных вопро́сов.

Прогре́сс, существова́ние либера́льного норма́льного госуда́рства и индивидуали́зм тре́буют, что́бы челове́к сам себя́ содержа́л, что́бы он рабо́тал, брал креди́ты, покупа́л себе́ жильё, а не занима́лся сквотте́рством.

На́до соблюда́ть 10 за́поведей. Жизнь – вещь серьёзная.

Молодёжи хо́чется повесели́ться, но лу́чше э́то зако́нчить к 16-ти года́м, потому́ что е́сли весёлость продолжа́ется на у́ровне вступле́ния в Ле́вый фронт и́ли в па́ртию наци́стов – э́то уже́ не весёлость, э́то идиоти́зм.

Я счита́ю, что у́мный и отве́тственный молодо́й челове́к (я таки́х зна́ю) никогда́ в жи́зни не стал бы пропове́довать таку́ю чушь и не стал бы в э́том уча́ствовать.

И напосле́док:
Жизнь прожи́ть – не по́ле перейти́.
Не всё коту́ ма́сленица, быва́ет и Вели́кий пост.
Жизнь вообще́ – э́то не хи́ханьки и не ха́ханьки.

(Блог на са́йте "Э́ха Москвы́", 2012.)

▶ напу́тствие - farewell speech
▶ па́дкий - seducible
▶ пре́док - ancestor
▶ непеча́тное - unprintable; taboo
▶ в печа́ть - into print
▶ выраста́ть - grow out
▶ коро́ткие штани́шки - short pants
▶ ке́пка - cap
▶ штаб-кварти́ра - headquarters
▶ пове́рхностность - superficiality
▶ пустота́ - emptiness
▶ недомы́слие - thoughtlessness
▶ е́сли хоти́те - if you will
▶ ка́жущееся - apparent; seeming
▶ содержа́ть - support
▶ брать креди́т - take out a loan
▶ жильё - housing; dwelling
▶ сквотте́рство - squatting
▶ соблюда́ть - observe; obey
▶ 10 за́поведей - Ten Commandments
▶ весёлость - gaiety
▶ идиоти́зм - idiocy
▶ чушь - nonsense
▶ напосле́док - last thing
▶ хи́ханьки да ха́ханьки - giggles

А вы случайно не эсэсовец?

На Ближнем Востоке продолжается "Оптимистическая трагедия".

Пока Израиль не сложил оружие, эта трагедия оптимистическая, замысленная и организованная когда-то Организацией Объединённых Наций. Которая отмахнулась от решения проблемы еврейского народа после Холокоста, выдав два мандата на создание государств на одну и ту же территорию. А дальше – живите, как хотите.

Сегодня все мировые общечеловеческие ценности, зафиксированные в Декларации прав человека, в Пакте о гражданских и политических правах защищаются на Ближнем Востоке только одним государством под названием Израиль. Несмотря на жесточайшие условия, сохраняющем демократию, проводящем выборы в Кнессет и думающем даже о своих противниках.

Лётчики армии ЦАХАЛ летают над сектором Газа и разбрасывают листовки, чтобы предупредить палестинское население, чтобы оно держалось как можно дальше от военных объектов ХАМАС, которые специально растыканы в жилых районах.

Никакого другого выбора Израилю не оставили.

Европа не спасла и не защитила евреев.

Далеко не все европейцы делали то, что сделали в Норвегии, где они собирали евреев и переправляли их в нейтральную Швецию. И не все надели на себя жёлтые звёзды, как датский король.

Кто-то спасал евреев и стал Праведником мира. А кто-то доносил на них и оставался совершенно равнодушен к их истреблению.

▶ эсэсовец - SS-man
▶ оптимистическая трагедия - optimistic tragedy
▶ сложить оружие - lay down arms
▶ замысленная - conceived
▶ отмахнуться - brush aside
▶ еврейский народ - Jewish nation
▶ Холокост - Holocaust
▶ живите, как хотите - live as you want
▶ общечеловеческие ценности - universal human values
▶ Декларация прав человека - Human Rights Declaration
▶ Пакт о гражданских и политических правах - Covenant on Civil and Political Rights
▶ противник - adversary
▶ разбрасывать - scatter; throw
▶ предупредить - warn военный объект - military facility
▶ жилой район - residential area
▶ переправлять - carry; take across
▶ праведник - righteous man
▶ доносить - denounce; snitch

И когда Гитлер предлагал забрать евреев Великобритании и Соединённым Штатам, они тоже не взяли. Они, видите ли, Холокост не предвидели. А "хрустальную ночь" они видели?

А нюрнбергские законы они слышали?

Европа должна умыться слезами и сгореть от стыда.

Евреев выгнали на Ближний Восток те, кто допустил Холокост, те, кто не остановил всё это.

И никакой поддержки не может иметь ни ХАМАС, ни палестинские террористы, ни Иран.

И все честные люди мира, если они не хотят надеть эсэсовский мундир, должны поддержать сегодня Израиль и армию обороны Израиля ЦАХАЛ.

Если вы их не поддерживаете, так прямо и говорите, что вы в душе эсэсовец и что вам евреи больше всего нравятся в газовой камере.

(Блог на сайте "Эха Москвы", 2012.)

Альтернативы Путину пока нет

Все действия так называемой совместной оппозиции превратились в периодическое празднование Хэллоуина, когда люди размалёвывают себя страшными узорами, надевают жуткие маски, изображают из себя зомби и бегают по улицам с жуткими воплями: "Путина на нары!".

Я думаю, что это вызывает у Путина примерно такую же реакцию, как у взрослых людей на Хэллоуин вызывают детские шалости, когда они "пугают" взрослых и кричат: "Угостите нас конфетами, а то напроказим!".

▶ предлагать - offer; propose; suggest
▶ забрать - take away
▶ взять - take
▶ видите ли - you see; you know
▶ предвидеть - foresee
▶ Хрустальная ночь - Crystal Night
▶ умыться - wash up
▶ слёзы - tears
▶ сгореть от стыда - burn with shame
▶ выгнать - expel
▶ Ближний Восток - Middle East
▶ допустить - allow; let
▶ поддержка - support
▶ честные люди - honest people
▶ мундир - uniform
▶ газовая камера - gas chamber
▶ альтернатива - alternative
▶ так называемая - so-called
▶ превратиться - turn into
▶ периодическое - periodical
▶ празднование - celebration
▶ размалёвывать - paint; colour
▶ узор - pattern; design
▶ шалости - pranks
▶ напроказить - get into mischief

Если вы хотите, чтобы к вам относились, как к взрослым врагам, то не ведите себя, как напроказившие детишки.

Не становитесь в одни ряды с фашистами и коммунистами, потому что тот, кто стал в эти ряды и создал общую структуру, тот уже не может сказать, что борется за свободу и демократию.

Он, возможно, и борется против власти, но Бог весть с какими целями. Может быть, чтобы просто занять место этой власти?

Так, кстати, большинство и скажет.

Вы просто создаёте бесплатное развлечение для обывателей и вы успокаиваете власть.

И главное, вы показываете народу, что никакой альтернативы Путину нет.

Потому что, если альтернатива – это Бондарик, Тор и Удальцов, то люди никогда за это не проголосуют.

Сначала надо создать что-нибудь приличное.

Есть с чего начать: "Свобода, собственность, законность", "Западный выбор", а потом на улицу можно идти.

Сегодня оппозиции показывать нечего.

То, что сегодня люди видят в КС, возможно, кроме наивных и не очень умных демократов, – это надо прятать от людских глаз, а не показывать.

(Блог на сайте "Эха Москвы", 2012.)

▶ относиться - treat
▶ взрослый - adult
▶ враг - enemy
▶ вести себя - behave
▶ детишки - kids
▶ становиться в ряды - join the ranks of
▶ создать - create
▶ бороться - fight
▶ Бог весть - God knows
▶ занять место - step into somebody's shoes
▶ бесплатное развлечение - free entertainment
▶ обыватель - man in the street
▶ успокаивать - calm; soothe
♦ Николай Бондарик, Владимир Тор - оппозиционные политики-националисты
▶ проголосовать - cast one's vote
▶ приличное - decent
▶ собственность - property
▶ законность - justice
▶ "Западный выбор" - Western Choice (партия Валерии Новодворской)

▶ дело дошло до - it came to
▶ свестись - reduce to; boil down to
▶ фан-сайт - fansite
♦ Ильич - Владимир Ильич Ленин

Евгений Ройзман

Борец с наркоторговлей, политик, поэт

Евгений Вадимович Ройзман родился 14 сентября 1962 года в Свердловске. Окончил Уральский государственный университет имени А. М. Горького. В 1981 году был осуждён за кражу, мошенничество и незаконное ношение холодного оружия. Освобождён в ноябре 1983 года. В 1999 году основал музей с собранием работ старообрядческой иконописи. В том же году вместе с единомышленниками основал фонд "Город без наркотиков", занимающийся борьбой с наркоторговлей в Екатеринбурге. Фонд содержит пять центров реабилитации наркоманов. В 2011 году запустил проект "Страна без наркотиков", который осуществляется в масштабах всей России. С декабря 2003 по декабрь 2007 года был депутатом Государственной думы РФ.

Блог в ЖЖ: http://roizman.livejournal.com.
Сайт фонда "Город без наркотиков": www.nobf.ru.

- ▶ борец - fighter; wrestler
- ▶ наркоторговля - drug traffic
- ▶ осуждён - condemned; convicted
- ▶ кража - theft
- ▶ мошенничество - fraud
- ▶ незаконное ношение - illegal carrying
- ▶ холодное оружие - cold arms
- ▶ собрание работ - collection of works
- ▶ старообрядческий - Old Believer
- ▶ иконопись - icon painting
- ▶ единомышленник - adherent
- ▶ фонд - fund
- ▶ реабилитация - rehabilitation
- ▶ наркоман - drug addict
- ▶ запустить проект - launch a project

Новый год

Иду с маленькой дочкой домой. Смотрю — мать с ребёнком. Вдвоём неуклюже тащат большой телевизор, замотанный в простыню. Поставили на землю перехватиться. Я говорю: "Давайте помогу! Куда отнести?". А женщина говорит: "В ломбард, угол Куйбышева — Луначарского. Помогите донести, я вам 200 рублей заплачу!". Я попытался взять его подмышку. Блин, не входит! Потащил перед собой на вытянутых руках. Иду, они сзади семенят, и дочка моя рядом.

И вдруг я понимаю, что телевизор-то краденый! И по закону жанра, вот-вот за углом меня должны задержать. Ну надо же так глупо подставиться! Столько лет посадить меня пытаются и не могут, и так глупо подставиться! И лихорадочно соображаю, что буду говорить на первом допросе. А она вдруг спохватилась: "Нет-нет, вы не подумайте! У меня и документы все есть! Я его потом выкуплю! Просто денег совсем нет перед Новым годом, и сдать в ломбард больше нечего". И я вижу, что искренне говорит. И мне даже стыдно сделалось, что я на голом месте про человека плохо подумал. И идём дальше.

А тащить его неудобно, я без варежек, руки замёрзли, четыре телефона в карманах звонят, не умолкая, и люди ещё здороваются. А потом её соседка встретила. "Вы куда, говорит, телевизор-то потащили?". А ей неловко говорить, что в ломбард несём. "В ремонт, отвечает, хотим отдать!". А соседка меня узнала, посмотрела и говорит: "Ну-ну!". А через дворы вышли на Луначарского, а там у магазина, напротив остановки, где старый дом с колоннами, три мужика стоят. Увидели меня с этим телевизором, обрадовались. Кричат:

▶ вдвоём - both; the two of us
▶ неуклюже - awkwardly
▶ тащить - drag
▶ телевизор - TV set
▶ замотанный - wrapped
▶ простыня - bedsheet
▶ перехватиться - change hands
▶ давайте помогу - let me help you
▶ ломбард - pawnshop
▶ заплатить - pay
▶ попытаться - try
▶ подмышка - armpit
▶ блин - bugger!; pancake
▶ на вытянутых руках - on outstretched hands
▶ семенить - mince
▶ краденый - stolen
▶ по закону жанра - according to the law of the genre
▶ за углом - round the corner
▶ задержать - detain
▶ подставиться - expose oneself
▶ лихорадочно - feverishly
▶ допрос - interrogation
▶ спохватиться - suddenly recollect
▶ выкупить - buy out
▶ варежки - mittens
▶ соседка - neighbour

"О, Вадимыч! Ты где такой надыбал?!" "Тсс! – отвечаю – не пали!"

Так весело компанией добрели до ломбарда. У меня уже руки отваливаются. Захожу в дверь боком, народу много, неловко. Я поставил на пол и говорю: "Ну тут уж вы сами". Попрощались и пошли.

Идём с дочкой. У меня руки закоченели, а у неё тёплые ладошки, она взяла меня за руку и вдруг говорит: "Папа, а как они будут Новый год отмечать без телевизора?" Оп! И вправду. Мама с маленьким сыном. Что-то наготовят. Сядут за стол. И у них даже куранты не пробьют?! Странно как-то. Не здорово. "Сейчас, говорю, что-нибудь придумаем".

В Фонде говорю могучему Вениамину: "Посмотри адрес и телефон ломбарда, угол Куйбышева – Луначарского". Веня моментально всё нашёл. Звоню. Спрашиваю: "Можно сделать так – я деньги внесу, а вы им позвоните и скажете, что ломбард на Новый год делает им подарок как постоянным клиентам и возвращает залог без оплаты?" Они говорят: "Нет. Мы так не можем". Я говорю: "Как же они на Новый год будут без телевизора?!". Говорят: "Давайте мы вам их телефон дадим". Я говорю: "Ну давайте".

Звоню. Берёт трубку. "Здравствуйте! Я сегодня ваш телевизор в ломбард отнёс. Так вот. Они решили вам его вернуть без оплаты". А она испугалась: "Нет, говорит, мне не надо!". "А как вы на Новый год-то будете без телевизора?". "А так, говорит, при свечках посидим…" "Давайте встретимся в ломбарде, я вам телевизор домой отвезу". Она говорит: "Нет! Так не бывает! Я вас боюсь! Вы что-то плохое задумали!" И так мне вдруг обидно стало! Вот за что, думаю?! Взяла, на голом месте оскорбила! И вдруг вспомнил, что ещё

▶ надыбать - *(slang)* get hold of
▶ не пали - *(slang)* don't squeal on me
▶ добрести - manage to reach
▶ отваливаться - fall off
▶ боком - sideways
▶ закоченеть - grow numb; stiffen
▶ ладошки - palms
▶ отмечать - celebrate; mark
▶ куранты - chimes
♦ имеются в виду кремлёвские куранты в Москве, которые показывают по телевизору в момент наступления Нового года
▶ не здорово - not great
▶ могучий - mighty
▶ подарок - present
▶ постоянный клиент - regular client
▶ залог - pledge
▶ без оплаты - without pay
▶ брать трубку - pick up the phone
▶ испугаться - take fright
▶ при свечках - by candlelight
▶ встретиться - meet
▶ отвозить - take; get
▶ на голом месте - without a reason

два часа назад я думал, что она этот телевизор где-то украла! Ну нормально, людям друг на друга так гадко думать?! Дожили.

С огромным трудом уговорил её приехать в ломбард. И вот мы с Веней подъезжаем, заходим вовнутрь. Её нету. Я набираю, а она говорит: "Нет, я не приду! Потому что вы что-то задумали! Потому что бесплатно ничего хорошего не бывает! Я этот телевизор не украла!". "Тьфу ты, блин! Пошли, говорю, Веня, отсюда!"

Подходим к машине. И вдруг она из-за угла голову высовывает. Знать, любопытно ей. Я говорю: "Ты чего там прячешься?". Она говорит: "А вы мне ничего плохого не сделаете?". "Всё, говорю. Хорош капризничать. Пойдём в ломбард". И вижу — она действительно боится! Я говорю: "Я буду в машине, идите с Вениамином". А он больше доверия внушает. И они пошли, вернулись с телевизором. Он еле влез на заднее сиденье. Довезли до дому, Веня затащил его на шестой этаж, вернулся и говорит: "Хорошие люди. И квартира чистая и ухоженная. Просто вдвоём с сыном живут, он в Дягилевке учится и концы с концами свести никак не могут".

Поставили телевизор на место, подсоединили, включили. Смеются. Только что пустой угол был, сами унесли. А вот уже принесли, и Новый год можно встречать!

О нескольких вещах думаю. И переживаю. Если бы дочка не сказала, я бы мог и не понять.

(Блог в ЖЖ, 31 декабря 2012 г.)

Кому ещё ты нужен?

Днём в Фонд зашли несколько серьёзных парней и с ними взрослый человек.

▶ ну нормально - is it normal?
▶ гадко - meanly
▶ дожили - how have we stooped so low
▶ с огромным трудом - with great difficulty
▶ уговорить - persuade
▶ подъезжать - drive up
▶ я набираю - I'm calling her phone
▶ задумать - conceive
▶ бесплатно - free of charge
▶ Тьфу ты! - Damn you!
▶ высовывать голову - thrust out one's head
▶ знать - which means; know; nobility
▶ любопытно ей - she's curious
▶ прятаться - hide
▶ хорош - enough; come on!; fine
▶ капризничать - be capricious
▶ внушать доверие - inspire confidence
▶ заднее сиденье - back seat
▶ ухоженная - well-attended
▶ сводить концы с концами - to make ends meet
♦ Дягилевка - школа искусств имени С. П. Дягилева в Екатеринбурге
▶ переживать - be upset

Все воевавшие. Привезли своего сослуживца. Взрослый – его отец. Сослуживец стал жрать соль. Похудел и двинулся умом. При этом социализирован, работает на хорошей работе с чужими деньгами. Чувство самокритики отсутствует напрочь. Развивает сумасшедшую активность, совершенно непродуктивную. Например, объевшись, всю ночь отжимался на кулаках. Развалил до крови. Не замечает. И при этом его прёт, невероятный гонор и чувство собственного превосходства.

А сослуживцы – парни горячие, и еле сдерживаются, чтобы ему по репе не настучать. Но не бросают.

Я им говорю: парни, он очень сложный. Он сам от себя прётся и не слышит ничего. Я пока не понимаю, как с ним работать.

А они говорят: если у вас не получится, у нас есть гараж капитальный с ямой, мы его туда поселим, и будем год держать, пока в себя не придёт. Мы его не бросим.

Вижу, и отец настроен решительно.

И в ситуации этой только решительность родителей и друзей даёт шанс.

Ладно, говорю, давайте попробуем.

И вспомнил одну историю...

У нас в Перми Саня кололся героином. У них весь двор кололся. И родители бились, бились – что только ни придумывали, где его только ни лечили! Кучу денег потратили. Всё впустую. А он уже вообще в животное превратился, да ещё и отъехал несколько раз чуть не до смерти. Еле откачали. И что делать – непонятно.

И тогда отец его, мужик серьёзный и решительный, сказал: я знаю, что делать.

▶ воевавшие - veterans of a war
▶ сослуживец - comrade-in-arms
▶ взрослый - adult; grown-up
▶ жрать - gobble
♦ соль (salt) - синтетический наркотик, который в Россию завозят в основном из Китая под видом соли для ванн
▶ похудеть - lose weight
▶ двинуться умом - go off one's head
▶ социализированный - socialised
▶ самокритика - self-criticism
▶ отсутствовать напрочь - be completely absent
▶ развивать сумасшедшую активность - develop crazy activity
▶ переть - be on a roll
▶ настучать - knock; snitch
▶ репа - turnip; *(slang)* head
▶ решительность - determination
▶ колоться героином - shoot heroin
▶ биться - struggle; beat
▶ впустую - in vain
▶ отъехать - *(slang)* black out; pass out

И вот однажды Саня такой раскайфованный заходит домой, а в гостиной сварена из толстых прутьев большая железная клетка.

– Это ещё зачем?!

– А затем, гад!

И Саню туда втолкнули, и решётка захлопнулась.

Сначала он думал, что это шутка. Потом надеялся, что это его решили попугать. Потом бился об эти прутья, рычал, угрожал, но всем было пофиг. Потом начал просить прощения и клясться самыми страшными клятвами...

Через несколько дней ему в клетку втолкнули раскладушку и небольшой тазик, который был ему вместо параши. Воду и жратву ставили на пол. И он, к своему ужасу, понял, что это не шутки...

В клетке он провёл восемь месяцев.

С тех пор уже много лет про героин он даже думать не может без спазма в горле.

Сверстники, с которыми он кололся, кто не сидит, все умерли. Саня сейчас успешный человек, помогает другим, и родителей своих любит, и относится к ним с большим уважением. И родители его действительно это уважение заслужили.

(Блог в ЖЖ, 2013.)

Наши дети

Снегопад. Заехал на Детский. Всё почищено, снег убран. Уроки учат. У Юры Московского фингал под глазом. И у Сани Мелкого фингал. Очень удачно. Друг другу навешали. Правильно, а чего далеко-то ходить. Уже помирились.

Юра с Фёдором ходили к Денису Самоделу в мастерскую. Несколько часов работали. Трудолюбивый Самодел показал им все ин-

▶ раскайфованный - (slang) drugged; drunk
▶ гостиная - living-room
▶ сварена - welded
▶ прут - bar; rod
▶ клетка - cage
▶ гад - scumbag
▶ втолкнуть - push; shove
▶ решётка - grill
▶ захлопнуться - slam
▶ шутка - joke
▶ попугать - frighten a little
▶ рычать - growl
▶ пофиг - don't give a fig
▶ просить прощения - ask forgiveness
▶ клясться - swear; pledge
▶ раскладушка - folding bed; cot
▶ тазик - basin; bowl
▶ параша - latrine bucket
▶ жратва - meal; grub
▶ сверстник - peer
▶ сидеть - be imprisoned; be seated
▶ успешный человек - high achiever
▶ уважение - respect
▶ снегопад - snowfall
▶ фингал - black eye
▶ навешать - kick ass
▶ помириться - make peace

струме́нты, рассказа́л, как устро́ена маши́на. Па́рни загоре́лись и хотя́т скоре́е ещё пойти́.

Ме́лкий и Ту́ндра то́же про́сятся. Старорежи́мный Фёдорыч сказа́л, что то́лько е́сли оце́нки хоро́шие бу́дут. Ту́ндра хорошо́ у́чится, а Ме́лкий стара́ется. У Ме́лкого мать буха́ет, он её два го́да уже́ не ви́дел. А ба́тя сиди́т, но звони́т регуля́рно. Про оце́нки спра́шивает. Пра́вильный тако́й ба́тя.

Ва́ся коло́лся крокоди́лом с 13 лет. Брат подсади́л. Сейча́с брат сиди́т, так хорошо́. Ва́ся рисова́ть гора́зд. С ним Ле́на Сереброва́ занима́ется. Е́сли всё полу́чится, попро́бую помо́чь ему́ поступи́ть в учи́лище им. Ша́дра. Но де́ло для него́ уже́ есть. Пое́дет к парня́м в Бы́ньги помога́ть. И со мной порабо́тает на реставра́ции до́мика в Куна́ре.

Па́рни са́ми гото́вят. Всё уме́ют. Са́ми посу́ду мо́ют. После́дний зае́хал 15-ле́тний. С восьмо́го кла́сса кури́л. Шко́ла хоро́шая. Из всего́ девя́того кла́сса не куря́т дво́е. Не́сколько дней сло́жно бы́ло с ним разгова́ривать. Тормози́л. Сейча́с отошёл. Уже́ в шко́лу ходи́л.

Ещё одного́ должны́ привезти́ из Новосиби́рска. И не́сколько челове́к из Пы́шмы и Берёзовского про́сятся. Сего́дня одного́ 15-ле́тнего приде́лали со сбы́том. Но офо́рмили хране́ние. Сейча́с закупа́ется да́льше. И ря́дом вы́шли на взро́слого бары́гу, кото́рый че́рез 15-ле́тнего бра́та торгова́л нарко́тиками в его́ шко́ле. Рабо́таем.

У ма́ленького Во́вчика судьба́ не сложи́лась. Мать его́ пропа́ла. И шестиле́тнего Во́вчика привезли́ к нам. Он де́рзкий тако́й был и подви́жный. И когда́ в шко́лу пошёл, учи́лся хорошо́. Но Фёдорычу оторва́ться дава́л. То стекло́ разобьёт мячо́м, то на што́ре кача́ется. А ве́сил он 27 килогра́мм. Одна́жды прихожу́, а Фёдорыч всклоко́ченный выска́кивает.

▶ па́рни - lads; guys
▶ загоре́ться - kindle; catch fire
▶ ме́лкий - small
▶ ту́ндра - tundra; Arctic prairie
▶ проси́ться - ask; cry out for
▶ старорежи́мный - old-regime; old-fashioned
▶ оце́нки - grades
▶ буха́ть - drink; booze up
▶ ба́тя - papa; dad
♦ крокоди́л (crocodile) - синтети́ческий наркотик, сде́ланный из апте́чных препара́тов
▶ подсади́ть - get somebody hooked; give somebody a lift
▶ рисова́ть гора́зд - good at drawing
▶ поступи́ть - enter
▶ учи́лище им. (и́мени) Ша́дра - Shadr School
▶ гото́вить - cook
▶ мыть посу́ду - wash up
▶ кури́ть - smoke
▶ тормози́ть - brake; act slowly
▶ отойти́ - get better; depart
▶ приде́лали со сбы́том - arrested for selling
▶ офо́рмили хране́ние - registered possession
▶ бары́га - huckster; pusher

Фёдорыч, спрашиваю: как Вовчик? А Фёдорыч глаза вытаращил и шепчет: ты знаешь, что этот Вовчик делает?! Он с писькой своей играется!!! Я засмеялся. Фёдорыч, говорю – ну, подумай сам – с чем ему ещё играться?! Зашёл в палату, стараюсь не смеяться. Ну-ка, говорю, быстро руки на одеяло!

И пробыл он у нас три года. Хороший парень. Успокоился. Учился нормально. Весёлый. Я с ним дружил. А потом нашлась его мать. Её собирались лишить родительских прав. И она решила Вовкой прикрыться, забрала его у нас и приехала с ним на суд. Но родительских прав её всё равно лишили. А Вовчика забрали там же. И передали в приют под Серовом.

Договорились с Фёдорычем, пошлём ему посылку и письмо напишем от всех ребят.

На днях парней сводим на экскурсию в нашу столярку. Женька с Игорем всё им покажут. И разрешат что-нибудь самим сколотить. Может, кто и пристрогается к этой мастерской.

Так и живём.

(Блог в ЖЖ, 2013.)

Без прикрас

Вчера с утра в ленте увидел: "Отдам фортепиано". Позвонил и договорился. Наши уже съездили, забрали, повезли на Женский. Оказывается, несколько девчонок у нас играть умеют. Одна даже училась. Вот мы и при музыке. Ирина, вам спасибо!

Заехала дочь одного известного режиссёра. Его привёл к нам известный оператор. Режиссёр стал рассказывать мне, что потерял дочь. И в ходе разговора до меня вдруг дошло, что она жива!

Я говорю:

– Эй, вы чего! Давайте попробуем!

▶ вытаращить глаза - get wide-eyed
▶ шептать - whisper
▶ писька - doodle; pussy
▶ играться - mess around
▶ палата - chamber
▶ смеяться - laugh
▶ одеяло - blanket
▶ успокоиться - calm down
▶ дружить - be friends
▶ лишить родительских прав - deprive of parental rights
▶ прикрыться - cover oneself
▶ приют - shelter
▶ посылка - parcel
▶ экскурсия - excursion
▶ столярка - carpentry shop
▶ сколотить - hammer together
▶ так и живём - that's the way we live
▶ без прикрас - without embellishment
▶ лента - news feed; tape; ribbon
▶ фортепиано - piano
▶ оказывается - turns out
▶ при музыке - with music
▶ режиссёр - director
▶ оператор - cameraman
▶ доходить - come home to; sink in

А он то́лько руко́й махну́л:

– Да не, всё бесполе́зно... Сто раз уже́ пробо́вали.

Но я уже́ закуси́лся.

– Вези́те, – говорю́, – спра́вимся.

И привезли́. Фи́фа така́я. Ещё бы! В ю́ности у Миха́лкова игра́ла. Сейча́с, коне́чно, уже́ подуста́ла. Да и кто б не уста́л? И бланш у неё под гла́зом зна́тный.

Осмотре́лась по сторона́м и говори́т: "Не понима́ю, что я тут в ва́шем зоопа́рке де́лаю?" Ну пра́вильно – она́ москви́чка, а тут сплошна́я Сарапу́лка.

Ну ничего́, пришла́ в себя́. Оте́ц себя́ пра́вильно повёл.

Норма́льная сейча́с, похороше́ла да́же.

Со шко́льницами непро́сто бы́ло. Одна́ шестнадцатиле́тняя пошла́ в девя́тый класс в Сарапу́лке, а двои́х устро́или в Берёзовском, в деся́тый. Па́ша догова́ривался. Прия́тно, что все пошли́ навстре́чу. Вози́ть бу́дем. С маши́ной реши́ли.

Опера́ции пошли́ ка́ждый день. По герои́ну ма́ло рабо́ты. В основно́м – со́ли, JWH. Молоды́х мно́го.

Со школ звоня́т, не перестава́я. Всю сле́дующую неде́лю бу́ду рабо́тать с детьми́.

Па́рни с Де́тского в мастерско́й у Самоде́ла рабо́тают по не́сколько часо́в. Упроси́ли, что́бы им в суббо́ту разреши́ли порабо́тать по́лный день. Ю́ра Моско́вский – са́мый серьёзный, но стара́ются все. Уже́ рабо́тали на тока́рном станке́. У Фёдора пробле́мы с у́стным счётом. Обнару́жили, когда́ проходи́ли штангенци́ркуль. Фёдорычу поста́влено на вид. Он, похо́же, за него́ до сих пор сам счита́л. И́щем вариа́нты с маши́ной, а шестёрку заберём для ребя́т в ка́честве уче́бного посо́бия.

▶ махну́ть - wave
▶ да не, да нет - not really
▶ бесполе́зно - it's no good; it's no use
▶ закуси́ться, закуси́ть удила́ - bite on the bit
▶ фи́фа - dolly; bimbo
♦ Ники́та Миха́лков - росси́йский актёр и кинорежиссёр
▶ бланш - black eye
▶ зна́тный - notable
▶ зоопа́рк - zoo
▶ сплошна́я - sheer; continuous
▶ прийти́ в себя́ - come to one's senses
▶ похороше́ть - get prettier
▶ шко́льница - schoolgirl
▶ устро́ить - place; organise
▶ пойти́ навстре́чу - meet half-way
▶ JWH-250 (соль) - синтети́ческий нарко́тик
▶ не перестава́я - incessantly
▶ мастерска́я - workshop
▶ самоде́л - home-made
▶ упроси́ть - entreat
▶ тока́рный стано́к - lathe; turning machine
▶ у́стный счёт - mental calculation
▶ штангенци́ркуль - caliper

Будут разбирать и собирать заново. И смотреть, куда приспособить лишние детали.

Снег сойдёт – будут учиться ездить.

Один, самый умный, шёпотом спрашивает Самодела: "Денис Борисович, а как тут с куревом?"

А Самодел шёпотом отвечает: "А вот с куревом, парни, здесь – никак".

Саня одиннадцатилетний ходит в столярку. Начал что-то сам колотить. Ему нравится. Пусть, вон, Фёдорычу индивидуальную табуретку сколотит.

В Быньгах всё завалило снегом. Намело под окна. Огребались весь день. И площадку вокруг Храма расчистили. Парни с батюшкой всё так и ездят с концертами по школам да приютам, да больницам. Сегодня в Верхнем Тагиле выступали в детдоме со спектаклем, а художник Шишкин мента играет. А Сева у него – собака. Там у них по спектаклю эпизод драматический – валенки украденные ищут. Шишкин, такой натуральный мент, при форме и кобуре, выходит на сцену. А беспризорники увидели мента и как давай свистеть и улюлюкать. Короче, тот ещё контингент. Но смотрели внимательно, а в конце устроили овацию. Наши, естественно, тоже раскланялись.

На Изоплите народу прибывает. Вечером заехал потренироваться – в спортзале тесно. Оживает Изоплит.

На Белоярке сложнее. Хозяйство большое, народу немного, и перемело всё. Но справляются. Раньше, до разгрома, сто двадцать-сто сорок человек, бывало до ста пятидесяти.

Сегодня звонок странный: "Женя, спаси меня, забери, пристегни там к батарее в своём подвале наручниками, не могу больше пить!!!"

▶ разбирать и собирать - disassemble and assemble
▶ заново - anew
▶ приспособить - fit in
▶ лишний - spare; extra; needless
▶ курево - something to smoke
▶ колотить - knock
▶ сколотить - hammer together
▶ табуретка - stool
▶ завалить - cover; overwhelm
▶ намести - drift; sweep up
▶ огребаться (разгребать) - rake, shovel
▶ площадка - ground
▶ расчистить - clear
▶ батюшка - priest; father
▶ детдом - детский дом - orphanage
▶ мент - cop
▶ валенки - felt boots
▶ натуральный - real; natural
▶ кобура - holster
▶ беспризорник - homeless child
▶ улюлюкать - boo
▶ контингент - contingent; group
▶ устроить овацию - give a standing ovation
▶ раскланяться - take one's bows

Я откуда знаю, кто звонит-то? "Ладно, – говорю, – приезжай". И забыл.

Вдруг заваливает в кабинет какой-то колдырь, да и наглый такой колдырь, шапка норковая набекрень, и на шее цепь золотая с крестом. И зубов не хватает. Зато грудь волосатая. И такая вонь от него, что все птички петь перестали! И лезет же ко мне обниматься! Мать честная, да это ж дядька мой!

Я говорю:

– Э-э, Палыч, ты чего?!

А он говорит:

– Новый год отмечал. Остановиться не могу!

– Да хорош врать, – говорю, – ты, похоже, ещё на демонстрации седьмого ноября начал.

А чего делать-то? Забрали. Парням говорю: "Внимательно с ним. Боюсь, через пару дней его белочка стебанёт". А надо сказать, что с алкоголиками гораздо серьёзнее всё. Это наркоманам ничего не делается. Алкоголики нежные. Прокапать придётся. Решим. Он так-то рукастый. Придёт в себя, поработает в столярке. Глядишь – кого-то чему-то научит. Всё польза.

Такая вот наша жизнь.

(Блог в ЖЖ, 2013.)

Всё своё

Затащили пианино на Женский, на второй этаж. Полдома разобрали. Сейчас настройщика надо. И ноты ещё. Ну, куда ж без нот? Чисто Смольный (до семнадцатого года).

На каток вчера ездили, на Динамо. Добрые люди подсказали. Я заезжал в Сарапулку – хорошо. Дрова наколоты, печка истоплена, тепло, чисто, всё замечательно. Жди подвоха.

▶ заваливать - заходить - go in
▶ колдырь - мужик - man; guy
▶ наглый - insolent
▶ норковая шапка - mink hat
▶ набекрень - aslant
▶ волосатая - hairy
▶ вонь - stench
▶ обниматься - embrace
▶ мать честная! - good heavens!
▶ дядька, дядя - uncle
▶ ты чего? - are you all right?
▶ хорош - enough
▶ похоже - seemingly; you look as if
▶ белочка - белая горячка - delirium tremens
▶ стебануть - hit; whip
▶ надо сказать - it has to be said
▶ нежный - tender
▶ он так-то - normally he's
▶ рукастый - handy
▶ глядишь - at any minute; at any moment
▶ затащить - drag; get
▶ настройщик - tuner
▶ ноты - sheet music
♦ Смольный институт благородных девиц - первое в России женское учебное заведение
▶ печка - stove
▶ подвох - nasty trick

Спрашивают, когда дядя Женя Маленкин вернётся. Я знаю?

У Игоря, когда продление было, он сказал, в присутствии следователя, прокурора и судьи, что его заставили оболгать Маленкина.

А когда было следующее продление, Игорь в присутствии следователя и прокурора рассказал судье, что к нему приходил […], начальник отдела по борьбе с оргпреступностью, приносил передачки и очень просил дать показания на меня. Настаивал на трёх пунктах: прятал трупы; хранил оружие; отмывал деньги. Такой джентльменский набор для окончательного решения вопроса. То есть, Игорь под протокол рассказал судье о принуждении к даче заведомо ложных показаний. Судья только головой качал. Но срок содержания под стражей продлил. Ему неловко Игоря из-под стражи освободить. Всё-таки следствие семь месяцев работало. Неудобно перед ребятами. Медведев, кстати, подтвердил в Давосе.

Приехала мама шестнадцатилетней Кристины – закалывается. Заберём. Со школой договоримся. Подружка её – Юля, жрёт соли. Из родни только бабушка. Юле шестнадцать лет. Беременная на последних месяцах. Что родит?

На Изоплите ещё прибыло. За последнее время заехали два миротворца, а сегодня девятнадцатилетний. Проходил срочную в ракетных войсках стратегического назначения, там же и употреблял. Ага. На космодроме Байконур какой-то X рванул за шнур!..

Очень тяжело солевые приходят в себя. Сегодня несколько звонков из разных уголков страны. Просятся. Возьмём.

▶ продление - extension; renewal
▶ в присутствии - in front of
▶ следователь - investigator
▶ прокурор - prosecutor
▶ судья - judge
▶ оболгать - slander
▶ оргпреступность - организованная преступность - organized crime
▶ передачка, передача - parcel (in prison)
▶ дать показания - testify
▶ отмывать деньги - launder money
▶ джентльменский набор - gentlemen's set; the usual
▶ под протокол - on the record
▶ принуждение к даче показаний - compulsion of evidence
▶ заведомо ложный - knowingly false
▶ срок содержания под стражей - period under guard
▶ беременная на последних месяцах - in the last months of pregnancy
▶ проходить срочную (службу) - pass conscript service

На Де́тском Фёдорыч пока́ брать не хо́чет. Он счита́ет, что пятна́дцать челове́к – э́то преде́л. Я ду́маю, на́до брать. Спра́вимся.

У двои́х парне́й матере́й лиша́ют роди́тельских прав. Отцо́в и не быва́ло. У одно́й пя́теро дете́й от ра́зных мужико́в. Шесты́м бере́менна.

Зла́я иро́ния. Оди́н из ста́рших, воева́вший, по про́звищу "Бе́лый", запирова́л со свои́м однополча́нином, по про́звищу "Чёрный". Это ж на́до бы́ло так слови́ться?

А вот до́брая иро́ния. В Страну́ без нарко́тиков позвони́л парня́га – наркома́н из Изра́иля. Не могу́, – говори́т, – уже́. Мо́жно к вам? А ночь уже́, никого́ нет. Но на телефо́не сиде́л, как часово́й, бы́вший наркома́н. То́же граждани́н Изра́иля. Вот и поговори́ли. Всё реши́ли.

Всё так же мно́го малоле́ток идёт. Рабо́таем с директора́ми школ. Захо́дим в одну́, а там о́чень стро́гая ва́хта и охра́на. Вахтёр – же́нщина. И охра́нник – то́же же́нщина. Она́ же техни́чка. Кста́ти, надёжная охра́на. Спра́шиваю дире́ктора:

– А мужики́-то у вас в шко́ле есть?

– Есть, – говори́т, – дво́е. Учи́тель физкульту́ры. За́втра се́мьдесят исполня́ется. И учи́тель англи́йского. Ему́ се́мьдесят два.

В своё вре́мя На́стя Удере́вская защища́ла па́рня из мое́й дере́вни. Он дружи́л с азербайджа́нцами, в Артёмовском, и оди́н из них, гла́вный, стал пристава́ть к его́ жене́, по-това́рищески хвата́л за по́пу и вообще́ поле́з за грани́цу. И э́тот дереве́нский, переступи́в че́рез врождённую толера́нтность, доста́л обре́з и своего́ азербайджа́нского дру́га пристрели́л. Кро́вью смыл. И пошёл сдава́ться. И все ме́стные азербайджа́нцы собрали́сь на крыльце́, и когда́ его́ выводи́ли, набро́сились с

▶ преде́л - limit
▶ лиши́ть роди́тельских прав - deprive of parental rights
▶ зла́я иро́ния - cutting sarcasm; crushing irony
▶ запирова́ть - make a feast
▶ однополча́нин - brother-soldier; regimental comrade
▶ парня́га, па́рень - guy
▶ наркома́н - drug addict
▶ часово́й - sentinel
▶ малоле́тка - young child
▶ ва́хта - reception desk; shift
▶ вахтёр - receptionist
▶ охра́на - security
▶ охра́нник - security guard
▶ техни́чка - cleaner
▶ надёжная - reliable
▶ учи́тель физкульту́ры - sports teacher
▶ защища́ть - defend
▶ азербайджа́нцы - Azeris
▶ гла́вный - boss; main
▶ пристава́ть - accost; make a pass at
▶ хвата́ть - grasp
▶ по́па - butt
▶ переступи́ть - step over
▶ толера́нтность - tolerance
▶ обре́з - shotgun

ножа́ми. И ра́нили его́ в ше́ю. Менты́ затащи́ли его́ обра́тно в райотде́л, забаррикади́ровались, наде́ли по три бронежиле́та, объяви́ли план Цитаде́ль и запроси́ли подмо́ги. В оконцо́вке ка́к-то разрули́лось. Менто́в освободи́ли, дереве́нскому да́ли пять, азербайджа́нскому – шесть. Гла́вного похорони́ли. Но чтоб вы не поду́мали, что в Артёмовском руля́т азербайджа́нцы, я успоко́ю. Там си́льная армя́нская общи́на. Така́я вот систе́ма сде́ржек и противове́сов.

Но я не об э́том. К па́рню э́тому в ла́гере подкати́л хозя́ин и говори́т:

– Я освобожу́ тебя́ по УДО́, е́сли ты мне здесь сде́лаешь па́секу.

Поня́тная мотива́ция. И он навыпи́сывал себе́ кни́жек, заказа́л материа́лы, поста́вил трёхметро́вый забо́р и сде́лал па́секу! И когда́ пошёл пе́рвый мёд, хозя́ин сдержа́л сло́во и его́ освободи́л. И он пришёл к нам поблагодари́ть На́стю, потому́ что е́сли б не она́, ему́ бы вмонти́ровали деся́тку. И предложи́л сде́лать па́секу. И мы договори́лись с отцо́м Ви́ктором и реши́ли сде́лать па́секу на окра́ине Бы́нег. Сего́дня соста́вили сме́ту и с конца́ февраля́ начнём.

И всех до́брых люде́й бу́дем мёдом угоща́ть.

(Блог в ЖЖ, 2013.)

Ма́ленькие де́тки – ма́ленькие бе́дки

В трёх шко́лах сего́дня был. Разгова́ривал с детьми́. Малёнкина, коне́чно, не хвата́ет. Же́ньке э́та рабо́та в ра́дость была́, а мне – в нагру́зку. Когда́ рабо́таю с детьми́, я ничего́ не выстра́иваю, а захожу́ в разгово́р и о́чень внима́тельно ловлю́ конта́кт с за́лом. И как то́лько почу́вствовал, начина́ю говори́ть уже́

▶ ра́нить - wound; injure
▶ райотде́л - райо́нный отде́л - district department
▶ забаррикади́роваться - barricade oneself
▶ бронежиле́т - bulletproof vest
▶ цитаде́ль - citadel
▶ запроси́ть - request
▶ подмо́га - help
▶ в оконцо́вке - в конце́ концо́в - ultimately
▶ разрули́лось - was solved
♦ да́ли пять - да́ли пять лет
▶ армя́нская общи́на - Armenian community
▶ систе́ма сде́ржек и противове́сов - system of checks and balances
▶ УДО́ - усло́вно-досро́чное освобожде́ние - release on parole
▶ па́сека - apiary
▶ мотива́ция - motivation
▶ забо́р - fence
▶ мёд - honey
▶ сдержа́ть сло́во - keep one's word
▶ поблагодари́ть - thank
♦ ему́ бы вмонти́ровали деся́тку - ему́ да́ли бы де́сять лет
▶ соста́вить сме́ту - make an estimate

по-настоящему. А когда всё настраивается, я это сразу вижу, потому что возникает абсолютная тишина. И вот в этот момент надо донести всё основное. И говорить при этом надо на их языке. И не дай Бог сфальшивить – эти ловят сразу. И разговаривать надо в полную силу.

Сегодня возник очень серьёзный момент. Одна девочка говорит:

– Мы знаем, кто употребляет. Но мы не сдадим.

А я говорю:

– Ты умная такая. Когда он умрёт, ты на похоронах к матери подойди и так же гордо скажи: "А я знала, что он употребляет, а вам не сказала, потому что я не стукачка".

Мне кажется, услышали.

С детьми так: если в зале хоть один из педагогов, дети вопросы не начинают задавать. И не получается их разговорить. Но когда имеешь дело с думающими взрослыми, они сами выходят из зала и дают возможность пообщаться. И здесь начинается самое главное – они задают вопросы, на которые никто из взрослых им впрямую не ответит. Они спрашивают, что делать в каждой конкретной ситуации. И здесь приходится что-то брать на себя, в каких-то случаях заставлять их думать и принимать решения, а иногда честно говорить: "Не знаю".

Говорили о курительных смесях и солях. Рассказал, что откуда взялось и какие последствия употребления для человека в отдельности и для страны. И понял, что про наркотики знают, а про последствия не в курсе.

В каждой школе задали вопросы про насвай. Актуально. Сказал, что сюда эту моду завезли узбеки и таджики. Можно было, конечно, рассказать про древнюю культуру, вспомнить

▶ по-настоящему - for real
▶ возникать - emerge
▶ тишина - silence
▶ донести - get something across to
▶ сфальшивить - hit the wrong note
▶ в полную силу - in full force
▶ употреблять - use
▶ сдать - rat out; deliver
▶ похороны - funeral
▶ гордо - proudly
▶ стукачка, стукач - snitch
задавать вопросы - ask questions
▶ разговорить - get smb. to talk
▶ иметь дело - deal with
▶ дать возможность - give a chance
▶ пообщаться - talk; interact
▶ впрямую, напрямую - bluntly
▶ брать на себя - take upon oneself
▶ принимать решение - take a decision
▶ смесь - mixture; blend
▶ взяться - come from
▶ последствие - consequence
▶ в отдельности - individually
▶ быть в курсе - be aware

звёзды над Самаркандом, поклониться Улугбеку, восхититься Авиценной, процитировать Омара Хайяма, но я сказал, что перенимать эту азиатскую привычку могут только обезьяны. И спросил их в лоб: "Как вы считаете, достойно русского человека засовывать под губу какое-то говно, плеваться коричневой жижей и ходить с вонью изо рта?!" И рассказал им, из чего делают этот жевательный помёт, почему кружится голова и тянет блевать. И всё остальное. Услышали точно. Потому что подошли потом и рассказали все места, где торгуют насваем.

В разговоре с детьми надо искать возможность сломать или поставить под сомнение негативные стереотипы. Например, богатство и крутость торговцев наркотиками, всесильность страшной наркомафии и т.д. А то фильмов насмотрятся! И, конечно, надо опускать негативных лидеров. А тем, кто готов не принимать стереотипы, надо подсказывать ходы и давать идеологическое оружие.

Дети хорошие. Они чувствуют зло, но не всегда умеют ему противостоять.

Поймал себя на том, что временами говорю, как историк, упираю на их русскость, говорю о достоинстве настоящего русского человека. А на что ещё упирать?

И когда уже потом обступили, и разговор пошёл уже совершенно откровенный, парень спрашивает:

– Как поступить?

Я говорю:

– Давай, я тебя спрошу. Как, ты считаешь, должен в этой ситуации поступить настоящий русский человек? Вот и думай.

А потом опять:

– Я знаю, кто употребляет, но сказать не могу.

♦ насвай - вид табачного изделия, традиционный для Центральной Азии. Основными составляющими насвая являются табак и щёлочь
▶ поклониться - bow
▶ восхититься - admire
▶ процитировать - quote
▶ перенимать - adopt
▶ привычка - habit
▶ обезьяна - monkey
▶ говно - shit
▶ плеваться - spit
▶ жижа - slurry
▶ помёт - dung; droppings
▶ блевать - puke
▶ поставить под сомнение - cast a doubt
▶ крутость - coolness
▶ всесильность, всесилие - omnipotence
▶ насмотреться - get an eyeful of
▶ опускать - put down
▶ подсказывать - suggest
▶ ход - course; move
▶ оружие - weapon
▶ противостоять - withstand; resist
▶ временами - from time to time
▶ упирать - lean on
▶ обступить - surround

Я в ответ:

— Человек, который употребляет наркотики, тонет. Он точно не выплывет. А ты идёшь и видишь, что он тонет. Ты можешь позвать на помощь, а можешь пройти мимо. Решай.

И уже в конце, как повторение пройденного:

— Понятно всё рассказал?

— Да!

— Правильно всё рассказал про наркоманов?

— Да!

— Хочет кто-нибудь из девчонок парня-наркомана?

— Нет!!!

— Кому-нибудь из парней нравятся девчонки-наркоманки?

— Нет!!!

Что и требовалось доказать.

И ещё: снова увидел, что дети на самом деле хорошие растут. Им просто взрослых не хватает.

(Блог в ЖЖ, 2013.)

Как есть

На Женском куча проблем. Дочка известного режиссёра капризничает.

Ничего страшного – все капризничают. Мы только не капризничаем.

Маленькую одну привезли. Беременная оказалась. Залетела, не приходя в сознание. Не знает, от кого.

Родители узнали – аборт однозначно. Она согласна. А мне священник позвонил с Сарапулки. Переживает. А я что ему скажу?

Вчера девчонки баню истопили. Парились. Веники им с Белоярки привезли.

▶ тонуть - drown
▶ выплыть - float; come up
▶ позвать на помощь - call for help
▶ пройти мимо - pass by
▶ повторение пройденного - review
▶ Понятно всё рассказал? - Is that understood? Got that?
▶ что и требовалось доказать - QED; which was to be proved
▶ и ещё - and another thing
▶ куча проблем - array of problems
▶ капризничать - be capricious
▶ ничего страшного - never mind; no big deal
▶ залететь - get knocked up
▶ не приходя в сознание - without regaining consciousness
▶ однозначно - categorically; definitely
▶ священник - priest
▶ переживать - be concerned; be upset
▶ истопить баню - heat the bath
▶ париться - take a steam-bath; bother
▶ веник - broom

Печку немножко неудачно поставили. Высоко от пола. Летом переделаем.

Съездили, всех девчонок свозили на ВИЧ и гепатит. Ждут результатов. А чего ждать-то? Гепатит у всех. ВИЧ у каждой, которая кололась крокодилом.

На Детском нормально. Народу прибавилось. Заехал парняга – два раза на второй год оставался. В пятом и в восьмом. И когда надо было снова идти в восьмой – не пошёл. И действительно, а зачем? Ситуация сложная. Отец, м**ак, набрал кредитов и свесил на мать. И сам свалил. Та работает на двух работах, и младший ещё во втором классе. И на старшего ни сил, ни времени нет.

Я поговорил с ним. Нормальный парень. Попробуем этот год наверстать.

Парни ходят каждый день в столярку и в гараж. Втянулись. Самодел поставил условие, и Вася за одну ночь выучил таблицу умножения! Он не учил до сих пор, не потому, что тупой, а прикладного значения не имело. А тут раз – и понадобилось. Правильно. Микрометр, штангенциркуль и всё такое.

Но не без трудностей. Один умник сказал Фёдорычу, что пошли в столярку втроём, а сам попёрся к девчонке из класса. А этих двух с собой взял. С понтом – свита.

Я ему говорю:
– А ты один-то чего, боишься, что ли?

Договорились – в следующий раз соберётся, возьмёт денег, купит билеты в кино и пригласит свою даму по-человечески. Ну чтоб не в подъезде обжиматься. Пятнадцать лет уже всё-таки.

Поговорил с парнями, чтобы в столярке каждый что-нибудь маме сделал. А у кого нет – девушке или сестре.

▶ неудачно - poorly; unsuccessfully
▶ переделать - redo
▶ ВИЧ - вирус иммунодефицита человека - human immunodeficiency virus (HIV)
▶ гепатит - hepatitis
▶ прибавиться - increase
▶ остаться на второй год - repeat a year
▶ м**ак - мудак - moron
▶ кредит - loan; credit
♦ свесил на мать - перевёл на мать
▶ свалить - run off; dump
▶ наверстать - catch up
▶ втянуться - get used to; get involved
▶ поставить условие - make a condition
▶ таблица умножения - multiplication table
▶ тупой - dumb; obtuse
▶ прикладное значение - applied significance
▶ и всё такое - and all that
▶ умник - egghead
▶ попёрся - пошёл - went
▶ с понтом - as if; full of oneself
▶ свита - retinue
▶ обжиматься - make out

Девя́того на́ши па́рни пое́дут в Озёрск на Ра́лли-Тур. Мо́жет, заце́пит кого́-нибу́дь.

Договори́лись сего́дня со стадио́ном. Два ра́за в неде́лю бу́дем с парня́ми е́здить в футбо́л игра́ть. Всегда́ игра́ли. И кома́нда всегда́ прили́чная у нас была́. Про́сто по́сле разгро́ма не до того́ бы́ло. Да и люде́й не́ бы́ло. Сейча́с восстана́вливаемся.

На Изопли́те сего́дня Рамс, кавка́зец свире́пый, цепь порва́л. И всё – он гла́вный. Гара́жных загна́л в гара́ж. Кто успе́л – в ко́рпусе спря́тались. А кто не добежа́л – в ба́не засе́ли. Ну и всё. Рамс обошёл террито́рию, все углы́ поме́тил и стал все вхо́ды и вы́ходы охраня́ть. Они́ его́ пыта́лись соси́сками угоща́ть, он соси́ски брал, но никого́ ниотку́да не выпуска́л. Два часа́ сиде́ли. Пока́ не стемне́ло. А пото́м примени́ли солда́тскую смека́лку, истра́тили ещё килогра́мм соси́сок, замани́ли его́, дурака́, в Газе́ль и увезли́ на Белоя́рку. Пусть там тепе́рь се́верных оле́ней охраня́ет.

А мы, когда́ реши́ли в Бы́ньгах па́секу ста́вить, договори́лись с И́горем, что поста́вим для нача́ла два у́лья. А мне сего́дня чего́-то жа́дно ста́ло, и я ему́ говорю́: "А чего́ два́-то, дава́й три поста́вим!". Он вздохну́л и говори́т: "Ну, дава́йте три". Я и обра́довался. Ещё и не начина́ли ничего́, а уже́ в полтора́ ра́за мо́щность увели́чили.

За́втра по шко́лам пое́дем с детьми́ разгова́ривать.

Сейча́с парня́га оди́н зашёл. Мо́дный тако́й. Был у нас. А я по́мню, каки́м его́ привезли́. Тако́е на́глое живо́тное бы́ло. Я согласи́лся его́ взять, преодоле́в брезгли́вость. А сейча́с я его́ да́же не узна́л. Друго́й челове́к. Полчаса́ сиде́л с ним разгова́ривал. Обра́довался.

Позвони́л Дю́ше. Говорю́: "Андрю́ха, прики́нь, ка́ждый день, иногда́ не по ра́зу, подхо́дит

▶ зацепи́ть - catch; hook
▶ стадио́н - stadium
▶ кома́нда - team; command
▶ прили́чная - decent
▶ разгро́м - debacle; defeat
▶ кавка́зец - кавка́зская овча́рка - Caucasian shepherd dog
▶ свире́пый - fierce
▶ цепь - chain
▶ порва́ть - tear; break
▶ загна́ть - drive; chase
▶ спря́таться - hide
▶ засе́сть - sit; settle
▶ поме́тить - mark
▶ соси́ска - sausage
▶ угоща́ть - treat
▶ солда́тская смека́лка - soldier's savvy
♦ "Газе́ль" (Gazelle) - ма́рка маши́ны
▶ оле́ни - deer
▶ у́лей - beehive
▶ вздохну́ть - sigh
▶ обра́доваться - rejoice
▶ увели́чить мо́щность - increase the power
▶ мо́дный - fashionable; stylish
▶ на́глое живо́тное - insolent animal
▶ преодоле́ть - overcome
▶ брезгли́вость - disgust; squeamishness
♦ Андрю́ха - Андрю́ша - Дю́ша - Андре́й
▶ прики́нь - go figure

кто-нибудь и говорит: "Здравствуйте, вы меня помните, я был у вас в таком-то году? У меня всё хорошо." Или родители останавливают на улице, и говорят: "У нашего, слава Богу, всё нормально"".

Дюша говорит: "То же самое".

Улыбнулся. Всё правильно.

(Блог в ЖЖ, 2013.)

Нет сомнений

Наших кольцовская таможня и кольцовское линейное отделение позвали поработать. Задержали таджика-полостника. Нас пригласили не просто из уважения, а потому, что набой на этого таджика по-братски дал другой таджик, которого мы с транспортниками задерживали ещё в 2011 году.

Причём последнее время среди таджиков глотателей становится меньше, а всё больше запатроненных. В народе их называют жопниками. Интересно, что глотателей в некоторых кишлаках долго и серьёзно тренируют. Их заставляют глотать грецкие орехи, варёные яйца и таким образом растягивают желудок. Мы ловили таких, которые возили килограмма по полтора. А запатроненные тащат максимум грамм по 800, но это уже гусарство. В среднем 400-500 грамм. Их тоже тренируют, но как их тренируют, они об этом рассказывать стесняются. Если глотателей таможенники вычисляют по лицу, то жопников — по походке. Идут гордо, как манекенщицы, кидая ногу от бедра.

Короче, этот был жопником. Ездил уже не первый раз. Идейный. Но возил за деньги. 32 года. Сам сидел за наркотики, зовут его [...], а брат его сидит за терроризм. Этот конченный [...] вёл себя очень нагло и даже несколько

▶ У меня всё хорошо.
- I'm OK.
▶ родители - parents
▶ слава Богу - thank God
▶ то же самое - the same thing
▶ улыбнуться - smile
▶ всё правильно - that's right
▶ сомнения - doubts
▶ таможня - customs
▶ линейное отделение - line department
▶ задержать - intercept
▶ таджик - Tajik
▶ из уважения - out of respect
▶ дать набой - *(slang)* give a tip-off
▶ транспортники - транспортная полиция - transport police
▶ глотатель - drug mule
♦ запатроненный - курьер, который перевозит наркотики в заднепроходном отверстии
▶ жопник - ass-man
▶ кишлак - village
▶ глотать - swallow
▶ грецкий орех - walnut
▶ варёное яйцо - boiled egg
▶ растягивать - stretch
▶ желудок - stomach
▶ гусар - hussar
▶ манекенщица - model

свысока́. Ему́ да́же перево́дчик-таджи́к чуть по муса́лу не надава́л. Предста́вьте себе́ – челове́к, сидя́щий на горшке́, разгова́ривает со все́ми свысока́! Ещё бы, есть чем горди́ться. Наркома́фия, чо. Вы́пало из него́ 56 ка́псул – 420 гра́ммов концентри́рованного герои́на. Пе́ред тем, как отда́ть оптовика́м, герои́н разбодя́жат 1 к 7. А когда́ цыга́не-нарко-торго́вцы переки́дывают да́льше, они́ ещё разбодя́живают, как 1 к 2. А да́льше – как полу́чится.

Есть настоя́щие съёмки проце́сса извлече́ния герои́на из э́того вмести́лища го́рдости и поро́ка. Э́ти ка́дры то́чно поя́вятся на Юту́бе, ссы́лку ки́ну.

Я счита́ю, что бу́дет справедли́вым, е́сли э́того подо́нка уви́дит весь Таджикиста́н и осо́бенно его́ родно́й кишла́к, многочи́сленная родня́, друзья́ и неве́ста.

У меня́ нет ни мале́йшей жа́лости и сомне́ний, потому́ что э́то живо́тное прие́хало сюда́ убива́ть на́ших дете́й.

Кро́ме э́того, я уве́рен, что таки́е ка́дры – са́мая си́льная антинаркоти́ческая пропага́нда и профила́ктика наркома́нии.

(Блог в ЖЖ, 2013.)

Бо́льше всех на́до

Был вчера́ в Ве́рхней Салде́.

Встреча́лся со студе́нтами авиаметаллурги́ческого те́хникума. Хоро́ший те́хникум. Челове́к восемьсо́т у́чится. И вообще́ хоро́ший.

В за́ле сто два́дцать челове́к.

Разгова́ривал час без микрофо́на. Слу́шали внима́тельно. Мно́гое сказа́л. И рассказа́л, что случи́лось в Ве́рхней Салде́ мно́го лет наза́д.

Был чи́стый го́род.

▶ свысока́ - haughtily; condescendingly
▶ перево́дчик - interpreter; translator
▶ муса́ло - лицо́ - face
▶ надава́ть - hit; knock; beat
▶ предста́вьте себе́ - just fancy!; just imagine!
▶ горшо́к - pot
▶ горди́ться - be proud
▶ Наркома́фия, чо. - Narcomafia, innit?
▶ вы́пасть - fall out
▶ ка́псула - capsule
▶ герои́н - heroin
▶ оптови́к - wholesale dealer
▶ разбодя́жить - разба́вить - dilute
▶ цыга́не - Gipsies
▶ съёмки - footage; filming
▶ извлече́ние - extraction
▶ вмести́лище - receptacle; container
▶ поро́к - vice
▶ Юту́б - Youtube
▶ ки́нуть ссы́лку - give a link; send a link
▶ подо́нок - scumbag
▶ родня́ - family; kinfolk
▶ профила́ктика - preventive measure
▶ те́хникум - technical college

Приехала семья – наркольіги из Николаева. Кололись маком и ханкой. Втянули кучу народу. Организовали притон, который никто не мог закрыть (не понимали, лень было). И оба они были вичевые. Тогда и прозвали: "Город-СПИД".

Обо всём поговорил.

И в конце неожиданно рассказал о Высоцком. Рассказал о некоторых вещах, о которых они не прочитают. Рассказал, как Высоцкий умирал. И подвёл к тому, что великий национальный поэт, волевой человек, умер от наркотиков, как обычный наркольіга. Ну просто, чтобы понимали, что наркотики могут сделать даже с самым великим, талантливым и сильным человеком.

Абсолютная тишина была.

Узнал интересное:

Ставка преподавателя с высшим образованием – 5100 в месяц. Это в том случае, если вырабатываешь 720 часов в год. Но 5100 мало. Поэтому берут две ставки. Соответственно 1440 часов в год. Но этого тоже мало. Тогда берут ещё дополнительные предметы. Совмещают по четыре дисциплины. Допустим, две ставки – свой предмет, ещё ОБЖ, и ещё каким-нибудь замом по каким-нибудь вопросам. При этом сосредоточиться на преподавании своего предмета шансов не остаётся.

С людьми ещё пообщался.

Хорошие люди. Приятно.

А в Нижней Салде посмотрели заводской музей.

Приятно удивились. Полноценная интересная экспозиция российского уровня. Директора зовут Леонид Иванович. Про Салду, металлургию и по персоналиям знает всё. Там ещё висят картинки местного художника Тютина. Это уровень Мировой

▶ наркольіги - *(slang)* drug addicts
▶ мак - poppy
◆ ханка - сок зёрен недозрелого мака (маковое молочко), из которого изготовляют наркотики
▶ втянуть - draw into
▶ притон - haunt; stash
▶ лень было - were too lazy
▶ вичевые - HIV infected
▶ неожиданно - unexpectedly
◆ Владимир Высоцкий - актёр, поэт и автор-исполнитель песен
▶ подвести - bring; lead
▶ волевой человек - strong-willed man
▶ ставка - rate; stake
▶ преподаватель - teacher; tutor
▶ высшее образование - higher education
▶ соответственно - consequently
▶ дополнительный предмет - additional subject
▶ совмещать - combine
▶ допустим - let us say; suppose
▶ ОБЖ - основы безопасности жизнедеятельности - life safety

Энциклопедии Наивного Искусства. И детская художественная студия в Салде есть. Замечательные дети. А преподаёт Анатолий Александрович.

А в Верхней Пышме, где в школах, а особенно в школе №1, огромные проблемы, где наркотики ходят свободно и есть уже смерти от употребления, не получается поговорить с детьми.

Директора боятся (чего?!), отсылают в администрацию. Но мы люди негордые, пытаемся договориться с мэром, потому что это очень важно. В результате от мэра, который должен быть заинтересован больше всех, приходит совершенно соплежуйский ответ, который полностью соответствует личности мэра.

Решим уже в любом случае, хотя бы потому, что в одной из школ знаю девятый класс, где из парней не употребляют... только двое.

Думаю, что в этой ситуации должны решать родители, а не мэр.

Если кто-нибудь из жителей Пышмы читает мой журнал – отзовитесь, пожалуйста.

(Блог в ЖЖ, 2013.)

Лучшее – детям

Сегодня в школу ездил, и там собрали ребят с шестого по девятый класс. А я из опыта знаю, что с разным возрастом надо разговаривать на разных языках. И то, что для старших будет антинаркотической пропагандой, у младших только пробудит любопытство. И напротив – если ориентироваться на маленьких, то старшие начнут смеяться и всерьёз не воспримут.

И ещё раз скажу – разговаривать надо в полную силу. Иначе бесполезно.

Поэтому попросил, чтобы младшие ушли. И со старшими поговорил всерьёз. А так как дело

▶ наивное искусство - naive art
▶ детская художественная студия - children's art school
▶ преподавать - teach
▶ ходить - circulate; walk
▶ получаться - work out; result from
▶ отсылать - send; refer
▶ соплежуйский - нерешительный (жевать сопли - действовать нерешительно) - indecisive
▶ жевать сопли - chew snots
▶ мэр - mayor
▶ в любом случае - one way or another
▶ хотя бы потому, что - if for no other reason than because
▶ жители - residents
▶ отозваться - respond
▶ из опыта - by experience
▶ разговаривать на разных языках - speak different languages
▶ пробудить любопытство - awaken curiosity
▶ напротив - on the contrary
▶ ориентироваться на - focus on
▶ воспринять - perceive; absorb

было на Семи Ключах, вспомнил историю про подонка Мано, которого мы всё-таки добили. И сказал, что каждый наркоторговец – людоед, какой бы национальности он ни был. И на войне с оккупантов спрос, как с оккупантов, но самое страшное, когда торгуют наркотиками свои – с них спрос, как с предателей.

И снова дети спрашивали про анашу, про насвай и прочее дерьмо. И снова оказалось, что в школе всего два мужика – учитель труда и учитель физкультуры. Но порадовало то, что женщины, как обычно, сильные, смелые и ответственные. На чём стояла и стоять будет. И пошли уже результаты. Дети начали звонить. Так что работаем.

Парень пришёл. "Я, – говорит, – ездить по школам хочу, с детьми встречаться. Я хочу читать им лекции о вреде наркотиков". А парень – ботаник натуральный. Не в смысле, что маленький и в очках, а в смысле, что биофак заканчивал. Но у него искренний интерес к этой работе. А я его спрашиваю:

– А что ты им рассказываешь?

Он говорит:

– Всё, что знаю.

Я даже улыбнулся.

Договорились, что поездит по операциям, по притонам, поживёт на Изоплите, посидит на оперативках, пообщается с бывшими наркоманами. И поезжу потом с ним вместе. Посмотрю.

(Блог в ЖЖ, 2013.)

Из жизни

Когда я был депутатом ГД, у меня на Белинского, 19 на протяжении четырёх лет каждый день с утра до ночи работала приёмная. Люди шли, не переставая. Порой у нас даже стояла

▶ добить - finish off
▶ людоед - cannibal
▶ национальность - nationality
▶ оккупант - occupant; invader
▶ спрос - demand; requirement
▶ предатель - traitor
▶ анаша - anasha; hashish; hash
▶ дерьмо - crap; shit
▶ как обычно - as usual
▶ ответственный - responsible
♦ на чём стояла и стоять будет (земля русская) - цитата из фильма "Александр Невский"
▶ ботаник - botanist; (slang) nerd
▶ биофак - биологический факультет - biology faculty
▶ искренний интерес - sincere interest
▶ оперативка - оперативное совещание - briefing session
▶ пообщаться - chat; meet; interact
▶ депутат ГД - депутат Государственной Думы - State Duma deputy
▶ приёмная - reception office
▶ не переставая - on and on

о́чередь от крыльца́ до второ́го этажа́, и мы рабо́тали всегда́ до после́днего посети́теля. Два́дцать челове́к нас бы́ло – юри́сты по уголо́вке, юри́сты по гражда́нским дела́м, специали́сты по ЖКХ, по социа́лке, по медици́не, по пенсионе́рам. Са́мые ра́зные вопро́сы приходи́лось реша́ть. И вся кома́нда на́ша собрала́сь с у́лицы. Кто́-то отсе́ивался, кто́-то приходи́л. Но все, кто оста́лись, рабо́тали по-че́стному и в по́лную си́лу.

И вот одна́жды сижу́ рабо́таю, по́лный коридо́р наро́ду. И вдруг кака́я-то возня́, недово́льство на повы́шенных тона́х, и захо́дит челове́к. А лю́ди се́рдятся:

– Он без о́череди! Без о́череди!

А я смотрю́, э́то мой това́рищ из про́шлой жи́зни. Он говори́т:

– Я на секу́нду, – и даёт мне конве́рт с деньга́ми. – Тут, – говори́т, – тридца́тка. Ма́ло ли что, мо́жет, кому́-то из пожилы́х помо́чь на́до бу́дет. Сам смотри́, распоряжа́йся.

Я поблагодари́л его́, положи́л де́ньги в пра́вый я́щик стола́ и сижу́ рабо́таю. И вдруг захо́дит же́нщина. Уста́вшая, прида́вленная, и во́лосы гла́дко зачёсаны и за́браны на заты́лке. Се́ла напро́тив меня́ и распла́калась. Я дава́й её успока́ивать, а она́ пла́чет всерьёз и повторя́ет:

– Нет, я не ве́рю! Я не ве́рю! – и смо́трит в глаза́.

Я говорю́:

– Что случи́лось-то?

А она́ говори́т:

– Я не ве́рю, что вы взя́ли за э́то с меня́ три́дцать ты́сяч рубле́й!

– Каки́е три́дцать ты́сяч?! За что?!

– Ну, за то, что написа́ли хода́тайство нача́льнику коло́нии, что́бы моего́ сы́на отпусти́ли по УДО!

▶ о́чередь - queue; line; turn
▶ крыльцо́ - porch
▶ посети́тель - visitor
▶ юри́ст - lawyer
▶ уголо́вка - уголо́вное законода́тельство - criminal law
▶ ЖКХ - жили́щно-коммуна́льное хозя́йство - housing and public utilities
▶ социа́лка - социа́льная сфе́ра - social sphere
▶ пенсионе́р - pensioner
♦ кома́нда собрала́сь с у́лицы - come-and-go people
▶ отсе́ивать - screen; weed out
▶ по-че́стному - honestly
▶ рабо́тать в по́лную си́лу - give one's best
▶ возня́ - fuss; bustle
▶ недово́льство - discontent; grudge
▶ без о́череди - out of turn
▶ това́рищ - comrade; mate
▶ про́шлая жизнь - old life
▶ конве́рт - envelope
♦ тридца́тка - 30 ты́сяч
▶ пожилы́е - the elderly
▶ распоряжа́ться - dispose; manage
▶ хода́тайство - petition; motion

А я ещё ничего понять не могу. Какое ходатайство? Какое УДО?! Какие деньги?!

Она говорит:

— Да вот у вас там внизу-то адвокаты сидят. Они взяли с меня тридцать тысяч и пообещали, что за эти деньги вы напишете ходатайство. А сына не отпустили, а деньги у меня были последние! Но я не верю, что вы могли так сделать. Ведь если бы вы деньги взяли, вы бы ходатайство точно написали!

И я вдруг вспомнил, что пару месяцев назад ко мне пришёл один адвокат, с ним бывший сотрудник, и ещё один знатный общественник, и сказали, что хотят помогать и будут оказывать бесплатные консультации нуждающимся. И мы их посадили там, внизу в уголке. И я всё понял. И у меня от ужаса обнесло голову. И до меня дошло, что эти подонки убедили бедную женщину, что я требую деньги за это ходатайство, и она поверила.

У меня и так-то, кроме имени, ни хрена нету, а тут ещё эти скоты за свои вонючие тридцать сребреников и это пытаются отнять.

Я открыл ящик стола и говорю:

— Вот ваши деньги, они мне отдали и просили перед вами извиниться. Они так больше не будут. Поверьте.

А она всхлипывает ещё и говорит:

— Я хотела вам в глаза посмотреть. Я должна была убедиться, что вы так не сделаете.

Я успокоил её, погладил по плечу, проводил, вернулся в кабинет, уставился в стену и хотел заплакать. Но не смог. Зато увидел саблю и понял, что я должен сделать.

Я снял её со стены, выдернул из ножен, вздохнул и пошёл вниз их убивать.

(Блог в ЖЖ, 2013.)

▶ пообещать - promise
▶ отпустить - release
▶ пару месяцев назад - a couple of months ago
♦ бывший сотрудник - имеется в виду бывший сотрудник спецслужб
▶ знатный - notable
▶ общественник - social activist; volunteer
▶ бесплатные консультации - free consultations
▶ нуждающийся - needy
▶ от ужаса - from horror
▶ обнесло голову - голова закружилась - felt dizzy
▶ убедить - convince
▶ у меня ни хрена нету - I've got nothing
▶ хрен - dick; horse radish
▶ скоты - cattle; bastards
▶ вонючий - stinking
▶ тридцать сребреников - thirty pieces of silver
▶ отнять - take away; amputate
▶ извиниться - apologize
▶ всхлипывать - sob
▶ убедиться - make sure
▶ погладить по плечу - pat on the shoulder
▶ сабля - sabre
▶ ножны - scabbard

Vocabulary

A

а воз и ны́не там - things aren't moving
абитурие́нт - applicant; prospective student
автоза́к - prison truck
автома́т - submachine gun; robot
автомеха́ник - car mechanic
адеква́тная - adequate, appropriate
а́дская смесь - devil's brew
а́дский трэш - (slang) helluva trash
ажиота́ж - commotion; hype
а́збучная и́стина - commonplace truth; copybook maxim
азербайджа́нцы - Azeris
азиа́тчина - asiaticism (barbarism)
актёр - actor; artist
а́лчная - greedy
а́лчность – greed
альтернати́ва - alternative
альтернати́вный стиль жи́зни - alternate life style
амбразу́ра - embrasure; fire slit
амора́льный - immoral
ана́фемствовать, придава́ть ана́феме - give anathema
анаша́ - anasha; hashish; hash
анони́мный - anonymous
антинау́чный - unscientific
анто́ним - antonym; opposite
аполити́чность - indifference towards politics
аристокра́тия - aristocracy
Армагеддо́н - Armageddon
а́рмия - army
армя́нская о́бщина - Armenian community
аскети́чный - ascetic
атеи́ст - atheist
атрофи́роваться – atrophy

Б

б...ство - бля́дство - whoring
бага́ж - baggage
ба́кстеровское кре́сло - кре́сло италья́нской фи́рмы Baxter
бана́льный - banal; commonplace
ба́нда - gang; band
банки́р - banker
ба́ня - bath-house
бапти́сты - Baptists
ба́рский - lordly
барыга - huckster; pusher
бастио́н - bastion
ба́тюшка - priest; father
ба́тя - papa; dad
бе́гающие глаза́ - shifty eyes
бегле́ц - fugitive
бе́дность - poverty; want
бедня́га - wretch
без конца́ - endlessly
без опла́ты - without pay
без о́череди - out of turn
без прикра́с - without embellishment
безба́шенный - reckless; turretless
безвозвра́тно - irretrievably
безде́йствие - inaction
безде́льник - idler
бездухо́вность - soullessness
безлими́тный - unlimited
безнра́вственность - immorality
безогово́рочно - implicitly; unreservedly
безопа́сность - security
безотве́тственность - irresponsibility
безотве́тственный – irresponsible
безоши́бочный - unmistakable
безразде́льный - unchallenged; undivided
безразли́чие - indifference
безу́мие - madness
безыде́йность - lack of ideals

бе́лое вино́ - white wine
белору́чка - white hands; shirker
бе́лочка - бе́лая горя́чка - delirium tremens
бере́менная на после́дних ме́сяцах - in the last months of pregnancy
бесконе́чный - endless; infinite
бескро́вная - bloodless
беспла́тно - free of charge
беспла́тное развлече́ние - free entertainment
беспла́тные консульта́ции - free consultations
беспоко́ить - concern; bother
бесполе́зно - it's no good; it's no use
бесполе́зность - futility
бесполе́зный - useless
беспо́мощное - helpless
беспреста́нно - relentlessly; forever
беспрецеде́нтный - unprecedented
беспризо́рник - homeless child
беспринци́пный - unprincipled; unscrupulous
бесси́лие - impotence
бессмы́сленный - senseless
бессмы́слица - nonsense
беста́ктный - tactless; tasteless
бесчи́нства - riots
бесчи́сленный - countless
библе́йский - biblical
биофа́к - биологи́ческий факульте́т - biology faculty
биржево́е де́ло - stock-exchange industry
би́ться - struggle; beat
бла́га - benefits
благода́рность - gratitude
благоду́шный - benign; complacent
благополу́чие - well-being; prosperity
благосостоя́ние - wealth
благотвори́тельная де́ятельность - charity work
благотвори́тельность - charity
бланш - black eye
блева́ть - puke
бле́дная - pale
ближа́йший помо́щник - right-hand man

Бли́жний Восто́к - Middle East
бли́зкий - allied; close
бли́зость - closeness
блин - bugger!; pancake
блонди́нка - blonde
блуд - fornication
блюсти́тель поря́дка - law enforcement officer
Бог весть - God knows
боевы́е де́йствия - combat actions; hostilities
бое́ц - fighter
бо́ком - sideways
бо́лее того́ - more than that; further still
боле́зненный - painful; delicate
боле́зненный проце́сс - painful process
боле́знь ро́ста - development disease
боло́то - swamp
болта́ть - babble; chatter
больно́й - patient
большеви́зм - Bolshevism
большинство́ – majority
"большо́й скачо́к" - "great leap forward"
боре́ц - fighter; wrestler
боро́ться - fight; struggle
борщ - borshch; beet-root soup
бота́ник - botanist; (slang) nerd
брак - marriage; rejects
брани́ть - scold
брань - abuse
бра́тство - brotherhood
брать креди́т - take out a loan
брать на себя́ - take upon oneself
брать тру́бку - pick up the phone
брезгли́вость - disgust; squeamishness
бре́мя бе́лого челове́ка - white man's burden
броди́ть - wander; roam
бродя́га - tramp
бронежиле́т - bulletproof vest
бро́сить - desert; abandon; throw; cast
бро́сить все си́лы - hurl all effort into

бро́ситься - dash
брюзжа́ть - grumble
бу́дущее - future
бу́дущий - future; prospective
бунт - revolt; mutiny
буржуа́зный - bourgeois; middle-class
буржуа́зный индивидуали́зм - bourgeois individualism
буржу́й - bourgeois
буты́лка с зажига́тельной сме́сью - Molotov cocktail
буха́ть - drink; booze up
бы́вший - former
бы́стро - rapidly; quickly
быть в ку́рсе - be aware
быть на гре́бне - ride the crest
быть сами́м собо́й - be one's own self
бюллете́нь - bulletin; ballot

В

в бо́льшей сте́пени - in a greater degree
в душе́ - inwardly; at heart
в зави́симости от - depending on
в значи́тельной сте́пени - considerably
в ито́ге - as the result; in the end
в како́й-то моме́нт - at some point
в коне́чном счёте - eventually; in the end
в ку́рсе - aware; abreast
в лу́чшем ви́де - in fine fashion
в любо́м слу́чае - one way or another
в ме́ньшей сте́пени - in a lesser degree
в настоя́щий моме́нт - currently
в не́котором смы́сле - in a sense
в оди́н коне́ц - one way
в оконцо́вке - в конце́ концо́в - ultimately
в основно́м - mainly; principally
в отде́льности - individually
в отли́чие от - in contrast to
в пе́рвую о́чередь - in the first place; above all
в печа́ть - into print

в пого́не за - in chase of; in pursuit of
в по́лную си́лу - in full force
в поря́дке фо́рса - to show off
в прису́тствии - in front of
в промы́шленных коли́чествах - on an industrial scale
в ра́мках - in the frame of
в са́мом де́ле - indeed
в све́те - in the light of
в свою́ о́чередь - in its turn
в си́лу - in virtue of; because of
в соверше́нстве - perfectly
в сро́чном поря́дке - urgently
в сти́ле - in the manner of; in the style of
в су́щности - in essence
в тени́ - in the shade
в тече́ние - during; for
в то вре́мя как - while
в том числе́ - among other things
в устано́вленном поря́дке - according to the established procedure
в це́лом - as a whole
в черте́ го́рода - within the limits of the city
в э́том смы́сле - in this respect; in this regard
ва́жный - important; significant
вакхана́лия - Bacchanalia; orgy
ва́ленки - felt boots
валерья́нка - valerian
валидо́л - validol
вампири́ческая - vampiric
ва́рварство - barbarism
ва́режки - mittens
варёное яйцо́ - boiled egg
ва́хта - reception desk; shift
вахтёр - receptionist
ваххаби́тская - Wahhabi
ваш поко́рный слуга́ - yours truly
вво́дная ле́кция - introductory lecture
вгля́дываться - gaze; peer into
вдвоём - both; the two of us
вдова́ - widow

вдохновля́ющее - inspiring
веду́щий - anchorman
ве́жливый - polite
вели́кий - great
великодержа́вный шовини́зм - great-power chauvinism
вельмо́жа - nobleman
ве́ник – broom
ве́рить - believe; credit; trust
верноподданный - loyal subject
вероиспове́дание - religious denomination
вероя́тнее всего́ - most probably
верте́ться - revolve
верту́шка - (здесь) hot line (телефо́н специа́льной систе́мы свя́зи)
ве́рующий - believer
весёлость - gaiety
вести́ себя́ - behave
вестибю́ль - entrance hall
весьма́ - greatly; highly
ве́чный - eternal; everlasting
взаимоотноше́ния - mutual relations;
взаме́н - instead
взгляд - glance; look
вздо́рный - whacky
вздохну́ть - sigh
взро́слый - adult; grown-up
взрывна́я волна́ - blast; explosion wave
взя́тка – bribe
взять - take
взя́ться - come from
ви́деть себя́ со стороны́ - see oneself as others see one
ви́дите ли - you see; you know
вини́ть - blame
виртуа́льное простра́нство - cyberspace
ви́селица - gallows
вистующий - playing whist (card game)
ВИЧ - ви́рус иммунодефици́та челове́ка - human immunodeficiency virus (HIV)
ви́чевые - HIV infected
вката́ть - sentence

вклад - contribution
вкла́дывать - invest; put in; insert
включа́я - including
вкуси́ть - taste
владе́лец - owner
владе́ть - master; own; possess
власть - power; authorities
влеза́ть - get in; climb
влия́ние - influence; effect; impact
влия́тельный - influential
влюбля́ться - fall in love
вмести́лище - receptacle; container
внедоро́жник - off-roader; SUV
внеза́пно - suddenly
вне́шняя фо́рма - exterior form
внос - introduction
вну́тренний двор - inner courtyard
вну́тренний моноло́г - inner monologue
вну́тренняя ло́гика - internal logic
вну́тренняя потре́бность - internal necessity
внутри́ - within; inside
внуша́ть дове́рие - inspire confidence
во вся́ком слу́чае - anyway; in any case
во́бла - roach
води́тель – driver
води́ться - range; harbor
воева́вшие - veterans of a war
военнопле́нный - prisoner of war
вое́нный городо́к - military town; garrison
вое́нный объе́кт - military facility
воз - cart; wagon
возводи́ть - erect
возврати́ться - come back
возгла́вить - head; take charge of
возда́ть до́лжное - give somebody his due
возде́йствие - influence; impact
возмо́жности - opportunities; options; resources
возника́ть - emerge
возникнове́ние - emergence

возня́ - fuss; bustle
возрази́ть - object; return; retort
во́зраст – age
Возрожде́ние - Renaissance
во́ин - warrior
вои́нственное - belligerent
волево́й челове́к - strong-willed man
волк - wolf
волна́ - wave
волонтёр - volunteer
волоса́тая - hairy
волшебство́ - magic; witchery; glamour
вольноду́мец - freethinker
вольтерья́нец - Voltairian
во́ля - will; freedom
вонь - stench
воню́чий - stinking
вообража́емый - imaginary
воображе́ние - imagination
вообрази́ть - imagine
вооружённое восста́ние - armed uprising
во́пли - outcries
вопреки́ - contrary to; in spite of
вопреки́ всему́ - against all odds
вопро́с - question; item; matter; point
вор - thief
воспалённый - inflamed
воспи́тывать - bring up; educate
воспринима́ть - conceive; perceive; absorb
воспроизведе́ние - reproduction
восстава́ть - rebel
восста́ние - rebellion
восстанови́ть - restore; renew
восстановле́ние - reconstruction
восто́рг - delight
восхити́ться - admire
восхища́ть - fascinate
воцерковлённый - church-going and strictly observant
впечатли́тельный - impressionable

впосле́дствии - subsequently
впро́чем - however; by the way
впряму́ю, напряму́ю - bluntly
впрячь - harness
впусту́ю - in vain
враг - enemy
вражда́ - enmity; antagonism; feud
вражду́ющий - antagonistic
вразва́лочку - waddling
враньё - a string of lies; story telling
времена́ми - from time to time
врождённый - innate; inborn
всё возмо́жное - utmost
всё пра́вильно - that's right
всё э́то вре́мя - the whole time; all along
всео́бщее распростране́ние - general distribution
всепожира́ющий - omnivorous
всерьёз - in earnest; seriously
всеси́льность, всеси́лие - omnipotence
всех и вся - everyone and their brother
всле́дствие - thanks to; because of
всплеск - upsurge; splash
вспы́льчивость - quick temper
встре́титься - meet; encounter
встреча́ться - date; meet
вступи́ть - join; enter
всхли́пывать - sob
вся́чески - in every way; by all means
втолкну́ть - push; shove
второ́й сорт - second-class quality; second rate
втяну́ть - draw into
втяну́ться - get used to; get involved
вуз - вы́сшее уче́бное заведе́ние - higher educational institution
вцепи́ться - grasp; catch hold of
ВЧК - Всеросси́йская чрезвыча́йная коми́ссия - the All-Russian Extraordinary Commission (Cheka)
вы́бор - choice; selection
вы́борщик - electoral delegate; elector
вы́боры - election; voting; ballot

вы́вернуться - writhe oneself free; pull through
вы́глядеть - look
вы́гнать - expel
вы́года - profit; advantage
выгреба́ть - rake out
выда́вливание - expulsion
выда́вливать - squeeze; force out
выдаю́щийся - distinguished
вы́двинуть обвине́ния - file charges
выдира́ть - tear out
выезжа́ть - leave
вы́жить - survive
вы́зов - invitation; challenge
вызыва́ть - arouse; call; send for
вы́игрыш - win; gain
вы́йти за́муж - get married
выко́вывать - hammer out
вы́копать - dig out
вы́крикнуть - cry out
вы́купить - buy out
вы́литый - every bit; exactly like
вы́манить - entice, draw
вымира́ть - become extinct
вы́пасть - fall out
выпе́ндриваться - show off
вы́плыть - float; come up
вы́просить - solicit; elicit
выпускни́к - graduate
выпя́чивать - protrude; puff out
выпя́чиваться - protrude
выраста́ть - grow out
вырожда́ться - degenerate
вы́ручить - help out
выска́зывание – utterance
вы́слать - deport; expel
высо́вывать го́лову - thrust out one's head
высо́тка - multistoried building; skyscraper
выступле́ние - appearance; speech
вы́сшая фо́рма - higher mode

вы́сшее образова́ние - higher education
вы́сший - top; highest
вы́таращить глаза́ - get wide-eyed
выта́скивать - take out
вытесня́ть - force; push out; oust; drive out
вы́учиться - be trained; learn
выхва́тывать - snatch out
выходны́е - holidays; weekend
вышиба́ть - knock out
вялотеку́щая шизофрени́я - continuous sluggish schizophrenia

Г

гад - scumbag
га́дко - meanly
га́дость - beastliness; dirt
"Газе́ль" (Gazelle) - ма́рка маши́ны
га́зовая ка́мера - gas chamber
гастарба́йтер - migrant worker
гендире́ктор - генера́льный дире́ктор - executive director
ге́ний - genius
геноци́д – genocide
генсе́к - генера́льный секрета́рь - Secretary General
гепати́т - hepatitis
герои́н - heroin
герои́ня - heroine
геро́й - hero; character; protagonist
геронтокра́тия - gerontocracy; rule by elders
гигиени́ческая - hygienic; sanitary
Гильгаме́ш - Gilgamesh
гимн - hymn; anthem
гла́вная цель - primary target; prime objective
гла́вный - boss; main
гла́вный реда́ктор - editor-in-chief
гламу́р - glamour
гли́няная - clay
глоба́льное потепле́ние - global warming
глота́тель - drug mule
глота́ть - swallow

глу́пый - foolish; silly; stupid
глухо́й - out-of-the-way; deaf
гляди́шь - at any minute; at any moment
гля́нцевый - glossy; glazed; sleek
говно́ - shit
говню́к - asshole
го́лод - hunger; famine
го́лос - vote; voice
голосова́ть - vote
голубо́й - gay; homosexual; blue
го́лубь ми́ра - dove of peace
го́лый - naked
гомосе́к - fag
гондо́н – condom
гора́зд - good at
гора́здо бо́льше - much more
горба́того моги́ла испра́вит - only the grave will straighten out a hunchback (a leopard cannot change its spots)
горди́ться - be proud
го́рдо - proudly
го́рдый - proud
го́рести - woe
горшо́к - pot
горя́чий - hot
ГосБа́нк - Госуда́рственный Банк - State Bank
гости́ная - living-room
госуда́рственник - statist; a believer in a strong state
госуда́рственный институ́т - state institution
госуда́рство - state
госуда́рствосла́вие - госуда́рство + правосла́вие
госуда́рь - czar; monarch
гото́вить - cook
гра́бли - rake
граждани́н - citizen; national
граждани́н ми́ра - citizen of the world
гражда́нская война́ - civil war
гражда́нские обя́занности - civil obligations
гражда́нство - citizenship
гра́мотный - expert; literate

грех - sin; fault; error
грецкий орех - walnut
громогласный - vociferous
груз - weight
грызть - gnaw
губить - destroy; ruin
гусар – hussar

Д

да не, да нет - not really
давайте - let's
давайте помогу - let me help you
давно - long ago; for a long time
дали пять - дали пять лет
дать возможность - give a chance
дать знать - let know
дать набой - (slang) give a tip-off
дать показания - testify
движение - movement
движение Сопротивления - Resistance movement
двинуть - move; get off the ground; set in motion
двинуться умом - go off one's head
двоемыслие - double think
дворец - palace
двушка - one-bedroom flat; two-copeck coin
де Сад - маркиз де Сад
дебил - jerk; moron
девица – hussy
девка - broad; wench
девушка лёгкого поведения - woman of easy virtue
девятый вал - ninth wave; highest wave
деградация - degradation; decline
Дедушка Мороз, Дед Мороз - Santa Claus; Grandfather Frost
декада - decade (ten years)
Декларация прав человека - Human Rights Declaration
декольте - cleavage
делать через жопу - do through the ass (do poorly or carelessly)
деликатно - delicately

де́ло - case
де́ло дошло́ до - it came to
делова́я встре́ча - business meeting
демарш - move
демократи́чески настро́енная - democratically spirited
демонстра́нты - protesters
демонта́ж – dismantlement
демонти́ровать - dismantle
де́нди - dandy
де́нежки - money
де́ньги - money
депорта́ция - deportation
депута́т ГД - депута́т Госуда́рственной Ду́мы - State Duma deputy
держа́ться - hold on
де́рзость - impudence
дерьмо́ - crap; shit
Де́сять за́поведей - Ten Commandments
дета́ль - detail
детдо́м - де́тский дом - orphanage
дети́шки - kids
де́тская худо́жественная сту́дия - children's art school
де́тская ша́лость - childish prank
де́тский - infant; childlike
де́тство - childhood
дефици́т - deficit; consumer goods in short supply
дешёвый - cheap
де́ятельность - activity; work
джентльме́нский набо́р - gentlemen's set; the usual
диа́гноз - diagnosis
дикта́тор - dictator
диктату́ра ра́зума - dictatorship of reason
дискредита́ция - discrediting
дискримини́ровать - discriminate
диссерта́ция - dissertation; thesis
для нача́ла - begin with; for a start
до боле́зненности - painfully
доби́ть - finish off
доби́ться - achieve; reach; attain
добрести́ - manage to reach

доброво́лец - volunteer
доброво́льный - voluntary
доброде́тель - virtue
дово́льно - enough
догма́т - dogma
догова́риваться - make arrangements
до́жили - how have we stooped so low
дойти́ – reach
доказа́тельство - evidence
до́лжный - proper
домина́нта - dominant idea
домини́рование - prepotency; domination
донести́ - get something across to
доноси́тельство - snitching
доноси́ть - denounce; snitch
дополни́тельный предме́т - additional subject
допро́с - interrogation
допу́стим - let us say; suppose
допусти́ть - allow; let
дориа́ны гре́и - Dorian Grays (Oscar Wilde)
дорога́я - my dear
достава́ться - go to
доста́ли - sick and tired of
доста́точные ресу́рсы - adequate resources
достиже́ние - achievement
дости́чь - achieve
досто́инство - dignity; virtue
досто́йный - worthy; dignified
до́хлая - dead
доходи́ть - come home to; sink in
дре́вний - ancient; antique
друг дру́га - each other
дружи́ть - be friends
друзья́ - friends
дря́блый - flabby
дряхле́ющий - decrepit
дря́хлый - decrepit
дублёнка - sheepskin coat
ду́мать - think; reflect; meditate

дура́к - fool
дуре́ть - grow stupid
дурь - nonsense
духо́вка - oven
духо́вность - spirituality
душа́ - soul
душераздира́ющий - heartrending
дыша́ть - breathe
Дья́бло - Diablo
дя́дька, дя́дя – uncle

Е

еба́ть - fuck
евре́й - Jew
евре́йский наро́д - Jewish nation
ЕГЭ́ - еди́ный госуда́рственный экза́мен - Uniform State Exam
единовре́менно - simultaneously
единомы́шленник – adherent; like-minded person
еди́нственный - the only
е́ле-е́ле - just barely
е́сли уго́дно - if you will
е́сли хоти́те - if you will
е́сли я не ошиба́юсь - if I am not mistaken
есте́ственность - naturalness
есте́ственный – natural

Ж

жа́дный - greedy; avid
жа́ждущий - avid; yearning
жа́лкая - pathetic
жа́ловать - like; bestow
жа́лость - pity; sorrow
жгу́чая не́нависть - bitter hatred
ждать - wait
жева́ть - chew
жева́ть со́пли - chew snots
жела́ть - wish; desire; want

желе́зный - iron; ferrous
желу́док - stomach
жема́нство - prudery; affectation
жени́х - fiance; groom
же́ртва - victim
жертвоприноше́ние - sacrifice
жёсткость - rigidity
жесто́кое обраще́ние - cruel treatment
жесто́кость - cruelty
ЖЖ – Живо́й Журна́л – русскоязы́чный сегме́нт са́йта LiveJournal
живи́те, как хоти́те - live as you want
живопи́сец - painter
живо́т - belly; stomach
живо́тные - animals
живу́щие за счёт - dependent
жи́жа - slurry
жи́зненно необходи́мо - vital
жи́зненные собы́тия - life events
жило́й райо́н - residential area
жильё - housing; dwelling
жи́рный - fat; greasy
жи́тели - residents
жить - live
ЖКХ - жили́щно-коммуна́льное хозя́йство - housing and public utilities
жонгли́ровать - juggle
жо́па - ass
жо́пник - ass-man
жратва́ - meal; grub
жрать - eat; gobble
жу́лик - crook; swindler
жу́льнический - con; fraudulent
журна́л - magazine; journal
журнали́ст – journalist

3

за угло́м - round the corner
заба́вный - funny

забаррикади́роваться - barricade oneself
забаца́ть - knock smth up; dash off
забо́р - fence
забо́та - concern; anxiety; worry
забо́тить - concern
забра́ть - take away
зава́ливать - заходи́ть - go in
завали́ть - cover; overwhelm
заве́домо ло́жный - knowingly false
зави́сеть - depend
за́висть - envy
завсегда́тай - frequenter
за́втрак - breakfast
завыва́ние - howl; wail
загна́ть - drive; chase
загоре́ться - kindle; catch fire
задава́ть вопро́с - ask a question
зада́ча - problem; object; aim; end; challenge
задержа́ние - detention
задержа́ть – detain; intercept
за́днее сиде́нье - back seat
заду́мать - conceive
зажа́ть - (slang) stiff out; pinch
заика́ться - stutter; stammer
зака́лка - hardening
зака́тывать в асфа́льт - roll into the asphalt (destroy)
закла́дывать - put in; pawn
зако́н - law; rule; act
зако́нность - justice
закочене́ть - grow numb; stiffen
закрути́ться - spin
закрыва́ть глаза́ - turn a blind eye to
закуси́ться, закуси́ть удила́ - bite on the bit
залете́ть - get knocked up
зало́г – pledge; guarantee
замо́танный - wrapped
замы́сленная - conceived
занима́ть пост - hold a post
занима́ться - concern oneself; study

заниматься политикой - be engaged in politics
заново - anew
занятие - occupation
занять денег - borrow money
занять место - step into somebody's shoes
западенцы - уроженцы Западной Украины
"Западный выбор" - Western Choice
запаздывать - lag behind
запатроненный - курьер, который перевозит наркотики в заднепроходном отверстии
запах - smell; odour
запировать - make a feast
запихивать - stuff; box in
заплатить - pay
запретить - ban
запрещённая - forbidden; illegal
запрос - demand; request
запросить - request
запросто - easily
запустить - start; set going; neglect
запустить проект - launch a project
зарабатывать - earn
заразиться - catch the bug
заранее - beforehand
заржавленная - rusty
зародышевая - primordial; embryonic
зарплата - wages; salary
засада - ambush
заселение - colonization; inhabitation
засесть - sit; settle
засилье - dominance
заскорузлый - hardened; crusty
заслонять - shield; obstruct
заслужить - deserve
засовывать - put; slip; thrust
застой - stagnation
затащить - drag; get
затирать - стирать - erase; delete
затормозить - slow down

затра́чивать - spend
зафикси́ровать - place on record; document; fix
захва́т - seizure; capture
захло́пнуться - slam
зацепи́ть - catch; hook
зашто́пывать - sew over
защи́та - defense
защи́тник - defender
защища́ть - defend
звуча́ть - sound; ring
здравомы́слящий – sensible; sober-minded
здра́вый смысл - common sense
зе́ркало - mirror
зла́я иро́ния - cutting sarcasm; crushing irony
зло - evil, harm
зло́ба - anger; rage
злой - malicious
злока́чественный - malignant
злопыха́тель - spiteful critic
злора́дство - malevolence
злоупотреби́ть - abuse; misuse
змей - dragon; serpent
зна́ет ко́шка, чьё мя́со съе́ла - well knows the kitten whose meat it has eaten
знак ра́венства - equal sign
зна́тный - notable
знать - which means; know; nobility
знать це́ну - know the worth
зна́чить - mean
золота́я меда́ль - gold medal
зо́на отве́тственности - zone of responsibility
зоопа́рк - zoo
зре́лость - maturity
зре́ние – sight

И

и всё тако́е - and all that
и ещё - and another thing

и пра́вильно - and rightly so
игра́ в напёрстки - thimblerig; shell game
игра́ть роль - play a part
игра́ться - mess around
идиоти́зм - idiocy; idiotism
идти́ - go; walk
идти́ на компроми́сс - accept a compromise
идти́ на попра́вку - be on the mend
иера́рх - hierarch
из о́пыта - by experience
из уваже́ния - out of respect
изба́ - hut; log cabin
избавле́ние - deliverance
избие́ние - beating
избира́тельный уча́сток - ballot station
изби́ть - beat up
избра́ть - choose; elect
и́зверг – monster
извини́ться - apologize
извлече́ние - extraction
изда́ние - periodical; publication
изда́тельство - publishing house
изнаси́ловать - rape
изнача́льно - in the first place
изничтоже́ние - obliteration
изно́с - wear and tear
изнутри́ - inside and out
изо́ всех сил - with all ones might
изоли́ровать - isolate
из-по́д прила́вка - from under the counter
изре́чь - utter
изря́дно - plenty
изъя́ть - seize; withdraw
изы́сканный - refined; elegant
и́конопись - icon painting
им придётся - they will have to
име́ет смысл - it is worth; it makes sense
и́менно поэ́тому - that's exactly why
и́менно тогда́ - just then

име́ть возмо́жность - be in a position to; have the opportunity
име́ть де́ло - deal with
име́ть шанс - have a chance
иманне́нтный - immanent; inherent
империали́ст - imperialist
инакомы́слие - dissent
ина́че - differently; otherwise
иноро́дец - alien; outlander
иностра́нный язы́к - foreign language
интенси́вная - intensive
интересова́ть - interest; concern
интерфе́йс - interface
исключе́ние - exception; exclusion
исключи́тельно - only; solely; alone
исключи́ть - expel; exclude
исключи́ть возмо́жность - eliminate a possibility
искореня́ть – eradicate
и́скренне - sincerely
и́скренний интере́с - sincere interest
искривлённый - crooked; distorted
искуше́ние - temptation
испове́довать - profess; worship
испоко́н веко́в - from time immemorial
исполне́ние - fulfilment; performance
испо́лнить мечту́ - fulfill the dream
исполня́ться - be performed; come true
испра́виться - reform; clean up one's act
испра́вно - without fail
испу́ганный - afraid; frightened
испуга́ться - take fright
иссле́дование - research
иссле́довать - explore
и́стинная - true; genuine
истопи́ть ба́ню - heat the bath
исто́рик - historian
истори́ческая вина́ - historical guilt
исто́чник - source; origin
истребле́ние - extermination
ишь ты - fancy that

К

к но́чи - by night
к своему́ стыду́ - to my great embarrassment
к сожале́нию - unfortunately
к тому́ вре́мени - by that time
каббали́стская - Kabbalistic
кавале́р - admirer; cavalier
кавка́зец - кавка́зская овча́рка - Caucasian shepherd dog
каждодне́вный - day-to-day
ка́ждый сам за себя́ - every man for himself
ка́жущееся - apparent; seeming
каза́ться - seem; appear; look
как ми́нимум - at least; at the very least; as a minimum
как ни стра́нно - oddly enough
как обы́чно - as usual
как то́лько - as soon as
как тому́ сле́дует быть - as it should be
кале́чить - cripple
ка́мень - stone; rock
кандида́т в президе́нты - presidential candidate
кандида́т филологи́ческих нау́к - candidate of Philological Sciences
кано́н - canon
капри́зничать - be capricious
капри́зный - capricious
капсло́к - Caps Lock
ка́псула - capsule
капу́т - ruin; end
карто́шка – potato; potato harvesting
карье́ра - career
катава́сия - mayhem; confusion
катакли́зм - cataclysm; catastrophe
катехи́зис - catechism
кафкиа́нская - Kafkaesque
кача́ть права́ - demand one's rights
ка́чественный скачо́к - quantum leap
ка́ша в голове́ - a jumble of ideas; confusion
ква́нтовая фи́зика - quantum physics
кварта́л - quarter; neighbourhood

КВН - Клуб весёлых и нахо́дчивых - Club of the Merry and Inventive (популя́рное телешо́у)
ке́пка - cap
керды́к - game over
ке́сарь - Caesar
кива́ть - nod; beckon
ки́нуть ссы́лку - give a link; send a link
кипя́щая ла́ва - boiling lava
кита́йский путь - Chinese way
кишла́к - village
кла́ссовое чутьё - class instinct
клерикали́зм - clericalism
клерика́льный - clerical
кле́тка - cage
кли́нопись - wedge writing
клубо́к - tangle; ball
ключево́е сло́во - keyword
кля́сться - swear; pledge
кля́ча - jade
кобура́ - holster
кобы́ла - mare; horse
когнити́вный диссона́нс - cognitive dissonance
колбаса́ - sausage
колды́рь - мужи́к - man; guy
коли́чество - number; quantity
колле́га - colleague
колониза́тор - colonialist
колоти́ть - knock
коло́ться герои́ном - shoot heroin
кома́нда - team; command
коми́ческий эпизо́д - comic episode
комме́нты (slang) - комме́нтарии - comments
компа́ния - party; company; firm
компенса́торный механи́зм - compensatory mechanism
комсомо́льская - Young Communist
конве́рт - envelope
коне́ц - end; dick
коне́ц све́та - doomsday; end of time
конкре́тика - specifics

конкури́ровать - compete
конспиро́лог - conspiracy theorist
консье́ржка - concierge
конте́кст – context
континге́нт - contingent; group
контрацепти́в - contraceptive
копа́ть я́му - dig a hole
коренно́е населе́ние - indigenous population
коренно́й москви́ч - native of Moscow
корми́ть - feed
корму́шка - feeder
короле́вский - royal
коро́ткие штани́шки - short pants
ко́рочка - crust
корре́ктор - proofreader
корру́пция - corruption
косо́й - slanting; cross-eyed
ко́сточка - bone; stone
Коще́й Бессме́ртный - Koschei the Immortal (a character in Russian fairy-tales)
кощу́нство - blasphemy; sacrilege
кра́деный - stolen
краеуго́льный ка́мень - cornerstone
кра́жа - theft
крапи́ва - nettle
краси́вые слова́ - fine words
креати́вный сре́дний класс - creative middle class
креди́т - loan; credit
"Кре́пкий оре́шек" - Die Hard
крести́ться - take baptism; cross oneself
креще́ние - baptism; christening
крити́чность - criticism
крова́вое ме́сиво - bloody mess
крова́вый режи́м - bloody regime; murderous regime
кровожа́дный - blood-thirsty
крокоди́л (crocodile) - синтети́ческий нарко́тик, сде́ланный из апте́чных препара́тов
кро́шка - baby
кро́шки - babes; crumbs

круг - circle; range; orbit
кру́глая голова́ - round head
кружковщи́на - clanship
крупи́цы - grains
кру́то! - wow! cool!
круто́й - cool; steep
кру́тость - coolness
крыльцо́ - porch
кры́ться - lie in; be at the bottom of
куда́ бо́лее - far more
ку́киш - fig; fico
кули́ч - Easter cake
культу́рная револю́ция - cultural revolution
кура́нты - chimes
ку́рево - something to smoke
кури́ть - smoke
ку́ча пробле́м - array of problems
ку́чка - lot; bunch

Л

ладо́шки - palms
ла́зер - laser
ла́кмусовая бума́жка - litmus paper
ландо́ - landau
латы́ш - Latvian
лауреа́т - prize winner; laureate
ле́бедь - swan
лева́чество - leftism
левша́ - left-hander
легитима́ция - legitimation
лёгкие - lungs
лёгкость - lightness; easiness
лезть в буты́лку - be confrontational; hit the ceiling
лека́рство - medicine
лени́вый - lazy
ле́нта - news feed; tape; ribbon
лень - laziness
лень бы́ло - were too lazy

лече́ние - treatment
лече́ние тра́вами - herbal treatment
лечь - lie down; go to bed
лиза́ть - lick
ликвида́ция - liquidation
ликвиди́рованный - liquidated
лингвисти́ческий - linguistic
лине́йка - line; ruler
лине́йное отделе́ние - line department
ли́повый - forged; bogus; linden; lime
листо́вка - leaflet
литерату́ра - reading matter; literature
литературове́д - literary scholar
лихора́дочно - feverishly
лицезре́ние - sight
лицеме́рие - hypocrisy
ли́чно - personally
ли́чное оскорбле́ние - personal affront
лиши́ть - deprive
лиши́ть роди́тельских прав - deprive of parental rights
лиши́ться - lose
ли́шний - spare; extra; needless
ло́вко - deftly; dexterously
ло́жка - spoon
ло́зунг - slogan; war cry
ломба́рд - pawnshop
лоску́тное одея́ло - quilt
лох - yobbo; bumpkin; easy game
лоя́льность - loyalty
лу́жа - puddle
лу́чший - best
люби́ть - love
любо́вница - mistress
любо́вный треуго́льник - love triangle
любопы́тно ей - she's curious
любопы́тство - curiosity
лю́ди до́брые - good people
людое́д - cannibal
ля́ди - заменя́ет сло́во "бля́ди" (whores)

ляп - goof; blatant error

М

м**а́к - муда́к - moron
мак - poppy
ма́ло того́, что - besides that
маловероя́тный - unlikely; improbable
малоле́тка - young child
малочи́сленная - small; inconsiderable in number
ма́льчик-друг - boyfriend
мальчи́шка - little boy
малю́тка - infant; pygmy
манеке́нщица – model
манипули́рование - manipulation
манипуля́ция - manipulation
манья́к - maniac
маргина́л - outcast
ма́ссовость - massive participation
мастерска́я - workshop
мате́рия - substance; matter; fabric
ма́терное сло́во - swear word
ма́трица - matrix
матча́сть - материа́льная часть - hardware; gear - в совреме́нном языке́ испо́льзуется в значе́нии basic knowledge
мать честна́я! - good heavens!
махну́ть - wave
ма́хонькие - small
МВД - Министе́рство вну́тренних дел - Ministry of the Interior
МГУ - Моско́вский Госуда́рственный Университе́т - Moscow State University
мёд - honey
ме́диа-обслу́га - media servants (сторо́нники Пу́тина среди́ журнали́стов)
ме́дленно - slowly
междоусо́бица - strife, infighting
ме́лкий - small
ме́лочь - pocket money; trifle; trinket
мент - cop

менты́ - милиционе́ры - militiamen; policemen
меня́ться - change; alter
ме́рзкий - vile; odious
ме́ркнуть - fade
мероприя́тие - event; measure
ме́сто рабо́ты - job; work place
металли́ческие опи́лки - metal filings
мечта́ть - dream
мечты́ - dreams
меща́нство - petty bourgeoisie; philistinism
миллиарде́р - billionaire
ми́лость - mercy
ми́рный - peaceful; calm
ми́тинг - rally; meeting
миф - myth
мл. - мла́дший - junior
мла́дший по зва́нию - junior officer
многообра́зие смы́слов - diversity of meanings
многофа́кторный - multifactorial
многочи́сленный - numerous; multiple
мно́жество - plenty; scores
моги́ла - grave
могу́чий - mighty
мо́да - fashion
мо́дный - fashionable; stylish
мо́дус - mode
мозг - brain
мол - he says; he said; they say; they said; something like
молекуля́рная хи́мия - molecular chemistry
моли́ться - pray
молодо́й - young
молодо́й челове́к - young man
мона́х - monk
мононациона́льный - mononational
моралисти́ческий - moralistic
мора́льное сужде́ние - moral judgement
мора́льные це́нности - moral values
мора́льный ко́декс - code of ethics
мори́ть го́лодом - exhaust; famish; starve

московит - Muscovite
мостовая - pavement
мотивация - motivation
мошенничество - swindle; fraud; racket
мразь - scum; filth
мрак - dark; gloom
мракобесие - obscurantism
мрачный - dark; obscure; gloomy
мудак - moron
мудрость - wisdom
мужик - man; dude
мундир - uniform
мусало - лицо - face
мускулистый - muscular; beefy
мучительная - painful
мыслить - think
мысль – thought
мыслящий - thinking; rational
мыть посуду - wash up
мэр - mayor
мясной - meat
мясорубка - mincing machine
мятый - wrinkled; creasy; crumpled
мяукать – meow

Н

на вытянутых руках - on outstretched hands
на глазах - in full view
на голом месте - without a reason
на каждом углу - on every street corner
на мой взгляд - in my opinion
на наших глазах - before our eyes
на полпути - half-way
на протяжении - through; for; during
на равных - on equal terms
на самом деле - actually
на сладкое - for dessert
на следующий день - the next day

на этот счёт - in this respect
набедокурить - get into mischief
набекрень - aslant
наблюдатель - observer
наблюдать - observe
набожный - pious
набор - selection
наброситься - assault
наверстать - catch up
навечно - forever
навешать - kick ass
навсегда - forever
навязывать - impose
наган - revolver
наглое животное - insolent animal
наглость - audacity; insolence
наглотаться - swallow
наглый - insolent
наглядность - obviousness
надавать - hit; knock; beat
надгробный памятник - gravestone monument
надёжная опора - secure foothold
надёжный - firm; safe; sure; reliable
надлом - breakdown
надо сказать - it has to be said
надрывный - hysterical
надыбать - (slang) get hold of
наёмник - mercenary
наесться - eat one's fill
называть - call; name
наивное искусство - naive art
наивность - innocence; naivety
наивный - naive
наизусть - by heart
накопить - accumulate
накрыться - cover
накрыться медным тазом - go down in flames; bite the dust
налицо - we have here
наличие - presence; existence

нало́говая (поли́ция) - tax police
налогоплате́льщик - taxpayer
наложи́ть запре́т - put under a ban; put a veto on
наме́ренно - deliberately; on purpose
намести́ - drift; sweep up
нанокостю́м - nanosuit
наня́ть - hire; employ
нападе́ние - assault; attack
напа́дки - attacks; assault; knocks
напи́ться - get drunk
наплева́тельское отноше́ние - I-couldn't-care-less attitude
наполня́ть - fill
напомина́ть - remind; resemble
напосле́док - last thing
направле́ние - direction; trend
напрока́зить - get into mischief
напро́тив - on the contrary
напряга́ть - bend; force; put forth; strain
напряму́ю - directly
напу́тствие - farewell speech
нараста́ние - rise; building-up
нарколы́ги - (slang) drug addicts
наркома́н - drug addict
нарко́тик - drug
наркоторго́вля - drug traffic
наро́дник - populist
нарожда́ющийся - nascent; emerging
нару́шить - break
на́ры - plank bed (испо́льзуется в смы́сле "тюрьма́, концла́герь")
насва́й - вид таба́чного изде́лия, традицио́нный для Центра́льной А́зии
населе́ние - population; populace
населённый пу́нкт - population centre
наслади́ться - enjoy
насле́дник - heir
насмотре́ться - get an eyeful of
наснима́ть - photograph; shoot
насоли́ть - spite
наста́вник - mentor

настоя́щая фами́лия - autonym; true name
настрое́ние - sentiment
настро́йщик - tuner
наступа́ть - arrive
наступи́ть два́жды на одни́ гра́бли - повтори́ть оши́бку
настуча́ть - knock; snitch
настуча́ть по ты́кве (изби́ть) - beat up
насу́щный - urgent; imperative
насу́щный вопро́с - pressing question; urgent matter
натаска́ть - whip into shape
натра́вливать - set; incite
натура́льный - real; natural
научи́ть - teach
национали́зм - nationalism
национа́льность - nationality
наци́сты - Nazis
нача́льство - superior; brass
начина́ние - undertaking
начи́стить ре́пу (изби́ть) - beat up; thrash
начи́танность - extensive reading
"На́ши" - пропу́тинское молодёжное движе́ние
не вы́спаться - not to get enough sleep
не здо́рово - not great
не име́ть никако́го отноше́ния - bear no relation to
не наме́рен - does not intend to
не пали́ - (slang) don't squeal on me
не перестава́я - incessantly; on and on
не повезло́ - out of luck
не приходя́ в созна́ние - without regaining consciousness
не расположо́жены - indisposed
не укла́дывается в созна́нии - one can hardly take it in
небезопа́сно - unsafe
небезразли́чный - unindifferent
невероя́тный - incredible; improbable
неве́сть - God only knows
неви́димая рука́ ры́нка - invisible hand of the market
негати́вный - adverse; negative
негодя́й - scoundrel
недалёкое - near

недаром - not for nothing
недоверие - distrust; mistrust
недовольство - discontent; grudge
недомыслие - folly; thoughtlessness
недоносок - bastard
недооценённый - undervalued
недополучить - receive less than one is due
нежели - rather than
нежизнеспособный - unsustainable; inviable
нежный - tender
незабываемая - unforgettable
незавидная - unenviable
независимо от - regardless of
независимость - independence
независимый суд - independent judiciary
незаконное ношение - illegal carrying
неизменно - invariably
неизменный - permanent; unchanged
некомфортный - uncomfortable
неконтролируемые - uncontrolled
некто - certain
нелепо - absurdly
неловкий момент - awkward moment
нельзя - impossible; one cannot
немедленный - immediate
немощь - infirmity
ненавидеть - hate
ненависть - hatred
ненасытный - insatiable
необразованный - uneducated
необходимость - need; necessity
неодинаковый - distinct; unequal
неоднозначный - ambivalent
неожиданно - unexpectedly
неосознанно - unwittingly
непечатное - unprintable; taboo
непосильный - unbearable
неправда - not true
непредвзято - open-mindedly

непрело́жная - invariable
непривы́чное - unusual; novel
неприя́тие - antagonism; rejection
неприя́тное положе́ние - unpleasant situation
неприя́тный - unpleasant
нере́дкое - not infrequent
нескро́мный - immodest; indecent
несогла́сие - disagreement
нести́ отве́тственность - bear responsibility
несть вла́сти, а́ще не от Бо́га - There is no power, if not from God
несчастли́вый - unlucky
нетерпи́мость - intolerance; bigotry
неуда́чно - poorly; unsuccessfully
неуклю́же - awkwardly
неумоли́мый – relentless
неустраши́мый - intrepid
нефтяна́я игла́ - oil needle (oil dependency)
не́чего есть - not a thing to eat
нечистопло́тный - dirty
не́что подо́бное - something like that
неэстети́чный - inaesthetic
ни во что не ста́вить - not to care a doit about
ни ка́пельки - not a bit; not in the least
ник - (slang) nickname; user name
ниспроверга́тель - subverter; debunker
ничево́к - nothingarian
ничего́ стра́шного - never mind; no big deal
ничто́жный - tiny, trivial, petty
ни́щенская - beggarly
НКО - некомме́рческая организа́ция - nonprofit organisation
новобра́нец - recruit
но́жны – scabbard
номенклату́ра - nomenclature; governing establishment
но́рковая ша́пка - mink hat
носи́тель - bearer; carrier; speaker
носи́ться с иде́ей - fuss over an idea
ностальги́ровать - be nostalgic about
но́ты - sheet music
но́ша - burden

нра́вственная но́рма - ethical standard
нра́вственность - morals
нра́вы - customs
ну норма́льно - is it normal?
нужда́ющийся - needy
нулево́е гражда́нство - zero citizenship
ны́нешняя - present; today's

О

обга́диться - shit oneself
обедне́ние - impoverishment
обезья́на - monkey
обеспече́ние - security; guarantee
обеспе́ченная - well-to-do
обеспе́чить - ensure
ОБЖ - осно́вы безопа́сности жизнедея́тельности - life safety
обжима́ться - make out
оби́да - resentment; hard feelings
оби́деться - take offence
оби́дный - offensive; insulting
обижа́ться - take offence
оби́женный - resentful; injured
обла́ивать - bark
о́бласть - province; district; field; domain
облегче́ние - relief
о́блик - image
обличи́тельный - accusatory; incriminating
обло́мки самовла́стья - wreckage of autocracy
обло́мок - fragment; wreckage
обману́ть ожида́ния - disappoint one's expectations
обнару́жить - find out; reveal
обнесло́ го́лову - голова́ закружи́лась - felt dizzy
обнима́ться - embrace
обо́бранный - robbed
обогаща́ть - enrich
обозре́ние - review
оболга́ть - slander
обора́чиваться - turn; rotate

обору́дование - equipment
обоснова́ние - justification
обраба́тывающий - processing
обра́доваться - rejoice
о́браз жи́зни - way of life
о́браз мы́слей - mentality; mind
образова́ние - education; formation
обрати́ть внима́ние - bring to notice; cognize; heed; mark
обре́з – shotgun
обре́занная - clipped
обрести́ - find; have
обречена́ на прова́л - doomed to failure
обречено́ - doomed
обрю́згший - bloated
обступи́ть – surround
обсуди́ть - discuss
обсужда́ть - discuss
обходи́ться - do without
обша́рпанный - scuffed; rundown
обща́ться - converse
общепи́т - обще́ственное пита́ние - public catering
обще́ственная - social; public
обще́ственная де́ятельность - public activity
обще́ственник - social activist; volunteer
обще́ственное бла́го - public good
обще́ственное ме́сто - public place
обще́ственное мне́ние - public opinion
общечелове́ческие це́нности - universal human values
о́бщность - community
объединя́ть - unite; join
объясни́ть - explain
объя́тия - embrace
обыва́тель - average man; man in the street
о́быск - search
обяза́тельно - obligatory
обяза́тельство - obligation
оглуши́тельный - stunning
огляну́ться - look back
огради́ть - protect; shield

ограничение - limitation; restriction
ограничить - limit; restrict
огребаться (разгребать) - rake, shovel
одетый - dressed
одеяло - blanket
одиночество - solitude; loneliness
однажды - once
однозначно - categorically; definitely; unequivocally
однозначный - unambiguous
однообразный – monotonous
однополчанин - brother-soldier; regimental comrade
одобрямс - от слова "одобрять" - approve
одобрять - approve
одураченный - duped; fooled
одурение - dumbing down
ожидать - wait; expect
озабоченность - anxiety; concern
озверение - brutality
означать - signify; mean
оказывается - turns out
оккупант - occupant; invader
окончить - graduate; finish; end
окормлять - give guidance
окраина - outskirts; suburb
окрепший - strengthened
окровавленный - bloodstained
олени - deer
олигарх - oligarch; magnate
Олимпийские игры - Olympic Games
олух - blockhead
он так-то - normally he's
опасный - dangerous
оперативка - оперативное совещание - briefing session
оператор - cameraman
опираться - lean; rely; base oneself upon
описывать - describe
оплевать - spit over
опозорить - disgrace
опора - prop

оправда́ние - justification; excuse
оправда́ться - prove true; justify
определя́ться - find a place; be defined
опровержи́мая - refutable; disprovable
опро́с - opinion poll
оптима́льный спо́соб - optimal way
оптимисти́ческая траге́дия - optimistic tragedy
оптови́к - wholesale dealer
опуска́ть - put down
о́пыт - experience
оргпресту́пность - организо́ванная престу́пность - organized crime
ориенти́р - guide; mark; reference point
ориенти́роваться на - focus on
ору́жие - weapon
освиста́ть - boo; catcall; hiss
освобожде́ние - liberation
осеменя́ть - inseminate
осе́сть - settle
осия́ть - shine
оска́л - grin
оскорби́тельный - offensive; insulting
оскорбле́ние чувств - violation of smb's feelings
оскорбля́ть - offend; insult
ослабева́ние - weakening; fade-out
ослеплённый - blinded; infatuated
осмысле́ние - understanding
осно́ва - basis; foundation
основа́ние - ground; reason
основа́ть - set up; establish; found
основно́й аргуме́нт - main argument
основополага́ющий - fundamental
осо́бый - special; particular
остава́ться в стороне́ - keep out; stand on the sidelines
оста́вить - leave
остана́вливаться - stop
оста́тки - remains
оста́ться на второ́й год - repeat a year
осуди́ть - condemn; criticize
осуждён - condemned; convicted

от у́жаса - from horror
отва́га - bravery
отва́жно - courageously
отва́ливаться - fall off
отверну́ться - turn one's back
отве́тственность - responsibility
отве́тственный - responsible
отвеча́ть - be responsible; answer
отвози́ть - take; get
отврати́тельный - disgusting
отдава́ть предпочте́ние - give preference
отде́льный - separate; distinct
оте́чественная исто́рия - national history
оте́чественный - homegrown
оте́чество - fatherland
открове́нно - blatantly; frankly
открути́ть - unscrew
отлича́ться – differ
отломи́ть - break off
отмахну́ться - brush aside
отмежёвываться - dissociate from
отмени́ть - abolish
отмеча́ть - celebrate; mark
отморо́зок - wacko
отмыва́ть де́ньги - launder money
отмы́чка - picklock; masterkey
относи́ться - treat
отноше́ние - attitude
отню́дь не - by no means
отня́ть - take away; amputate
отодвига́ться - move away
отождестви́ть - identify
отозва́ться - respond
отойти́ - get better; depart
отправле́ние правосу́дия - execution of justice
о́тпрыск - offspring; scion
отпу́гивать - scare away
о́тпуск - leave; vacation
отпусти́ть - release

отражать - reflect; repel
отражение - reflection
отрезать - slice; carve out; cut off
отремонтировать - repair
отрицать - deny
отрывок - fragment; extract; passage; excerpt
отряд - detachment; squad
отсеивать - screen; weed out
отсутствие - absence; lack
отсутствовать напрочь - be completely absent
отсылать - send; refer
оттепель - thaw
оттолкнуть - push away
оттянуть - stay; retract
отучить - wean, disaccustom
отходить от дел - retire
отцы церкви - church fathers
отчасти - partly
отчаянно влюблён - desperately in love
отъехать - (slang) black out; pass out
оформили хранение - registered possession
охотнее - rather
охрана - protection; security
охранительный - conservative
охранник - security guard
оценить - appreciate
оценки - grades
очевидное - evident; obvious
очередное - regular; another
очередной - regular; subsequent; latest
очередь - queue; line; turn
очередь на квартиру - accommodation waiting list
ошибаться - make mistake
ошибочно – erroneously

П

п...сы - пидорасы - faggots
падкий - seducible

па́дший - fallen
Пакт о гражда́нских и полити́ческих права́х - Covenant on Civil and Political Rights
пала́та - chamber
пала́ч - hangman; butcher
па́мятник - monument
па́пик - sugar daddy
па́пина до́чка - daddy's girl
папиро́са - cigarette
параноида́льное - paranoid
пара́ша - latrine bucket
пари́ровать - retort; parry
па́риться - take a steam-bath; bother
па́рни - lads; guys
парня́га, па́рень - guy
парокси́зм - fit; paroxysm
парти́йная верху́шка - party Big League
партко́м - парти́йный комите́т
партко́мовский рабо́тник - Party Committee official
па́ру ме́сяцев наза́д - a couple of months ago
паруси́на - canvas; sailcloth
па́сека - apiary
пасси́вность - passivity
пасть - fall
патриа́рхия - patriarchy
патриоти́зм - patriotism
паца́н - lad; kid
ПДД - пра́вила доро́жного движе́ния - driving regulations
пелёнка - diaper
пенсионе́р - pensioner
переверну́ться в гробу́ - turn over in one's grave
перевести́ - transfer; translate
перево́дчик - interpreter; translator
перевоспи́тывать - rehabilitate; re-educate
переги́бы - extremity; excesses
перегово́ры - negotiations
переда́чка, переда́ча - parcel (in prison)
переде́лать - redo
перее́хать - move; leave

переживания - rueful feelings; drama
переживать - be concerned; be upset
перейти - cross; switch to
перейти Рубикон - cross the Rubicon
перелом - watershed; turning point; fracture
перемешивать - mix; stir
перенимать - adopt
перенос сроков - extension of time; putting-off
переосмысливать - rethink; redefine
переписка - copying; correspondence
переправлять - carry; take across
перераспределить - redistribute
перерости - grow out
пересмотреть - revise
перестать - stop; cease; quit
перестраивание - reconstruction; re-forming
перестройка - restructuring
переступить - step over
перетирать - (slang) обсуждать - discuss
переть - be on a roll
переться - drag oneself
перехватить - intercept
перехватиться - change hands
переход на личности - personal attacks
переходить - pass; move; turn
переходить на личности - get personal
перец - pepper; (slang) guy, dude
перечёркивать - strike out
перечисление - recitation
периодическое - periodical
перманентное состояние - permanent state
перспектива - prospect; outlook
пёстрая смесь - motley mixture
пёстрый - motley
печальный - dismal
печка - stove
пешеход - pedestrian
пиар - PR; promotion
пиво - beer

пижо́н - fop
Пиндосня́, Пиндо́сия - (презри́тельное) США
пира́т - pirate
писа́тель - writer; author
пи́ська - doodle; pussy
Пи́тер - Петербу́рг
пла́менный - ardent
плати́ть - pay
плаче́вный - deplorable
плева́ться - spit
плохи́е ка́чества - bad qualities
площа́дка - ground
плю́нуть - spit
по бла́ту - through good connections; by backstairs influence
по бо́льшей ча́сти - for the most part
по зако́ну жа́нра - according to the law of the genre
по иде́е - at face value; normally
по инициати́ве - at the initiative of
по по́воду - apropos
по прика́зу - by order of
по су́ти - in effect
побе́да - victory
победи́ть - win
побива́ние камня́ми - stoning
поби́ть - beat
поблагодари́ть - thank
побо́ры - exactions
пова́льный - epidemic; general; total
пове́дать - tell, narrate
пове́рхностность - superficiality
пове́стка дня - agenda
по́вод - cause; matter; subject; reason
поворо́т - turn; swing; switch
повседне́вная жизнь - daily life
повторе́ние про́йденного - review
поги́бнуть - die; perish
погла́дить по плечу́ - pat on the shoulder
поглоща́ть - swallow up; consume
пого́ны - epaulettes

пограни́чный - borderline
погро́мная кампа́ния - massacre campaign
под во́семьдесят - about eighty
под зна́ком - under the sign
под протоко́л - on the record
под сво́дами - under the roof
подавле́ние - suppression
пода́рок - present
подва́л - basement
подвести́ - bring; lead
по́двиг - feat; exploit; deed
подво́х - nasty trick
подгля́дывать - peep
подде́лать - fake; falsify
подде́рживать - back; support
подде́ржка - support
подело́м им! - serve them right!
подже́чь - set on fire
поджима́ть хвост - put tail between legs
подкреплённый - supported; confirmed
подмо́га - help
подмы́шка - armpit
подня́ть прести́ж - enhance prestige
подогна́ть - adjust
подозрева́ть – suspect
подо́нок - scumbag
подпи́вший - подвы́пивший - drunk
подпи́сываться - subscribe; sign; take up
подпо́лье - underground
подпо́льный - underground
подпусти́ть - let approach
подража́ть - copy
подру́га - girlfriend
подрывна́я де́ятельность - subversive activity
подсади́ть - get somebody hooked; give somebody a lift
подска́зывать - suggest
подста́вить - set someone up; let someone down; place
подста́виться - expose oneself
подсти́лка - freebee; bedding

подтасо́вка - fraud; rigging
подтя́гивать - pull; tighten; raise
поду́малось - I thought
поду́шка – pillow
подходи́ть - suit; approach
подчине́ние - subjection
подъе́зд - entrance hall; porch; drive
подъезжа́ть - drive up
подъём - enthusiasm; rise
подыха́ть - die; peg out; kick the bucket
пое́здка - trip; journey
пожилы́е - the elderly
пожира́ть - devour
позва́ть на по́мощь - call for help
позна́ть - learn
позо́р - shame
позо́рный - disgraceful
пойти́ навстре́чу - meet half-way
пока не поздно - before it's too late
показа́тель - indicator; exponent
показа́тельный - exemplary
показа́тельный проце́сс - show trial
покара́ть - punish
поки́нуть - leave
поклоне́ние - worship
поклони́ться - bow
поколе́ние - generation
поколе́нческий - generational
покуше́ние - attempt
пол - gender; sex; floor
полага́ть - believe
полбеды́ - half-trouble
поле́зный - useful
полива́ть - irrigate; water
политзаключённый - полити́ческий заключённый - political prisoner
поли́тик - politician; statesman
политру́к - полити́ческий руководи́тель - political commissar
полиэсте́р - polyester
полк - regiment

полно́ - plenty of
полноце́нное существова́ние - life worth living
полноце́нный - full-fledged
полови́на - half
положе́ние в о́бществе - social status
полотно́ - canvas
полтора́ го́да - a year and a half
полубере́менный - half pregnant
полулёжа - in reclining posture
получа́ться - work out; result from
получи́ть гражда́нство - gain citizenship
полу́чка - pay day; pay cheque
полчаса́ - half an hour
помёт - dung; droppings
поме́тить - mark
помеша́ться - go mad
помири́ться - make peace
по́мнить - remember; keep in mind; recollect
помога́ть - help; aid; assist
помо́чь - help; assist
по-настоя́щему - for real
понима́ть - understand; perceive
поня́тие - idea; notion
поняти́йные ве́щи - conceptual things
Поня́тно всё рассказа́л? - Is that understood? Got that?
поня́тный - plain; comprehensible
поня́ть - understand; grasp
пообеща́ть - promise
пообща́ться - chat; meet; interact
по́па - butt
попа́сть в ава́рию - have an accident
попёрся - пошёл - went
попро́бовать - try; test
по́просту - merely; simply
попуга́ть - frighten a little
популя́рность - popularity
популя́рный – popular
попу́тно - at the same time
попыта́ться - try; attempt

попы́тка – attempt
пораже́ние - defeat
порази́тельный - astonishing
порва́ть - tear; break
поро́к - vice
по́росль - scrubs; growth
по́ртить – spoil
порули́ть - drive; rule
поря́док - order; way; form; course
поса́дка - jailing; planting
посвяти́ть - dedicate
поселко́вый сове́т - township council
посети́тель - visitor
поско́льку - since
после́днее вре́мя - lately; recently
после́дний и реши́тельный бой - ultima battle
после́дняя ка́пля - the last straw
после́довательно - consistently
после́дствие - consequence
посло́вица - proverb
посочу́вствовать - condole
посрами́ть - bring to shame
посре́дник - middleman; mediator
посре́дственная - mediocre
пост - fasting day; post; station
поста́вить под сомне́ние - cast a doubt
поста́вить под угро́зу - put in jeopardy; endanger
поста́вить усло́вие - make a condition
поста́вки - supplies
постоя́нный клие́нт - regular client
поступи́ть - behave; act; enter
посту́пок - act; deed
постфа́ктум - post factum; after the fact
посы́лка - parcel
потаённый - clandestine; secret
потенциа́льный - potential
потеря́ть - lose
пото́к - stream; torrent
пото́мок - descendant

потомственная - hereditary
потребление - consumption
потреблять - consume
потребовать - demand
поучительный - instructive
пофиг - don't give a fig
похитить - kidnap
похоже - seemingly; you look as if
похожий - like; resembling; similar
похороны - funeral
похорошеть - get prettier
похудеть - lose weight
по-честному - honestly
пошарить - rummage
пошлый - common; vulgar
поэт - poet
правда - truth; it is true; tell the truth
праведник - righteous man
правильный - correct; upright
правитель – ruler
правление - rule
право на существование - right to exist
правозащитник - human rights activist
правозащитные - human rights
правоохранительные органы - law-enforcement agencies
православие - Orthodoxy
православный - Orthodox
православный священник - Orthodox priest
прагматик - pragmatist
празднование - celebration
превратиться - turn into; become
превращаться - turn; transform
превышающий - exceeding
предавать - betray
преданность - devotion
предатель - traitor
предательство - treason; betrayal
предвидеть - foresee
предвыборный - pre-election

преде́л - limit
пре́дки - ancestors
предлага́ть - offer; propose; suggest
предме́т - thing; topic; matter
предме́тный уро́к - object lesson
предназна́чен – destined
пре́док - ancestor
предосуди́тельный - reprehensible
предотврати́ть - prevent; stave off
предполага́ть – presuppose
предполага́ть - suppose; suggest
предпочита́ть - prefer
предприня́ть уси́лия - make an effort
предреволюцио́нная - prerevolutionary
предсказа́ние - prediction
предсказа́тель бу́дущего - fortune-teller
представи́тель - representative
представле́ние - idea; presentation
представля́ть - represent
предста́вьте себе́ - just fancy!; just imagine!
предупреди́ть - warn
предше́ствовать - precede
предше́ствующий - preceding
прее́мник - successor
пре́жде всего́ - to begin with; in the first place
пре́жде чем - before; prior to
преиму́щественно - predominantly; mainly
преиму́щество - advantage
преклоня́ть коле́ни - kneel down
пре́мия - prize; bonus; premium
преоблада́ть - prevail; dominate; predominate
преобразова́ния - reforms
преодоле́ть - overcome
преподава́тель - teacher; tutor
преподава́ть - teach
пресловýтый - infamous; proverbial; notorious
престо́л - throne
преступле́ние - crime
престу́пник - criminal

прете́нзия – complaint
прети́ть - disgust; sicken
прецеде́нт - precedent
при му́зыке - with music
при све́чках - by candlelight
при соде́йствии - with the assistance of
приба́виться - increase
прибра́ть к рука́м - get one's claws into
приве́рженность - devotion; adherence
привлека́тельный - attractive; appealing
привле́чь - draw; bring in; engage
привле́чь к отве́тственности - hold to account; put to justice
привы́кнуть - get used
привы́чка - habit
приглаша́ть - invite
приглаше́ние - invitation
пригло́с - приглаше́ние - (slang) invitation
пригово́р - verdict
пригово́р суда́ - court verdict
приде́лали со сбы́том - arrested for selling
приезжа́ть - arrive; come
приём - reception
приёмная - reception office
прижа́ть - press down; clamp down
при́знак - characteristic; mark
при́зрак - ghost
прийти́ в себя́ - come to one's senses
прийти́ в созна́ние - regain one's senses
прики́нь - go figure
прикладно́е значе́ние - applied significance
прикры́ть - cover
прикры́ться - cover oneself
прили́чная - decent
прима́нка - bait
примити́вная - primitive
принима́ть реше́ние - take a decision
принима́ть уча́стие - take part; participate
приноси́ть - bring
принуди́тельное лече́ние - compulsory treatment

принуждение - compelling
принуждение к даче показаний - compulsion of evidence
принципы - principles; values
принятие - acceptance
принять - accept
принять на грудь - have a drink
принять сторону - come over to smb.'s side
приобретать - acquire; obtain
присоединение - joining
приспособить - fit in
приспособиться - get adjusted
приспособление – device
приставать - accost; make a pass at
пристрастие - predilection
приступ - spasm
присущий – inherent
притаиться - hide
приток - influx
притон - haunt; stash
притягиваться - gravitate; be drawn to
приумножить - increase; multiply
приход - parish
приют - shelter
пробки - traffic jams; corks
пробудить любопытство - awaken curiosity
провести время - pass the time
провести ночь - spend the night
проводить в жизнь - put into life; implement
провокационная акция - provocative act
проголосовать - cast one's vote
прогреметь - thunder
продвигать - move; push; advance; promote
проделки - hanky-panky
продление - extension; prolongation; renewal
продолжать борьбу - continue the fight
продуцировать - produce
проект - project
прожигание жизни - living fast; wasting life
прозападничество - pro-western stance

проигра́ть - lose
происходи́ть - take place; happen
происхожде́ние госуда́рства - origin of state
пройти́ ми́мо - pass by
прокля́тие – curse; damnation
прокля́тый - damned; accursed
прокуро́р - prosecutor
проника́ть - penetrate; find way
проница́тельно - shrewdly
пропла́ченный - paid
про́поведь - sermon
про́пуск - pass
проро́к - prophet
проро́чествовать - prophesy
проро́чить - prophesy; predict
проры́в - breakthrough
просветля́ть - illuminate; brighten
просвеща́ть - enlighten; educate
просвещённый - enlightened
проси́ть - ask; request
проси́ть проще́ния - beg pardon; apologize; ask forgiveness
проси́ться - ask; cry out for
прости́ть - forgive; pardon
про́сто - simply; merely
простоду́шно - artlessly
простоду́шный - simple-minded
простота́ - simplicity
простыня́ - bedsheet
просыпа́ться - awake; wake up
проти́вник - adversary
проти́вный - disgusting
противопока́занный - counter-indicative
противоре́чить - contradict; conflict
противостоя́ть - withstand; resist
профила́ктика - preventive measure
прохво́ст – scoundrel
проходи́ть сро́чную слу́жбу - pass conscript service
процити́ровать - quote
про́шлая жизнь - old life

проявить - display; manifest; demonstrate
пруд пруди - dime a dozen
прут - bar; rod
прыть - agility; speed
прятаться - hide
психиатрическая больница - mental hospital
публика - audience; public
пугало - bogey; scarecrow
пугать - frighten; scare
пупок - belly button
пусси - Pussy Riot
пустота - emptiness
путём создания - through the creation of
пути Господни неисповедимы - God's ways are inscrutable
путиновцы - сторонники Путина
пытаться - try
пьедестал - pedestal
пятая колонна - fifth column
пятидесятники – Pentecostals

Р

работать в полную силу - give one's best
работать над собой - refine oneself
работодатель - employer
рабочий посёлок - workers' settlement
рабство - slavery
равенство - equality; parity
равенство всех перед законом - equality of all before the law
равнодушие - indifference
равнодушный - indifferent
ради - for the sake of
радость бытия - zest for life
разбегаться – scatter
разбежаться - disband; take a run
разбивать себе лоб - smash one's forehead (pray fervently)
разбирать и собирать - disassemble and assemble
разбодяжить - разбавить - dilute
разборки - internal squabbles

разбрасывать - scatter; throw
разваливаться - fall to pieces; come apart
развернуться - turn
развивать сумасшедшую активность - develop crazy activity
развлекательное телевидение - entertainment television
развлекаться - have fun
развод – divorce
развратник - philanderer
разговаривать на разных языках - speak different languages
разговорить - get smb. to talk
разгонять – chase
разгром - debacle; defeat; rout
разгромить - destroy
раздавливать - crush
раздевание - undressing
разделять - share; divide; split
раздирать - pull apart; tear apart
раздобыть - procure
раздражённое - annoyed
раздувание - blowing up
раздуть - overblow; exaggerate
разить - smell; strike
разлагать - corrode
разлечься - sprawl
размалёвывать - paint; colour
разменивать - exchange
разница - difference
разногласия - disagreements
разнузданно - dissolutely
разоблачать - expose; unmask
разобраться - grasp; puzzle out
разогнать - accelerate
разрабатывать - work out
разразиться - break out
разрулилось - was solved
разрушительный - destructive
разумеется – certainly; of course
разъярённый - furious
разъяснить - clear up; explain

райком - районный комитет - district committee
райотдел - районный отдел - district department
рак - crawfish; cancer
ранг - rank; grade
рандеву́ - rendezvous
ранить - wound; injure
раскайфованный - (slang) drugged; drunk
раскаяние - repentance
раскладушка - folding bed; cot
раскланяться - take one's bows
раскол - split
расколотый - split
распад – decay; disintegration; collapse
распинаться - go all out
расползаться - creep away
распороть - rip
распоряжаться - dispose; manage
расправа - reprisal
распределение благ - distribution of benefits
распутье - crossroad
"рассерженные горожане" - angry city folk
расслабляться - relax
рассосаться - resolve
расстрел - shooting; execution by a firing squad
рассудить - judge; decide; consider
растерзать - tear to pieces
растрачивать - waste
растягивать - stretch
расчистить - clear
расчленение - dismemberment
рваться - be eager to
реабилитация - rehabilitation
реабилитировать - exonerate; vindicate
ревновать - be jealous
регистрироваться - register; check in
редко - rarely
редкость - rarity
режиссёр - director; producer; stage manager
резвый - quick; lively

резервуа́р - basin; container
ре́зкий - sharp; sudden
результа́ты вы́боров - election results
религио́зность - religiosity
ремо́нт - repair
ренега́тство - defection
ре́па - turnip; (slang) head
репресси́вные ме́ры - repressive measures
репре́ссии - purges
ретрогра́дство - misoneism
рефере́ндум - referendum; plebiscite
реце́пт - recipe
решётка - grill
реши́тельность - determination
реши́ть - decide; resolve
рискова́ть карье́рой - imperil one's career
ро́бкий - shy; timid
ро́дина - motherland; birthplace
роди́тели - parents
родно́й язы́к - mother tongue
родня́ - family; kinfolk
рожда́ться - be born
рожде́ственская ска́зка - Christmas fairy tale
розоволи́цый - rosy-faced
рок-гру́ппа - rock band
ро́керша - female rocker
рокиро́вка - castling; job swap
роково́й - fatal
ро́лик - clip; video
ротозе́й - gaper
руга́тельство - curse
руга́ться - swear; curse
рука́стый - handy
руково́дство страны́ - nation's leadership
руково́дствоваться - follow; conform; go by
русофо́бия - Russophobia
ры́ба – fish
рыво́к - leap
ры́ночный - market

рыча́ть – growl

С

с ме́ньшими поте́рями - with smaller losses
с огля́дкой - with caution
с огро́мным трудо́м - with great difficulty
с попра́вкой на - with allowance for
с то́чки зре́ния - from the viewpoint of
са́бля - sabre
садомазохи́ст - sadomasochist
сала́т - salad; lettuce
самоде́л - home-made
самодержа́вие - autocracy; monarchy
самоидентифика́ция - self-definition
самоиро́ния - self-irony
самокри́тика - self-criticism
самолёт - plane; craft
самообразова́ние - self-education
самоотрече́ние - self-denial; renunciation
самопиа́р - publicity stunt
самости́йный - independent
самостоя́тельный - independent
сателли́т - client state; satellite
сби́ться с пути́ - lose one's way
сбо́ры - packing up
сбы́ться - come true
сва́дьба - wedding
свали́ть - bring down; run off; dump
сва́рена - welded
све́дения - facts; data
сверже́ние - overthrow
све́рка - checking
сверну́ть - swerve
све́рстник - peer
свёртывание - wind-down; closure
свести́сь - reduce to; boil down to
све́тская льви́ца - socialite; It girl
све́тский - secular; of high society

све́тский - secular; worldly
Свиде́тели Иего́вы - Jehovah's Witnesses
свиде́тельствовать - prove; testify
свире́пый - fierce
свисте́ть - whistle
сви́та - retinue
свобо́да - liberty
свобо́да собра́ний - freedom of assembly
свобо́да со́вести - freedom of conscience
свобо́дное перемеще́ние - free travel
своди́ть концы́ с конца́ми - to make ends meet
свои́ми си́лами - on my own
сво́йственный - usual; common
свора́чиваться - congeal; roll
свысока́ - haughtily; condescendingly
свя́зи - connections
святи́ть - hallow, sanctify
свяще́нник - priest
Свяще́нное писа́ние - Holy Scripture
священнослужи́тель - priest; churchman
сги́нуть - disappear
сгоре́ть от стыда́ - burn with shame
сдава́ть в наём - let
сдать - rat out; deliver
сде́лать вы́бор - make one's choice
сдержа́ть сло́во - keep one's word
сдо́хни па́даль - die dog's meat
сдо́хнису́ка - die bitch
сдо́хнуть - die; perish
сего́дня ве́чером - tonight
седовла́сый - silver-haired
секс-меньшинство́ - sex-minority
селя́не - country folk
семе́йка – family
семени́ть - mince
се́псис - blood poisoning
се́рбы - Serbs
серьёзно - seriously; in earnest
серьёзное де́ло - grave matter

сесть в лужу - put one's foot in it
сесть на своего конька - warm to one's subject
сетование - lament
сеять - disseminate
сжать - clasp; compress; constrain
сжигать - burn
сзади - from behind
сигнал тревоги - alarm
сидеть - be imprisoned; be seated
сидячая забастовка - sit-in
силовое поле - force field
сильная штука - strong stuff; great stuff
сильнейший - strongest
сильный – strong
символ - symbol; sign
симулякр - simulacrum
система сдержек и противовесов - system of checks and balances
скажем прямо - let's face it
сказануть - blurt out
скандалить - row; brawl; raise hell
скатиться - tumble
сквоттерство - squatting
скепсис – scepticism
складывать - pile up
складываться - form; fold up
склонен - inclined; prone
склонить голову - bow one's head
склонный - inclined; disposed
скобки - brackets
сколотить - hammer together
сколотить - hammer together
скомпрометировать - compromise; discredit
скончаться - die; expire; decease
скорее всего - most likely; probably
скоты - cattle; bastards
скрести - scrape
скукоживаться - shrink
скупить - buy up
слабость - weakness

слабоу́мие - imbecility
сла́ва Бо́гу - thank God
сладостра́стник - voluptuary
следи́ть - watch; monitor
следи́ть за собо́й - look after oneself
сле́дователь - investigator
сле́довать - follow; succeed
слезли́вый - tearful
слёзы - tears
слиза́ть - (slang) copy
сли́шком гра́мотный - too clever
сли́шком ча́сто - once too often
слове́сность - literature; philology
сло́вом - in short; in a word
сложи́ть ору́жие - lay down arms
сло́жный - complex; intricate; complicated
слопа́ть - devour
слуга́ - servant
случи́ться - happen
случи́ться - happen; befall
слю́ни - saliva
слюнтя́йская - wimpish
смакова́ть - savour
сма́чно - with relish
сме́лость - courage
смени́ть - change
смердя́щий - malodorous
сме́ртная казнь - execution
смерть - death
смесь - mixture; blend
смея́ться - laugh
СМИ - сре́дства ма́ссовой информа́ции - mass media
смире́ние - humility
смотре́ть друг на дру́га - look at each other
смотре́ть сквозь па́льцы - turn a blind eye
смс - SMS message
смуглоко́жий - olive-skinned
смурно́й - sullen
смутья́н - troublemaker

смысл - meaning; sense
смысловое ядро - conceptual core
снабжение - supply; provision
снабжённый - equipped with
снегопад - snowfall
снизить - lower
снимать угол - lodge
снимок - photo
снискать бессмертную славу - attain immortal glory
снисхождение - indulgence; leniency
снобизм - snobbery
сносный - tolerable; bearable
соблюдать - observe; obey
собрание работ - collection of works
собственно - actually
собственность - property
собственный - own; personal
события - events
соведущий - co-anchor; co-presenter
совершать подвиг - accomplish a feat
совершенно очевидно - perfectly obvious
совершить ошибки - make mistakes
совет - board; council; advice
совмещать - combine
совок: происходит от слова "советский"; имеет презрительный оттенок; употребляется в отношении человека, стиля поведения и т.п. Также означает "Советский Союз".
совокупность - complex
совпасть - coincide
современник - contemporary
современность - modern times
современный мир - modern world
содержать - contain; hold
созваниваться - get in touch by phone
создание - creation; setup
создатель - creator; founder
создать - create
сознание - consciousness
сокращение производства - cutback in production

сокро́вище - treasure
солда́тская смека́лка - soldier's savvy
солидаризи́роваться - identify; associate oneself
со́лнечный - sunny
соль (salt) - синтети́ческий нарко́тик, кото́рый в Росси́ю завозя́т в основно́м из Кита́я под ви́дом со́ли для ванн
сомне́ние - doubt
сомни́тельный - doubtful; dubious
сообще́ние - message
соо́бщество - community
сообщи́ть - report
соотве́тственно - consequently; therefore
соотечественник – compatriot
соплежу́йский - нереши́тельный (жева́ть со́пли - де́йствовать нереши́тельно) - indecisive
сопротивле́ние - resistance
сопротивля́ться - resist; oppose
сосе́д - neighbour
соси́ хуй блядь - suck dick whore
соси́ска - sausage
соскрести́ - scrape down
сосло́вие - estate; class
сосло́вный - class, estate
сослужи́вец - comrade-in-arms
соста́вить сме́ту - make an estimate
составля́ть большинство́ - be in the majority
состоя́тельный - well-to-do
сострада́ние - compassion
состяза́ние - contest
со́тни - hundreds
сотру́дник – officer
сохраня́ть - keep; preserve
социализи́рованный - socialised
социа́лка - социа́льная сфе́ра - social sphere
социа́льные волне́ния - social unrest
соцсе́ти - social networks
сочета́ть - combine; unite
сочиня́ть - invent; make up
сочу́вствие - sympathy

сочу́вствующий - compassionate
спаси́тельность - salvific nature
спасти́ - save
спать - sleep
специ́фика - specific features
спецоде́жда - специа́льная оде́жда - workwear
сплошна́я - sheer; continuous
с по́нтом - as if; full of oneself
спо́рить - argue; debate
спортза́л - спорти́вный зал – gym
спохвати́ться - suddenly recollect
спра́ва нале́во - from right to left
справля́ть нужду́ - ease oneself
спрос - demand; requirement
спрут - octopus
спря́таться - hide
спусти́ть све́рху - hand down
спя́тившая - barmy
срабо́тать - snap into action
сра́зу - straight; at once
сра́щенность - fusion; amalgamation
среда́ - environment
Средневеко́вье - Middle Ages
сре́дняя шко́ла - secondary school; middle school
срок содержа́ния под стра́жей - period under guard
ссыла́ться - refer to
ссы́лка - footnote; exile; deportation
ста́вить в тупи́к - baffle; bewilder
ста́вить под сомне́ние - put in doubt
ста́вка - rate; stake
стадио́н - stadium
стан - camp; body
стани́ца - Cossack village
станови́ться в ряды́ - join the ranks of
ста́рая - old
старе́йшая в ми́ре - world's oldest
ста́рец - elder
старообря́дческий - Old Believer
старорежи́мный - old-regime; old-fashioned

старуха - old woman
старшина - master sergeant
статья - article; item
стёб - banter; mockery
стебануть - hit; whip
стержень - core; linchpin
стесняться - have scruples; be ashamed of
стильный - stylish
стиляга - mod; hipster
стоило только - once; one had only...
столкновение - clash
столкнуться - collide; come across; encounter
столярка - carpentry shop
стоптанные - down-at-heel
сторонник - supporter; partisan
страна - country; land
страны-изгои - rogue states
страта - strata; level
стрелка - спущенная петля на чулках, колготках - ladder
стремительная - sweeping; rash
стремительно - rapidly
стремление - aspiration; pursuit
строгого режима - high security
стряпать - cook; concoct
стукач - informant; snitch
ступать - go; step
стыдить – shame
стыдно - shameful; embarrassing
суд присяжных - jury court
судорожно - jerkily; spasmodically
судья - judge
сука - bitch
сукин сын - son of a bitch
сумочка - handbag; purse
суровое наказание - severe punishment
суровый - harsh; rough; severe
сутулый - stooped
суть - essence
сухарик - rusk; crouton

сухожи́лие - tendon
существо́ - creature
существова́ние - existence
су́щностный - essential
сфабрикова́ть - cook; fabricate; fake
сфальши́вить - hit the wrong note
сформули́ровать - conceive; formulate
сце́на - stage; scene
сцена́рий - script; screenplay
счастли́вый - happy
счита́ть - consider; regard; count; find
съёмки - footage; filming
съесть - eat
сыгра́ть на чу́вствах - strike the right chord

Т

табли́ца умноже́ния - multiplication table
табуре́тка - stool
таджи́к - Tajik
таз, та́зик - basin; bowl
так и живём - that's the way we live
так и на́до - way to go!
так называ́емый - so-called
так себе́ - so so
таки́м о́бразом - in such a way
таково́й - such; like
тако́е ощуще́ние - it feels like...
тала́нтливый - talented
тамо́жня - customs
танде́м - tandem
тарака́ньи бега́ - roach races
тара́н - battering ram
тащи́ть - drag
тварь - slut
творе́ние - creation
тво́рческий - creative
теку́щий - current; running
телеви́зор - TV set

телегра́мма - cable
телекана́л - TV channel
телепорта́ция - teleportation
теле́сность - fleshliness; physicality
те́лик - TV
тёлочка, тёлка - (slang) chick; babe
тёмные века́ - Dark Ages
теневое́ прави́тельство - shadow government
теокра́тия – theocracy
"тёплые места́" - cushy jobs
терпе́ние - patience
терпе́ть - endure
теря́ть по́чву под нога́ми - lose firm ground
теря́ть созна́ние - black out; faint
те́хникум - technical college
техни́чка - cleaner
тип - type; bozo
ти́тульная на́ция - titular nation
тишина́ - silence
то же са́мое - the same thing
то ли де́ло - how much better
това́рищ - comrade; mate
тогда́шний - of that time
тока́рный стано́к - lathe; turning machine
толера́нтность - tolerance
то́лком - in earnest
толпа́ - crowd
то́нкий - fine; delicate; thin; slim; slender
тону́ть - drown
топо́рный - clumsy; rough
торгова́ть - trade; sell
торжество́ - triumph
тормози́ть - brake; act slowly
торопи́ться - hurry
торс – torso
торт - cake; pie
то́чка зре́ния - point of view
то́щий - lean; lank; skinny, thin
траги́ческий о́пыт - tragic experience

традицио́нно - traditionally
тракта́т - treatise
тра́нспортники - тра́нспортная поли́ция - transport police
тра́тить - spend; waste
тре́бование - demand
тре́бовательный - demanding
трево́га - anxiety
тренд - trend; fashion
трепета́ть - tremble
тре́снуть - crack
трёхгла́вый - tricephalous
трибу́на - tribune; platform
тридца́тка - 30 ты́сяч
три́дцать сре́бреников - thirty pieces of silver
Триумфа́льная пло́щадь - Triumphal Square
тро́гать - touch; bother
тро́ллить, потро́ллить - troll
трон - throne
троцки́ст - Trotskyite; Trotskyist
троя́нский конь - Trojan horse
трудовы́е мигра́нты - migrant workers
труп - cadaver; carcass
тру́сость - cowardice
трэшачо́к - (slang) trash
трюк - trick; stunt
тума́н - fog; mist
ту́ндра - tundra; Arctic prairie
тупи́к - dead end
тупо́й - dumb; obtuse
тут как тут - already there; right on cue
тщесла́вие – vanity
ты чего́? - are you all right?
ты́ква - pumpkin; (slang) head
Тьфу ты! - Damn you!
тяжёлое ране́ние - heavy wound

У

У меня́ всё хорошо́. - I'm OK.

у меня́ ни хрена́ не́ту - I've got nothing
убеди́тельный - convincing
убеди́ть - convince
убеди́ться - make sure
уби́йца - killer; assassin
уби́ть - kill
ублю́дочный - mongrel
уваже́ние - respect
уваже́ние к ли́чности - respect for the individual
увекове́чить - immortalize
увели́чивать - increase
увели́чить мо́щность - increase the power
увы́ - alas; sadly
уга́р - intoxication
углова́тый - angular; awkward
угнетённый - oppressed
уговори́ть - persuade
у́гол - corner; nook; angle
уголо́вка - уголо́вное законода́тельство - criminal law
уголо́вное де́ло - criminal case
Уголо́вный Ко́декс - Criminal Code
угоща́ть - treat
угрожа́ть - threaten
УДО́ - усло́вно-досро́чное освобожде́ние - release on parole
удо́бный - convenient; comfortable
удо́бство - convenience; comfort
ужа́сный - horrible
у́жин при свеча́х - candlelight dinner
узбе́к - Uzbek
узо́р - pattern; design
узурпи́ровать - usurp; accroach
Украи́на - Ukraine
у́лей - beehive
у́личная - street
улыбну́ться - smile
улюлю́канье - jeers
улюлю́кать - boo
ум - intellect; mind
уме́ренный - moderate

уме́ренный - moderate
умере́ть - die
умерщвле́ние – killing
умне́ть - grow wiser
у́мник - egghead
умозри́тельное предположе́ние - speculation
умудря́ться - contrive; manage
умы́ться - wash up
уничтоже́ние - extermination
уничто́жить - eliminate
уны́лый - sad; dejected; dismal
упира́ть - lean on
упомяну́ть - mention
упо́р на чу́вства - emphasis on feelings
упо́рно - stubbornly
употребля́ть - use
упрёк - reproach
упрека́ть - reproach
упрекну́ть - reproach; blame
упроси́ть - entreat
упру́гий - elastic; springy
у́рна для голосова́ния - ballot box
у́ровень - level; standard
уроже́нец - native
уса́живаться - settle down
уси́лия - efforts
услу́жливо - obligingly
успе́х - success
успе́шный челове́к - high achiever
успока́ивать - calm; soothe
успоко́иться - calm down
устано́вка - installation, setting, setup
у́стный счёт - mental calculation
устоя́вшийся - established
устрои́тель - organizer
устро́ить - place; organise
устро́ить ова́цию - give a standing ovation
уступи́ть - yield; give way
утвержда́ть - claim; maintain; confirm

утверждение - affirmation; consolidation
утешать - console
утихомириться - sober down
утончённый - sophisticated
утрачивать - lose
ухоженная - well-attended
уцелеть - escape; be spared
участник - participant
учебный год - school year; academic year
учитель физкультуры - sports teacher
ущерб - damage
уютный - comfortable; cosy
уяснить – understand

Ф

фаза - phase; stage
факультет - faculty; school; department
факультет журналистики - School of Journalism
фальсифицировать - falsify; forge
фанат - fan
фан-сайт - fansite
фантасмагория - phantasmagoria
федеральная трасса - federal highway
фейл - (slang) failure; fiasco
фигня - rubbish; nonsense, garbage
физическое совершенство - physical perfectness
филологический факультет - Philology Department
фингал - black eye
фифа - dolly; bimbo
фишка - chip; token
флагман - flagship, leader, flagman
фляжка - flask
фонд - fund
фортепиано - piano
фотожаба - (slang) изображение, изменённое с помощью Photoshop
фотомонтаж - composite photograph
фрондёр - nonconformist; Frondeur
ФСБ - Федеральная служба безопасности - Federal Security Service

фу́нкция – function

X

ха́нжеский - sanctimonious, hypocritical
хара́ктер - character
ха́ять - speak ill; blast
хвата́ть - grasp
хе́йтерство - (slang) hatred
хер моржо́вый - walrus's dick (nonsense)
хи́трый - cunning
хи́ханьки да ха́ханьки – giggles
хи́щник - predator
хло́пцы - lads
ход - course; move
хода́тайство - petition; motion
ходи́ть - circulate; walk
хожде́ние - wandering
холоднова́тый - coldish; coolish
холо́дное ору́жие - cold arms
Холоко́ст - Holocaust
хомя́к - hamster
хомяки́, хомячки́ - офисные рабо́тники (white-collars)
хоро́ш - enough; come on!; fine
хороше́нечко, хоро́шенько - properly; well
хоро́ший тон - good form
хорошо́ знако́м - well-acquainted
хотя́ бы - for one thing
хотя́ бы потому́, что - if for no other reason than because
хохо́л - Ukrainian; crest
хрен - horse radish; (slang) dick, guy
христиа́нская - Christian
хруста́льная лю́стра - cut-glass chandelier
Хруста́льная ночь - Crystal Night
хрущёвские варти́ры - кварти́ры в дома́х ("хрущо́бах"), кото́рые стро́ились в го́ды правле́ния Ники́ты Хрущёва
худосо́чный - weedy; cachectic
худы́е - bad; lean
хунвейби́н - Red Guard

Ц

царёк - kinglet
целова́ться - kiss; make out
це́лостность - integrity
цензу́ра - censorship
це́нности - values; valuables
це́нностная систе́ма - value system
це́нные бума́ги - securities; bonds
Центра́льная Избира́тельная Коми́ссия (ЦИК) - Central Electoral Commission
цепь - chain
це́рковь - church
цитаде́ль - citadel
цыга́не – Gipsies

Ч

ча́вкать - champ; slurp
чаевы́е - tip
ча́йник - kettle
часово́й - sentinel
ча́стник - owner-driver
чё - что - what
чеки́ст - chekist; KGB serviceman
чемода́н - suitcase
червь - worm
че́рез "не хочу́" - with an effort
черепи́ца - tile
черепо́к - shard
черносо́тенство - chauvinism
че́стность - honesty
че́стные лю́ди - honest people
че́стный - honest
чехарда́ - leapfrog; mess
чино́вничество - officialdom; bureaucracy
чи́сленность - number; strength
чистота́ - purity
член - member; limb

чле́нство - membership
чрева́то после́дствиями - fraught with consequences
что и тре́бовалось доказа́ть - QED; which was to be proved
что каса́ется - as to; as for
что попа́ло - anything
что то́лку - what is the good of
чувстви́тельность - sensibility; sensitivity
чу́вство со́бственного досто́инства - self-respect; dignity
чу́вство справедли́вости - sense of justice
чу́до - miracle
чудо́вищный - monstrous
чу́ждый - strange; alien
чуть ли не - all but
чуть что - at the slightest provocation
чушь – nonsense

Ш

шаг - step; move
ша́лости - pranks
шанс - chance
шахмати́ст - chess player
ша́шечки - квадра́тики на такси́
шеде́вр - masterpiece
шепта́ть - whisper
шерсть - wool
ше́ствие - march
шизофрени́ческий – schizophrenic
широ́кая обще́ственность - general public
широкомасшта́бные рефо́рмы - wide-sweeping reforms
шко́ла жи́зни - school of hard knocks
шко́льница - schoolgirl
шко́льное образова́ние - schooling
шлифо́вка - grinding
шоки́рующий - shocking
шокола́д - chocolate
шпана́ - hooligans; riffraff
шпио́н - spy
штаб-кварти́ра - headquarters

штангенци́ркуль – calliper
штраф – fine
шуме́рский - Sumerian
шу́тка – joke

Щ

щеголева́тый - smart; swanky
щу́ка – pike

Э

эгои́зм - egoism
эгоисти́ческий - selfish; egoistic
экзо́тика - exotic
экономи́ческий кри́зис - economic crisis
экску́рсия - excursion
экспе́ртная оце́нка - expert judgement
эле́гия - elegy
элемента́рный - elementary
эли́та - elite
эмигри́ровать - emigrate
э́пос - epos; epic
эпо́ха - epoch; era
эсе́р - социали́ст-революционе́р - socialist-revolutionary
эсэмэ́ска - SMS message
эсэ́совец - SS-man
этало́н - standard of comparison; model
эти́ческая но́рма - ethical norm
эти́ческий - ethical; moral
этно́граф - ethnographer
э́то и к ба́бке не ходи́ - there is no prize for guessing (ба́бка - гада́лка - fortuneteller)

Ю

юбиле́йное торжество́ - jubilee celebration
ю́ная - young
юриди́ческий - judicial; legal; of law

юри́ст - lawyer; attorney
Юту́б – Youtube

Я

я набира́ю - I'm calling her phone
яви́ть - present; show
явле́ние - phenomenon
явля́ться - be; turn up; appear
ягнёнок - lamb
ядро́ - core; nucleus; ball
я́ркий - bright; outstanding
я́ркое подтвержде́ние - dramatic confirmation
ярмо́ - yoke

Vocabulary

www.ingramcontent.com/pod-product-compliance
Lightning Source LLC
Chambersburg PA
CBHW072003150426
43194CB00008B/982